太平洋战争全史书系

军国豪赌

第一卷　1941

团结出版社
UNITY PRESS

图书在版编目（ＣＩＰ）数据

军国豪赌. 1941 / 赵恺著. — 北京 ： 团结出版社，
2018.11（2020.5 重印）
（太平洋战争全史书系. 第一卷）
ISBN 978-7-5126-6384-8

Ⅰ．①军… Ⅱ．①赵… Ⅲ．①军事史－世界－通俗读
物 Ⅳ．①E19-49

中国版本图书馆 CIP 数据核字(2018)第 129810 号

出　版：团结出版社
　　　　（北京市东城区东皇城根南街 84 号　邮编：100006）
电　话：（010）65228880　65244790　（出版社）
　　　　（010）65238766　85113874　65133603（发行部）
　　　　（010）65133603（邮购）
网　址：http://www.tjpress.com
E-mail：zb65244790@vip.163.com
　　　　fx65133603@163.com（发行部邮购）
经　销：全国新华书店
印　装：三河市东方印刷有限公司

开　本：170mm×240mm　　　16 开
印　张：21.25
字　数：308 千字
版　次：2018 年 11 月　第 1 版
印　次：2020 年 5 月　第 2 次印刷

书　号：978-7-5126-6384-8
定　价：59.00 元

前　言
1941 开战之日

　　对于太平洋战争爆发的标志性事件——"偷袭珍珠港"，大多数读者或许并不陌生。但当历史的聚光灯打在以山本五十六为首的日本帝国海军诸将身上的同时，很多人却忽视了山本陆军在选择对英美发动进攻之中的作用，本书将首次以西方年鉴学派的观点，结合最新解密的日、美、英等国资料，以空前宏大的视角，全景式地为读者展现1941年这个决定性的年份中，日本陆、海军所面临的战略机遇和挑战，以"珍珠港事件"前环太平洋地区的战略态势和交战双方部署，详细解读太平洋战争爆发背后的权谋和博弈。

　　面对出身贵胄、三任首相的近卫文麿，在名将林立的日本陆军之中，当时仍处于后进的东条英机缘何会脱颖而出，接替资历、军衔远胜于其的畑俊六接掌陆军？而在与德、意法西斯合流的过程中，日本陆军又有怎样的期许和无奈？在中南半岛的雨林之中，暹罗和法国到底进行了怎样的一场局部战争？而看似事不关己的日本又缘何不得不介入其中，甚至因此导致了与英美的全面对立？

　　在日本磨刀霍霍的同时，英美是否只是一味绥靖？而随着苏德战争的全面爆发，日本陆军进行了规模空前的"关特演"，但为何在最后关头，却放弃了看似前景光明的"北进"战略？在最终确定"南进"的同时，日本陆军和海军在具体行动方案中有过怎样的龃龉？而在对英美宣战的前夜，身为天皇的裕仁是否亲手导演了"御前倒阁"，巧妙地布局了东条内阁的崛起？

　　当德国陆军以"闪电战"的模式横扫欧洲之际，这一全新的战术是否也影响到了日本？而在联合舰队为奔袭夏威夷而调兵遣将的同时，日本陆军又进行了哪些不为人知的战略部署？战争前所进行的一系列图上作业和兵棋推演，又为日本陆、海两军纠正了哪些战前的错误估算？在战争前夜，暹罗总理銮披汶的突然"失踪"背后，又有着哪些云谲波诡的外交秘密？

珍珠港的硝烟之中，日本海军看似辉煌的胜利隐藏着哪些可怕的隐患？日本陆军在开战日全线展开的攻势又是否真的无往不利？在上海租界、香港、关岛、拉包尔等孤立据点的争夺战，英美是否全无预案？联合舰队对威克岛围攻的失利又折射出日本海军陆战队的哪些战术短板？

以上种种疑问，均将在本书之中一一给出答案。

目 录

导言　战争迷雾　　　　　　　　　　　　　　　　　　　　　　1

楔子　彷徨与蠢动——从明治维新到太平洋战争的日本政局变迁　1

第一章　通向战争之路　　　　　　　　　　　　　　　　　57

（一）新瓶旧酒——昭和初年动荡的日本列岛和少壮派军人

　　　的崛起（上）　　　　　　　　　　　　　　　　58

（二）国家暴走——昭和初年动荡的日本列岛和少壮派军人

　　　的崛起（下）　　　　　　　　　　　　　　　　72

（三）天皇机关——日本政坛的风云变幻和强化"天皇制"

　　　的暗流　　　　　　　　　　　　　　　　　　　84

（四）上策伐交——国际政治博弈中日本外交的得失和影响　94

（五）条约假期——华盛顿、伦敦海军条约时代的日、美、

　　　英海上军备竞赛　　　　　　　　　　　　　　　103

第二章　挑衅而起　　　　　　　　　　　　　　　　　　113

（六）尊皇讨奸——"二二六事件"和日本陆军的内部倾轧　114

（七）击鼓传花——日、德同盟的建立与日本政坛的权力更迭　122

（八）泥潭深陷——中国抗日战争的全面爆发与相持阶段（上）　130

（九）进退维谷——中国抗日战争的全面爆发与相持阶段（下）　141

（十）无限扩大——英、日"程锡庚事件"和苏、日诺门坎

　　　战役（上）　149

第三章　南进？北进？　163

（十一）大战爆发——英、日"程锡庚事件"和苏、日诺门

　　　坎战役（下）　164

（十二）精神动员——皇历 2600 年庆典和大政翼赞运动　172

（十三）南进序曲——"对华切断作战"和围绕法属印度支

　　　那的纷争　182

（十四）未雨绸缪——日、美对立的加剧和双方战争准备　190

（十五）关东特演——苏、德的战争爆发和日本陆军北进狂想　200

第四章　最后冲刺　211

（十六）泰法战争——泰国在中南半岛的扩张与日军进驻法

　　　属印度支那南部　212

（十七）左、右回旋——日本陆、海军的南进战略之争　223

（十八）白纸还原——"天皇"裕仁的权谋之道和近卫内阁

　　　的倒台　230

（十九）改弦易辙——从"九段攻击"到"偷袭珍珠港"的

　　　日本海军战略变迁　241

（二十）兵棋图演——鲜为人知的日本陆、海军战前演算行

　　　动和最终结果　252

第五章　开战日　263

（二十一）衔枚疾进——大视野下的"珍珠港事件"（上）　264

（二十二）政略突袭——大视野下的"珍珠港事件"（中）　　274

（二十三）瓦胡岛 24 小时——大视野下的"珍珠港事件"（下）　　285

（二十四）收割孤岛——日本陆、海军接管英、美在华利益

　　　　　　及香港战役　　304

（二十五）南海支队——日本陆军攻占关岛、拉包尔及两次

　　　　　　威克岛攻防战　　318

导　言
战争迷雾

1941年12月7日黎明时分，一支由6艘航空母舰（赤城、加贺、苍龙、飞龙、翔鹤、瑞鹤）、2艘战列舰（比睿、雾岛）、3艘巡洋舰（利根、筑摩、阿武隈）、9艘驱逐舰（秋云、谷风、浦风、滨风、矶风、阳炎、不知火、霞、霰）组成的庞大舰队，犁开蔚蓝色的海面，拖着雪白色的航迹出现在了美国海军太平洋舰队常驻基地——珍珠港以北大约250海里的海域。

此刻在每一艘航母的飞行甲板上，一架架灰色、饴色涂装的舰载机正在引擎的轰鸣声中，逐一驶向起飞的跑道，几十分钟之后，它们便将飞临瓦胡岛（Oahu）的上空，按照演习中曾重复过无数次的战术，将翼下那特制的重型炸弹和浅水鱼雷投向那些宿命的对手……

作为太平洋战争标志性的开端，"珍珠港事件"的诸多细节至今仍为史学家和战略研究者们所津津乐道。有趣的是当美国政府将日本的"不宣而战"视为极端卑劣无耻行径的同时，作为偷袭珍珠港行动中日本海军航

"偷袭珍珠港"行动中一张代表性的照片：从航空母舰"翔鹤"号上起飞的日本海军战斗机

空兵空中指挥官的渊田美津雄^①，却在战后反唇相讥道："要把问题往深处再挖一下：美国究竟干了什么，竟逼得日本袭击了珍珠港呢？"

渊田美津雄的话看似只是逞口舌之快，但却道出了很多日本右翼对太平洋战争的真实看法，在他们眼中，日本之所以选择先发制人，完全是受困于所谓"ABCD 包围网"^②的无奈选择。而战后基于各自的立场，反法西斯阵营的史学家们对日本发动太平洋战争的真正动机也做出过各自的解释：

如美国文化心理学派代表人物——鲁思·本尼迪克特^③便从日本传统文化入手，宣称："日本文化有双重性，就像菊花与刀。菊花是日本皇家家徽，刀是武家文化的象征。日本人爱美而又黩武，尚礼而又好斗，喜新而又顽固，服从而又不驯，忠贞而易于叛变，勇敢而又懦弱，保守而又求新。"认为太平洋战争的爆发，是日本民族的性格使然。

但值得注意的是，鲁思·本尼迪克特本身是一个研究美国印第安部落文化的学者，其女性与生俱来的"悲天悯人"情怀更在其著作中不时体现。而更为重要的是鲁思在写作《菊与刀》之时，正值太平洋战争的高峰期。因此她并未真正踏足日本领土。而当其著作正式推出之时，日本已经臣服于西方的脚下，美国人目之所及，满是"基于国际合作与爱好和平的新态度"。

如果说鲁思·本尼迪克特是以隐蔽的种族主义和弗洛伊德理论解

---

① 渊田美津雄（1902—1976 年）：日本奈良县葛城市人。太平洋战争初期以日本海军"赤城"号航母飞行队长的身份参加了"偷袭珍珠港""南方作战"和"印度洋作战"。他虽然在"中途岛海战"中因为盲肠炎而未能参战，且撤离时双腿骨折，不得不脱离一线，但也因此得以顺利地活到了战后，并以各种"事后诸葛亮"的口吻撰写《回忆录》。

② "ABCD 包围网"：指太平洋战争前期已与日本进入战争状态的中国（China），以及因中国抗日战争而对日本采取经济制裁的美国（America）、英国（Britain）、荷兰（Dutch）。日本取这四个国家英文名称的头字母，视其为针对日本的军事同盟。

③ 鲁思·本尼迪克特（Ruth Fulton Benedict，1887—1948 年）：美国著名文化人类学家。20 世纪初少数的女性学者，早年学习英国文学，故其作品文笔高妙，并善于作诗以及细腻的描述。而其所创立的民族心理学派更提出人们的行为是受文化制约的，在任何一种文化中，人们的行为都只能有一小部分得到发挥和受到重视，而其他部分则受到压抑。因此，文化研究应把重点放在探索和把握各种行动和思考方式的内在联系，即文化的整体结构上，重视文化对人格形成的影响。

构日本的话，那么中国台湾地区学者钮先钟先生[①]则从东方"兵学"的角度出发分析了日本发动战争的原因，认为"日本人对孙子很尊重，他们当然懂得'庙算'的观念，事实上，他们不仅已经算过，而且算得很精，甚至可说未免太精"，但"当时一些日本人有一种狂妄自大的心理，对于敌人的意志和能力总是低估而不高估。当年侵略中国时，把中国人的抵抗意志和能力估计过低，所以才会陷入泥沼而不能自拔。现在对于美国的估计还是犯了老毛病。他们不了解美国也不了解美国人，尤其不了解美国人在技术创新、生产效率、组织能力等方面的特殊优点"。最终只能是"机关算尽太聪明，反误了卿卿性命"。而之所以造成这样的局面，完全是因为"日本军阀（以陆军为主流）不仅头脑简单，而且不学无术。即便是在其本行方面，也只学到了一点儿西方的皮毛，所以根本没有什么战略修养可言"。

悲天悯人的《菊与刀》的作者——鲁思·本尼迪克特

钮先钟先生的话固然有一定的道理，但作为东亚地区当时最为强大的工业化国家，日本当不至于如其所描绘的那样闭目塞听，对自己的对手始终估算不足吧。而如果日本军阀"头脑简单、不学无术"的话，那么正面对抗中始终未能取得胜利的重庆国民政府统帅部又应该冠以怎样的评价呢？

事实上战争的发展与走向，从来都不能为参与者所左右。也正如此，美国导演埃罗尔·莫里斯[②]将

---

① 钮先钟（1913—2004年）：民国时期政治人物钮传善之子，曾任中国台湾地区《新生报》总编辑，"国防计划局"编译室主任，军事译粹社发行人，淡江大学欧洲研究所教授，淡江大学国际事务与战略研究所荣誉教授，"三军"大学荣誉讲授教授。

② 埃罗尔·莫里斯（Errol Mark Morris，1948—　）：美国当代纪录片大师，其作品《战争迷雾》获得了2004年奥斯卡最佳纪录片奖。

号称"长腿电脑"的美国国防部部长罗伯特·麦克纳马拉（右）与总统肯尼迪在一起

自己所拍摄的有关越战时期美国国防部长罗伯特·麦克纳马拉①的纪录片命名为"战争迷雾"。麦克纳马拉曾是肯尼迪、约翰逊两届总统政府中的风云人物，他头脑清醒，冷静沉着，分析力过人，口才一流，被称为"长腿电脑"。擅长运用数学和逻辑破解战略难题。

但就是这样一位美国历史上任期最长的国防部部长，却最终错误地推动了越南战争的升级，令美国深陷泥潭。而值得一提的是，1943年正在哈佛商学院担任助理教授的麦克纳马拉曾应征入伍，负责运用统计学理论帮助美国陆军航空兵评估和改进轰炸机的使用效率，对于自己的这段军旅生涯，麦克纳马拉晚年曾回忆道："我们在东京活活烧死的平民就有10万，而在整个对日本本土的空袭中杀死的平民高达90万。"而这一切在麦克纳马拉看来不过是"为了行善，有时必须先行恶"而已。

因此本文将撇开那些太过高深的文化理论和"事后诸葛亮"式的分析，从1940—1941年日本与中、法、英、美、荷等国的外交、经济、军事互动中切实地展开分析，以理性客观的态度复盘太平洋战争爆发台前幕后的种种，为读者真正揭开那笼罩在万里波涛之上的"战争迷雾"。

---

① 罗伯特·麦克纳马拉（Robert Strange McNamara，1916年6月19日—2009年7月6日）：美国共和党人，作为国防部长，麦克纳马拉在越战期间的作为最具争议；就任世界银行总裁后，致力于解决贫困问题，把世行援助重点从发达国家向欠发达国家转移。

太平洋战争全史

楔 子

彷徨与蠢动——从明治维新到太平洋战争的日本政局变迁

（一）御前会议

1941 年 12 月 1 日，在位于东京千代田区的"宫城"之中，以首相东条英机为首的全体阁僚此刻正云集于东一厅之中，等待着名为裕仁的"天皇"做出有关帝国命运的最终裁决。这种完全摈弃现代民主制度的闭门决策，在日本被称为"御前会议"。而其每一次的召丌几乎均与"国运豪赌"的战争联系在了一起。

1894 年在所谓"明治维新"的社会变革中积累了大量社会矛盾的日本，最终不得不铤而走险，借口清帝国单方面出兵协助朝鲜王国镇压"东学党"之乱，挑起了"中日甲午战争"。不过发动这场战争的人，其实并非是日本列岛名义上的最高统治者"明治天皇"睦仁，而是首相伊藤博文及其身后以"萨长同盟"之名把持国政的强大政治势力。

所谓"萨长同盟"，指的是"明治维新"前以日本九州岛西南部鹿儿岛为中心的"萨

曾多次出任日本首相的伊藤博文，旁边站立的儿童是沦为日本附庸的朝鲜王太子李垠

摩藩"，以及位于本州岛最西端、以山口县为中心的"长州藩"。由于地理位置上远离日本传统以京都为中心的"近畿地区"，以及后世以江户为中心的"关东地区"，因此历史上便长期自成体系、不受调遣。

1615年德川家康在"大阪夏之战"中最终击败了云集于丰臣秀赖身边的一干反对势力，正式终结日本列岛延绵近150年的"战国时代"①。但由德川家康所建立的"江户幕府"②也无力将一度与之敌对的毛利氏和岛津氏彻底消灭，只能允许其以"外样大名"③继续统治其核心领土。而在江户幕府统治末期，岛津氏领导的"萨摩藩"和毛利氏治下的"长州藩"，更利用"江户幕府"财政系统崩溃、美国海军准将马休·佩里④率领舰队强迫日本打开国门等剧变，对内改革藩政、发展教育、培养人才，对外则高调争夺国家政策的话语权，整顿军备，最终一跃成为了与"江户幕府"分庭抗礼的"西南强藩"。

1867年1月30日，长期在"江户幕府"和"西南强藩"之间摇摆不定的"孝明天皇"统仁突然病逝。早已对"江户幕府"把持朝政心怀

---

① 日本战国时代：一般认为发端于1467年的"应仁之乱"，终结于1615年的"大阪夏之战"。前后共计148年。

② 江户幕府：自公元10世纪日本武士阶层崛起以来，武士集团的领导者便长期通过占据"征夷大将军"官职以把持朝政。由于"征夷大将军"拥有名为"幕府"的行政机构，因此又被称为"幕府将军"。而日本历史也依照历史上三大武士集团领袖治所的位置，将1192年至1867年的武家统治分为"镰仓幕府""室町幕府"和"江户幕府"三个时期。

③ 外样大名：日本中世纪将领有大量土地的封建领主称为"大名"。外样大名特指江户幕府建立时期，被迫臣服于德川家康的封建领主。与之相对应的是与德川家族有着血缘关系的"亲藩大名"和常年为德川家族服务的"谱代大名"。

④ 马休·佩里（Matthew Calbraith Perry, 1794—1858年）：马休·佩里出生于美国罗德岛州的一个海军世家，奉命出航西太平洋之前，曾任美国布鲁克林海军工厂的造船所长，因此又被美国海军称为"蒸汽战舰之父"。近代以来，日本国内对马休·佩里给予了高度的评价，认为其是促使日本开放改革、富国强兵的恩人。但明治维新直到第二次世界大战期间，日本都视被"强制开国"为一种耻辱，恰如福泽谕吉所说："美国人跨海而来，仿佛在我国人民的心头上燃起了一把烈火，这把烈火一经燃烧起来便不会熄灭。"

美国海军以远洋蒸汽战舰的武力威慑逼迫"江户幕府"打开国门，被日本人称为"黑船来航"

不满的日本公卿势力趁势与"西南强藩"合流，以新任"明治天皇"睦仁的名义向萨摩、长州两藩下达"讨幕的密勅（讨幕之密敕）"。"江户幕府"末代将军——德川庆喜虽然随即以退为进，宣布"大政奉还"，将国家事务交还"天皇"决断，但仍挡不住以萨摩、长州两藩为核心组成的"倒幕大军"的攻击。1868 年忠于德川家族的武装在被称为"戊辰战争"的内战中落败。至此统治日本两百五十余年的江户幕府彻底终结。

此后萨摩、长州两藩组成的政治同盟以天皇的名义支配日本列岛，并掀起了名为"明治维新"的全面社会改革运动。尽管后世赋予了这场社会变革以各种各样正面积极的意义，但单纯从施政纲领来看，"萨长同盟"所做的一切，事实上只是将其昔日为了推翻"江户幕府"所进行的政治、军事准备进一步扩展至整个日本而已，唯一不同的是"假想敌"由盘踞江户的德川家族转变为了整个东亚的所有邻国。

"中日甲午战争"爆发之前，"萨长同盟"以牺牲传统武士和农民阶层利益的方式，艰难地完成了迈向工业化的原始积累。在此期间，反抗与镇压、党争和妥协可谓贯穿始终。但在蛋糕无法进一步做大的情况之下，无论"萨长同盟"如何辗转腾挪，等待其的似乎仍是一条无法走通的死路。为了压制国内日益汹涌的反对声浪，"萨长同盟"一方面颁发

浮世绘中"萨长同盟"以明治天皇名义颁发宪法的现场画面

以《普鲁士宪法》为蓝本的《大日本帝国宪法》，明确"天皇"是国家的最高领袖；另一方面则积极向英国靠拢，并跟随英国国家战略的指挥棒，充当在东亚制衡中、俄的马前卒。

1895年4月23日，就在伊藤博文挟日本军队全面获胜之威，逼迫清政府全权大臣李鸿章签署《马关条约》之际，俄、德、法三国驻日公使联袂前往日本外务省递交备忘录，"劝告"日本政府"放弃确实领有辽东半岛一事"。刚以武力恐吓过中国的日本政府显然没有想到报应来得如此之快，而无论是断然拒绝、与之一战，还是忍气吞声、委曲求全，其政治代价都不是"萨长同盟"所能承担的，因此只能连夜在"大本营"所在地广岛召开"御前会议"，讨论是否可以拉拢英国，凭借日本已经动员的海、陆军力量和三国一拼。

但正所谓"理想很丰满，现实很骨感"，英国政府虽然授意"专家"在伦敦《新闻日报》上公然宣称"假如日本果能承认英国确有应在（中国）北方得一舰队支点之必要，则英国便可成为日本之友"。但是日本虽然有意让出威海，但是英国政府最终给出的正式答复却是"已决定局外中立"。

没有了英国的支持，在日本陆军主力深陷辽东、山东战场，海军联合舰队也已起航远征中国台湾的情况之下，日本政府根本无力对抗磨刀霍霍的沙俄。在得知沙俄已向远东增兵29500人，俄罗斯太平洋舰队出现在神户、烟台附近海域，德国、法国同样派出战舰游弋于黄海时，

太平洋战争全史

伊藤博文只能无奈地向"明治天皇"报告称："抵抗这些国家启开战端，现时是不可能的。"

　　毕竟日本联合舰队即便算上俘获的北洋水师战舰亦不过 8 万吨，而沙俄海军仅在远东便有 12 万吨的战斗舰艇，日本无力独自战胜沙俄，更不用说是三国联盟了。5 月 5 日，在向英、美、意大利等国寻求帮助无果后，日本政府只能选择屈服和退让，陆奥宗光以日本外相的名义向俄、德、法三国发出回复："根据三国政府之友谊的忠告，约定放弃辽东半岛之永久占领。"

　　此后为了战胜沙俄这个不可一世的强邻，日本政府自 1895 年甲午战争结束之后，便以"三国干涉还辽"的屈辱为契机，号召全国民众展开"卧薪尝胆"式的疯狂战备。节节攀升的军费在巅峰的 1898 年甚至达到了政府年度预算支出的 51%。在牺牲了无数国民生计的前提下，日本陆军不仅完成了所谓的"十年整军计划"，更为了实现天皇睦仁所谓"国家前程尚为辽远，望以赤诚来达到他日目标"的上谕而展开了一系列几近残酷的训练。

　　由于联合舰队在甲午战争中的出色表现，日本海军一扫过去军费分配中"陆主海从"的颓势。有了充足的经费支持，日本海军舰政局局长佐双左仲于 1896 年提出了与陆军并驾齐驱的"海军发展十年规划"。这一规划由于以新购 6 艘战列舰和 6 艘装甲巡洋舰为核心，因此又被称为

日本海军为备战日俄交锋而购买的英制战列舰"三笠"号，至今仍被作为博物馆保留着，前方则是东乡平八郎的铜像

"六六舰队"方案。

"六六舰队"的主体是由铁甲舰进化而来的战列舰。1894年为了筹备甲午战争日本海军已经向英国泰晤士铁工所订购了性能压倒北洋水师"定远""镇远"的"富士"和"八岛"。对于这两艘雄视东亚的巨舰，日本举国上下欣喜若狂，在天皇睦仁将"富士"号定为自己海上阅兵"御召舰"的同时，日本海军又向英国订购了4艘"富士"级的改进型——"敷岛""朝日""初濑""三笠"。

但即便有了诸多准备，当1904年2月4日拂晓，65岁的伊藤博文冒着初春的寒冷走过二重桥，来到在普通日本民众心目中早已异化为神域的皇宫之时，已经52岁且身患糖尿病的"明治天皇"睦仁依旧彻夜未眠，正等待着这位股肱老臣来为自己分析一场关乎国家命运的战争走向。

面对焦虑不安的睦仁，伊藤博文也没有更好的办法，只能以沙俄国内不稳，日本则上下同心予以安慰。当天下午"明治天皇"睦仁下令召集包括伊藤博文、山县有朋等元老及首相桂太郎以下的内阁主要成员开会。在这次至关重要的"御前会议"之上，日本陆、海军虽然均坦承尚未有十足的把握，但却力陈应该立即开战。

面对积极请战的陆、海军将佐，天皇同意向沙俄宣战。但当天晚上在名为"凤凰之间"的寝宫中，面对自己的妻子一条美子，睦仁依旧无奈地表示："如果这场战争失败，实在对不起……"2月5日，"明治天皇"向日本陆、海军下达了"为保卫我国的独立，与俄国断绝交涉"的训令。2月6日凌晨早已集结于佐世保近一个月的日本海军联合舰队陆续驶向蓝海，最终检验日本十年整军备战成果的终极测试由此展开……

席卷整个东北亚地区的日俄战争虽然以日本的全面获胜而告终，但最终在美国朴茨茅斯海军造船厂大厦所签署的和平协议，却未能从沙俄帝国榨取巨额赔款。消息传到日本国内，人均背负10日元债务的日本国民在战争中默默忍受的苦难终于化为了冲天的怒火。

在大阪、名古屋及其他各地相继都举行了"反媾和运动"集会之后，9月5日《朴茨茅斯条约》签署的当天，数万名日本民众聚集于东京日比谷公园。在一干政客的怂恿之下，愤怒的民众随即高喊废弃屈辱条约的口号，冲破警察的警戒线，先是袭击了公园附近的内务大臣官邸，随后又打砸了外交大臣小村寿太郎的官邸和御用报纸——国民新闻社。

激进派公卿的代表近卫笃麿

"日比谷烧打事件"虽然来势汹汹，但却无法改变《朴茨茅斯条约》签署的现实。而事件从一开始便将矛头指向"长州藩"出身的首相桂太郎，更昭显了其幕后的蝇营狗苟。早在日俄双方仍在美国缅因州积极斡旋的1905年9月1日，《朝日新闻》便以"桂太郎内阁将国民和军队都卖了"为标题煽动民众情绪，而这份在日俄战争中以所谓"公正客观"迅速异军突起的报纸背后，则始终徘徊着日本右翼组织"玄洋社"的阴影。

在鼓动旗下所控制的各类媒体发布煽动言论的同时，"玄洋社"首领头山满更在《朴茨茅斯条约》签署当日现身东京日比谷的"反对媾和国民大会"现场，可谓赤膊上阵，而值得注意的是，除了"玄洋社"的右翼浪人之外，另一股势力也在"日比谷烧打事件"中兴风作浪，他们便是由公卿近卫笃麿于1903年所倡导成立的"对俄同志会"。

自日本中世纪的镰仓幕府时代起，云集于天皇身边的所谓"公卿"阶层，便形成了所谓"五摄政"和"九清华"的政治集团①，"日比谷烧打事件"固然是日本民众在战争巨大压力下不满情绪的"井喷"，从事态的发展来看何尝不是"公卿集团"裹挟民意对"萨

①"五摄政"和"九清华"："五摄政"因长期垄断日本公卿文官系统中地位最高的"摄政""关白"之位而得名，分别为近卫、一条、九条、二条、鹰司五家。唯一的例外是日本战国时代的军阀木下秀吉，不过鄙夷其出身的"五摄政"家族，并没有给这个泥腿子跻入公卿世家的机会，硬生生给他造了一个"丰臣"的姓氏。"九清华"家格仅次于"五摄政"，一般兼任近卫大将、大臣等职位，分别为：久我、三条、西园寺、德大寺、花山院、大炊御门、今出川、醍醐和反幡九个家族。

长同盟"的总攻。

从这一点来看,头山满等右翼浪人与昔日后醍醐天皇①利用来推翻镰仓幕府的楠木正成②等"在乡恶党"(土匪集团)别无二致。面对巨大的舆情压力,身为首相的桂太郎一方面加大戒严和镇压的力度,另一方面则找来了"公卿集团"的代表——西园寺公望,达成了私相授受、缓和矛盾的秘密和议。

西园寺公望出生于公卿集团"九清华"家族中的德大寺家,3岁过继给同为"九清华"的西园寺家。身负两大公卿家族期望的西园寺公望在政治背景上可谓"含着金钥匙出生",其4岁便成为了孝仁天皇的"侍从",8岁被封为右近卫少将,13岁加封为右近卫中将。到明治天皇登基之时,19岁的西园寺已经有了15年的"工龄"了。而在明治维新的一系列政治运动中,西园寺公望不仅无役不与,更与萨摩、长州等"西南强藩"保持着良好的互动关系。

正是这种圆滑的政治手腕,令西园寺公望被"萨长同盟"首脑伊藤博文引为知己,而此刻作为"萨长同盟"调和与公卿集团矛盾的代表,西园寺公望自然成为了上台组阁的最佳人选。1906年1月7日,按照约定在桂太郎内阁总辞职之后,西园寺公望上台组阁。不过此举与其说是"萨长同盟"向"公卿集团"让渡政权,不如说是化解《朴茨茅斯条约》所引发的巨大社会矛盾的缓兵之计。

毕竟日俄战争期间所花费的17.2亿元巨额军费,由于没有任何的战争赔款而需要日本国民埋单,另外战后日本独占朝鲜半岛、势力伸展至中国东三省及库页岛南部的辽阔新疆土也需要打理,而这些工作均非

---

① 后醍醐天皇(1288—1339年):日本第96代天皇,其在镰仓幕府因抵挡蒙古帝国入侵而元气大伤之后,策划并发动了"倒幕运动",并最终在楠木正成武士集团的帮助下推翻了镰仓幕府统治,建立起了所谓"建武新政"的天皇独裁体制。但最终却因为改革过于激进,而最终被以足利尊氏为首的武士集团赶出了京都,由此开启了日本南北朝对立的时代。

② 楠木正成(1294?—1336年):出身河内国石川郡赤坂村的地方豪强家族,在机缘巧合之下,加入了后醍醐天皇的"倒幕大业"。但在镰仓幕府倒台后,其又被迫为后醍醐天皇与足利尊氏武士集团交战,最终兵败身亡。楠木正成的所作所为不过是为了其家族延续和壮大,但后世日本却将其视为忠臣与军人之典范,甚至吹捧其为"军神"。

"萨长同盟"所能独立完成的。而对于西园寺公望而言，自己接手的也不全然是一个"烫手"的山芋，虽然自己的内阁依旧笼罩在"维新元老"的阴影之下，但时间终究站在年轻的西园寺公望这边。

明治时代日本公卿集团的代表人物——西园寺公望

不过西园寺公望以及公卿集团就此左右日本政局的迷梦，很快随着西太平洋战略格局的变化而宣告破灭。因为在"萨长同盟"把持的日本陆、海军眼中，日俄战争后日本的安全态势却并没有得到根本性的改善，反而呈现日趋恶化的态势。北方的沙俄帝国不仅依旧保有着以哈尔滨为中心的所谓"北满"地区，其辽阔的西伯利亚腹地及海参崴等远东滨海区也未受战火侵扰。随着深受尼古拉二世宠幸的新生代政客斯托雷平出任沙俄帝国首相，开启镇压革命与鼓励农村经济发展并重的"改革"，沙俄帝国很快便走出了战败的阴霾，并着手重新构筑其在远东的军事体系。

虽然由于"对马海战"[①]的重创，沙俄帝国一时无力与日本争雄海上，但沙俄陆军的实力依旧雄厚。早在日俄战争仍在进行之时，沙俄帝国便着手强化海参崴的海防系统，在扩大要塞防御区域的同时，守军规模也急剧扩大：东西伯利亚第 8 步兵旅扩编为师的同时，还组建了第 10 步兵师和要塞步兵旅，要塞炮兵营也由 3 个增加到 12 个。

日俄战争中血腥的旅顺攻防战，也令沙俄工程兵吸取了大量的经验和教训，从 1910 年起沙俄帝国更对海参崴要塞进行全面的现代化改造，构筑了大量能

---

① 对马海战：日本称"日本海海战"，1905 年 5 月 27—28 日。从欧洲本土出发的沙俄帝国"第二太平洋舰队"在强行突破对马海峡的过程中，遭遇日本联合舰队邀击。由于训练不足、劳师远征等因素，沙俄海军一败涂地。加上在旅顺攻防战中几乎全军覆没的"第一太平洋舰队"的损失，沙俄海军的实力在日俄战争后由世界第三跌至第六。

今天海参崴的沙俄时期军事要塞遗迹

够承受420毫米重炮轰击的堡垒群，海参崴也就此形成了沙俄在远东滨海地区对海防御的新核心。

沙俄帝国虽然尚未正式摆出"矢志复仇"的架势，但日本陆军却不得不未雨绸缪。1907年，日本陆军全面修订兵役制度，将后备役时间延长至十年，为先前的两倍。而在陆军规模上，日本陆军也不得不在继续保持14个野战师团、2个后备师团的基础上，于1907年11月新建第17、第18师团。相应地，日本陆军同期还新设2个骑兵旅团、2个重炮旅团、1个野战炮旅团及1个交通兵团。

如果单单是陆军展开新一轮对俄军备的话，那以日本国力仍可勉强支撑，毕竟此时日本陆军所使用的主战兵器已基本实现国产化，并根据日俄战争中的经验进一步推陈出新。1905年日本自行生产的"三八式"步枪、"三八式"重机枪全面列装部队，日俄战争期间向德国克努伯公司所订购的野战炮，也仍有四百多门的富裕，足以支撑此轮扩军。但

装备"三八式"步枪的日本陆军士兵

偏偏此时日本海军也提出了宏大的"海军整备计划"。

日俄战争中日本海军虽然损失了包括战列舰"初濑""八岛"在内的 91 艘大小舰艇，但同时也俘获了沙俄海军总计 14 万吨的 6 艘战列舰及 1 艘装甲巡洋舰，战后海军总吨位已达 38 万吨，跃居全球第四，仅次于英、法、德三国。加上 1903 年前为弥补日俄海军吨位差距所制定的"三三舰队"紧急追加案，向英国订购的"香取""鹿岛"，日本海军可谓兵强马壮，即便按照日俄战争前"六六舰队"的升级版"八八舰队"（日本海军保有舰艇不超过 8 年的战列舰、装甲巡洋舰各 8 艘）的标准，日本海军也仍有富裕：

1907 年日本海军总计拥有战列舰 12 艘，其中舰龄未满 8 年的 9 艘分别为"敷岛"、"朝日"、"三笠"、"香取"、"鹿岛"、"相模"（原沙俄海军"佩列维斯特"号）、"周防"（原沙俄海军"胜利"号）、"肥前"（原沙俄海军"列特维赞"号）、"石见"（原沙俄海军"鹰"号），9 艘装甲巡洋舰中除了"浅间"号外舰龄均不满 8 年。而这些数字还未算上日俄战争中以"舰船补足费"日本自行建造，尚未完工的战列舰"安艺"、"萨摩"，装甲巡洋舰"筑波"、"鞍马"、"生驹"、"伊吹"。

当然海军有海军的理由，一方面日俄战争之后日美矛盾日益凸显。

日本海军战列舰"周防"号（原沙俄海军"胜利"号）

以大棒政策而闻名的美国总统
西奥多·罗斯福

自击败老牌殖民帝国西班牙，夺取菲律宾群岛以来，美国便将自己视为亚太国家，高举着"门户开放"的旗号在东亚大陆四处插手。日俄战争刚刚结束，美国铁路大亨哈里曼便打起了收购"南满"铁路的主意，日本政府此时刚刚在东京成立了注册资金2亿日元的"南满铁路株式会社"，自然不会答应美国人来横插一杠。但哈里曼在美国也算是"手眼通天"的人物，岂是一句"不行"就能拒之门外的。美国总统西奥多·罗斯福随即以限制日本向加利福尼亚州移民作为报复，1907年又借经济危机之名提高日本主要出口产品——生丝的关税。

西奥多·罗斯福虽然强硬，但也不得不认真考虑日本铤而走险，向菲律宾甚至美国西海岸发动军事袭击的可能性。此时由美国人主导的巴拿马运河工程虽已开凿，但全面竣工仍需时日。美国军方悲观地预测，日美如果正式开战，美国在亚洲的主要海军基地——菲律宾的苏比克湾，将会成为第二个旅顺，而绕过南美洲和太平洋抵达战场的美国海军主力也不会比沙俄帝国的"第二太平洋舰队"表现得更好。

有鉴于此，美国陆军全面加快了菲律宾各港湾的要塞化工程，甚至异想天开地在马尼拉湾中浇筑了形似"水泥战列舰"的鼓堡炮台①。而美国海军则于1907年12月16日，出动由16艘战列舰、6艘驱逐舰及其他辅助船只组成的"大白舰队"（Great White Fleet），从美国东海岸的诺福克海军基地出发，开始

---

① 鼓堡炮台（Fort Drum）：也称"德拉姆堡"号。美军1910—1914年在埃尔·弗赖莱岛（El Fraile Island）的基础上加高、垫平修建而成，配备有2门双联装356毫米主炮、4门150毫米副炮、高炮连以及相应的探照灯、笼式桅杆、全套火控、弹药库等设施，因此也被称为"混凝土战列舰（Concrete Battleship）"。

了为期 14 个月的环球航行。

　　事实证明，美国海军从本土抵
达菲律宾的时间仅为 75 天，远短于
此前预计的 120 天。而所有战舰在
抵达之后均可立即投入战斗。"大白
舰队"的此次远征，不仅是美国国
力的彰显，更是对日本最好的威慑。
怀着异常复杂的心情，日本政府邀
请"大白舰队"于 1908 年 10 月访
问横滨港。在昔日美国海军准将马
休·佩里以所谓"黑船"的蒸汽战
舰逼迫日本打开国门的地方，美国
人又一次用实力给了日本人一记响
亮的耳光。而更令日本人难以接受
的是，此时美国已经明确提出由 30
艘战列舰组成"两洋海军"的设想。
那也就意味着，未来即便在没有美
国大西洋舰队支援的情况下，日本
也将在太平洋面对 15 艘美国海军的
战列舰。

　　更为可悲的是，1907 年 12 月 3
日英国海军的"无畏"号战列舰正
式服役。作为一款跨时代的海战武
器，"无畏"号战列舰最大的特点是
为全舰装备了统一型号的大口径主
炮，极大地提高了一次火力齐射的
密度和精度。虽然"无畏"号的出
现让全世界其他战列舰在一夜之间
就过时的说法有些夸张，但正如某
品牌重新定义了手机一样，"无畏"
号的出现重新定义了战列舰，拥有

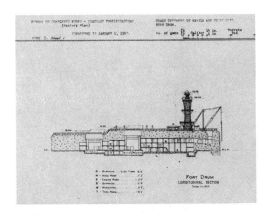

堪称"水泥战列舰"的鼓堡炮台及其 356 毫米主
炮—1、2

抵达日本的美国"大白舰队"

"无畏"级战列舰的多少成为了列强海军强弱的新标杆。正因如此，日本海军提出立即开工建造3艘"无畏"级战列舰、4艘装甲巡洋舰及诸多新型中小舰艇的"海军整备计划"。

海军方面"狮子大开口"，日本陆军自然不能坐视不理。"长州藩"的后起之秀田中义一，此时已进入参谋本部作战课。打着"应该确立正确的国防方针，使战略与政略相一致，兵备与经济相协调"的旗号，炮制了一个日本陆军应该拥有25个常设师团，战时扩充至50个师团的《国防方针》。在"长州藩"操控陆军的"大佬"山县有朋的力推之下，这样一个天马行空的方案竟然得到了明治天皇的批准。看着节节攀升的军费，身为首相的西园寺公望不免头皮发麻，只能在1908年宣布内阁总辞职，将首相之位送回到了桂太郎手中。

从结果来看，田中义一所提出的扩军方案更像是"长州藩"把控的日本陆军对西园寺内阁的一次逼宫。身为"长州藩"二代掌门的桂太郎重回首相宝座之后，日本陆军便偃旗息鼓，不再鼓吹扩军。田中义一更提出"联俄拒美"的纵横策略。如果日俄能够"化干戈为玉帛"，那么自然也就不用急于扩建陆军，这一建议在替桂太郎首相解围之余，也算是日本陆军中止扩军的自圆其说。

从日本政府层面来说，1909年"联俄拒美"方针的实施，还有美国铁路大亨哈里曼卷土重来的因素。1909年这位美国政商两界的风云

安重根刺杀伊藤博文（油画）

人物恭愍西奥多·罗斯福的继任者——美国第 27 任总统塔夫脱，联合英、法、德、俄再度向日本政府施压，继续提出"南满"铁路国际共营的方案。为了化解西方各国的压力，日本迫切需要获得沙俄的支持。正是在这样的情况下，德高望重、游离于朝野之间的伊藤博文动身前往哈尔滨，会晤沙俄财政总长戈果甫佐夫。但令伊藤博文没有想到的是，轻车简行的他尚未与沙俄政府首脑会晤，便倒在了朝鲜抗日义士安重根①的枪下。

伊藤博文的遇刺令"长州藩"所策划的"联俄拒美"战略遭遇重创，但好在此时清帝国政局动荡，西方列强转而谋求夺取粤汉铁路和川汉铁路的权益，间接导致了辛亥革命的爆发。日本在中国东北的"特殊利益"这才暂时转危为安。不过总体来看第二次桂太郎内阁执政时期，

---

① 安重根（1879—1910 年）：安重根出身于一个典型朝鲜"两班贵族"家庭，他读过私塾、练过弓马，因此其思想也有如朝鲜王国的政局般混乱而反复。他参加过镇压"东学党"起义的地主团练武装，殴打过中国商人，曾为日本将沙俄势力驱逐出朝鲜半岛而欢呼，随后却又投身"抗日义兵"运动。在多次与日本军警交锋均以失败告终的情况下，被迫流亡沙俄的安重根走上了刺客之路，希望能用刺杀日本要员来彰显自己的爱国情操，唤醒自己的同胞。成功刺杀伊藤博文后，安重根当即被捕，被日本方面判处绞刑，于中国旅顺就义。

始终处于日俄战争旧债未偿、无畏舰军备又兴的尴尬之中。

1909年英国开工建设搭载343毫米主炮的"猎户座"级战列舰和"狮"级战列巡洋舰，宣告了"超无畏舰时代"的来临。日本海军随即跟进，在向英国订购一艘"金刚"级战列巡洋舰之余，计划在国内仿造3艘同级战舰，并开工建造5艘超无畏级战列舰。

在为进行日俄战争而发行的外债本息已经超过年度预算2倍，达10亿日元的情况下，海军方面这种"你有我有全都有"的扩军计划，令代表陆军利益的首相桂太郎无法忍受，但"萨长同盟"的执政基础却令其不能与山本权兵卫等出身于"萨摩藩"的海军大佬正面冲突，只能于1911年8月利用日本国内闹得沸沸扬扬的"大逆事件"[①]宣布总辞职，将皮球踢回到公卿集团代表西园寺公望的脚下。

西园寺公望第二次上台执政，本欲利用此机大刀阔斧地展开财政改革。不料屁股尚

晚年视察陆军演习现场的明治天皇

---

① "大逆事件"：指的是1910年5月，桂太郎内阁借口日本长野县明科锯木厂的一名工人携带炸弹到厂被查出，对全国社会主义者进行大肆逮捕，并封闭了所有的工会，禁止出版一切进步书刊，随即诬陷日本社会主义先驱幸德秋水等24人"图谋暗杀明治天皇"，将其悉数判处死刑。纵观整个事件，幸德秋水等人暗杀天皇的指控，固然属于"莫须有"，但其长期指责日本天皇是"经济掠夺的首领、政治罪恶的根本、思想迷信的源泉"在日本却早已属于大逆不道。桂太郎偏偏在此时一再以"请罪"之名要求辞职，不仅替天皇背了处死异己的黑锅，更避免了日本陆、海两军争夺军费的正面冲突，可谓一箭双雕。

未坐热，宫中便传来了明治天皇驾崩的消息。1912 年 7 月 30 日，60 岁的明治天皇睦仁因糖尿病引发的尿毒症而逝世。纵观睦仁的一生，虽因倒幕、甲午、日俄战争的辉煌胜利而显得颇为传奇，甚至成为近代日本崛起的标志。但在这一切的背后却始终游荡着"萨长幕府"的幽灵，其执政的最后几年里，军方利用国防预算左右内阁的趋势更趋明显。而随着这样一位传奇君主的离世，操控舆论和民意的公卿集团与把持陆、海军的"萨长同盟"之间更将掀起一场场空前的内讧。

（二）"大正民主"

"大正"是明治天皇睦仁继承人——第 123 代天皇嘉仁的年号。明治时代，日本皇室依旧保持着一夫一妻多妾的后宫制度，出身公卿的皇后一条美子虽未生育，但明治天皇与其他侍女却生下了五子十女，不可谓不多产。不过明治天皇膝下的男丁均颇为短命，即便是免于夭折的四子嘉仁，早年也曾遭受脑膜炎的折磨，好在总算是活到了继承大宝的那一天。

大正天皇嘉仁本就没有其父的政治威望，更兼有"脑残"的传闻，自然被日本政坛的各派势力视为"橡皮图章"。加之明治天皇逝世之时虽为年中，但根据东方帝制国家改元之际万象更新的传统，西园寺内阁仍需要重新制定政府各项预算，桂太郎当政时期一直隐忍不发的陆军此时再度鼓噪而起，以辛亥革命以来中国局势不稳，况且自日俄战争以来海军连增巨舰，总吨位已达 66 万吨，陆军却长期保持原地踏步的态势，于理不合为由，提出增加 5000 万元军费扩充兵力的提案。

大正天皇嘉仁

一心想要削减支出的西园寺公望对此当然不能答应。于是主导陆军的"长州藩"随即逼迫陆军大臣上原勇作行使所谓的"帷幕上奏权",越过内阁直接向天皇辞职。作为内阁重要成员的陆军大臣空缺,自然导致西园寺内阁无法运作,在陆军上下拒绝指派人员继任,形同"倒阁"的情况下,西园寺公望只能于1912年12月再度宣布内阁总辞职。而此举也开创了日本军方利用内阁陆军大臣、海军大臣职务必须由现役将官出任的制度设计,利用不指派人员出任,而成功扳倒政府的先例。

1912年12月21日,按照所谓"桂园时代",长州藩和公卿势力交替执政的惯例,身为"顾命大臣"的桂太郎辞去内大臣兼侍从长的宫廷职务,准备再度上台组阁。不料"萨摩藩"主导的海军立即以拒绝指派将领担任海军大臣相回敬。但此时的日本海军早已不是铁板一块,随着桂太郎借大正天皇的名义留任了西园寺内阁中的海军大臣——出身"仙台藩"[①]的海军中将斋藤实,"海军罢工"的危机便被轻松化解了。但令桂太郎没有想到的是,更大的危机此时才悄然浮出水面。

1912年12月19日,以西园寺公望为党魁的"立宪政友会"与"立宪国民党"等政治团体于东京歌舞伎町召开集会,以"根绝阀族,拥护宪政"为由,掀起了对抗桂太郎及"萨长同盟"的国民运动。桂太郎起初颇为强硬,在议会压制反对派的同时,假借大正天皇的名义要求西园寺公望"匡救时届",但经历了多次"桂园交替"的西园寺公望及其身后的"立宪政友会",早已厌倦了与"萨长同盟"如接力赛跑般的

三次上台组阁的桂太郎

① 仙台藩:江户幕府时期以仙台城(今宫城县仙台市)为中心的藩国,藩主为"外样大名"伊达氏。

太平洋战争全史

政治交易。1913年1月立宪政友会议员尾崎行雄等在议会公然提出弹劾桂太郎内阁案，更是公然指责桂太郎"把天皇当作挡箭牌，把诏书当作炮弹，攻击政敌"。

可以说形势发展到此时，公卿集团的矛头已经对准了"萨长同盟"的执政基础——明治维新所建立起的天皇权威。对手的步步紧逼，令桂太郎不得不以空前的强硬姿态面对，一方面出动军警镇压集会群众，一方面则试图解散国会。但经历了"日比谷烧打事件"的洗礼，日本的街头政治早已成熟，在东京遭遇军警镇压之后，政友会的拥护者随即将骚动向广岛、大阪、神户、兵库等地蔓延。

在众议会会长大冈育造等人"解散国会，必生内乱"的警告之下，桂太郎只能放低姿态，于1913年2月宣布内阁总辞职。不过"萨长同盟"并不甘心将权力让渡给公卿和新兴财阀组成的"立宪政友会"，1913年2月20日，"萨摩藩"出身的海军大将山本权兵卫上台组阁。"萨摩藩"所掌控的海军手握巨舰大炮的订单，在三井、三菱等财阀眼中自然要比"长州藩"的陆军可爱一些，但政友会既然已经挑明要打倒"萨长同盟"，自然不会甘心长州、萨摩两藩间如此私相授受。于是山本权兵卫首相的位置刚坐了不到一年，一场险些将"萨摩藩"势力彻底清洗出日本海军的大风暴便席卷而至。

日俄战争以来，日本国内工业体系日趋发达，各型主力战舰不仅完成了自主研发，国产化率也不断提升。但先进的电气系统却依旧有赖于进口，而贿赂、回扣在各国军备采购之中更属约定俗成的"潜规则"。1913年11月，德国西门子集团东京分公司一个名叫卡尔·里希特的员工从公司离职之时，随手带走了几份文件。随后一份索价2.5万日元的勒索信便出现在了西门子东京分公司的邮箱之中。里希特虽然职务不高，但身为打字员的他却能够接触西门子公司与日本政府各类交易的核心机密。

西门子集团方面虽然知道里希特手中这几份文件非同小可，但却不甘心花钱消灾，于是里希特刚刚回到国内，便被德意志帝国的秘密警察所控制，不久便被扭送柏林地方法院，以敲诈勒索罪提起公诉。但就在西门子集团高层认为事情已经画上句号之时，1913年12月23日，英国路透社却以特别电讯稿的形式大肆报道了里希特在柏林受审的情况。到

因为"西门子事件"而被迫下台的山本权兵卫

了此时，西门子公司和日本海军才发现自己陷入了一个空前巨大的"新闻碰瓷"事件。

西门子公司与日本海军方面自然有些"猫腻"，但其不惜将自己的雇员告上法庭的做法，却给了关注此事的西方媒体、日本国民以无限的想象空间。一时间各种流言四起，甚至有人说西门子公司曾以箱为单位向山本权兵卫送钱，愤怒的群众随即于1914年2月10日云集于他们心目中的"民主圣地"——东京日比谷公园，以"廓清海军"之名要求山本权兵卫下台，日本政府虽然予以镇压，但群情激奋的日本民众早已习惯与警察的冲突，竟然冲破了封锁线，在政友会总部和中央新闻社大肆打砸。

从表面上看，"廓清海军"运动与此前的"日比谷烧打事件"及一年前逼迫桂太郎下台的"护宪运动"别无二致，但是民众的矛头却由此前的"萨长同盟"转向了公卿集团所把持的政友会。这样的转变固然有隐居幕后的山县有朋等"长州藩"大佬"以彼之道还施彼身"的推手，但更多的动力来自日俄战争以来，日本国民在沉重的军备压力下对现实的极度不满，在他们的眼中无论是"萨长同盟"还是西园寺公望所代表的公卿及立宪政友会，均属于置黎民百姓生计于不顾的政坛门阀，均应予以打倒。

3月24日，迫于舆论和海军军费被大肆削减的双重压力，山本权兵卫内阁倒台。此时"萨长同盟"与公卿集团可谓正式撕破脸皮，政坛弥漫着对立情绪，在一片山雨欲来的压抑气氛中，首相的宝座也成了烫手的山芋，在西园寺公望明确拒绝组阁的情况下，末代幕府将军德川庆喜的养子德川家达一度成为了热门人选，隐然有"萨长腐败，人心皆思江户"之感，可谓是对明治维新最大的讽刺。

好在德川家达明哲保身，不愿出面蹚这潭浑水。

八代六郎军事生涯中最著名的战舰：装甲巡洋舰"浅间"号

向来强横的山县有朋随即推举来自"佐贺藩"①的大隈重信出任首相，一场对"萨摩藩"的海军势力的全面清算由此展开。以山县有朋为首的"长州藩"之所以选择在此时对海军中的"萨摩藩"势力下手，主要是因为山本权兵卫上台组阁之时，曾修订军部大臣的任职资格，废除陆、海军大臣现役武官制，编入预备役或退役的武官也有资格出任陆、海军大臣，令"长州藩"在陆军中的政治影响力由此大打折扣。而对"萨摩藩"的这轮清洗，山县有朋直接将屠刀交给了原本籍籍无名的舞鹤镇守府司令——八代六郎。

八代六郎出身于明治维新前忠于德川幕府的"水户藩"②，表面上看日俄战争时仅为"浅间"号装甲巡洋舰舰长的他，无疑属于资历浅薄的"小字辈"。但偏偏两段意外的工作经历，令其在海军中人脉颇广：1881年从江田岛海军学校毕业之后，八代六郎便在海军学校练习所作为分队

长的教育助手。因此在此后数届江田岛毕业生眼中，八代六郎不仅是学长还是老师，即便打着"马汉高徒"旗号的秋山真之①在八代六郎面前也只能持弟子礼。因此1911年八代六郎出任海军大学校长之时，被奉为日本海军战术第一人的秋山真之也只能屈居其下，毕竟在等级观念森严的日本军队中，一日为师便终身为师。

虽然执教时间不长，但八代六郎也算是桃李满天下了。但1913年却被山本权兵卫调去当了舞鹤镇守府的司令，这个官职在当时就是给即将退休的老将准备的，年仅53岁的八代心中的郁闷自然可想而知。如今突然时来运转，自然要好好出口恶气。1914年4月16日，第二次大隈内阁刚刚组成，八代六郎便大刀阔斧对海军省进行改革。

他不顾井上良馨和东乡平八郎两位海军长老的忠告，动用海军大臣的人事权，把山本权兵卫和斋藤实两位大将编入预备役。随后又成立以出羽重远为首的"西门子事件调查委员会"，摆出一副要将事情彻查到底的姿态。在一片风声鹤唳之下，以山本权兵卫的大女婿财部彪为首的"萨摩藩"海军将领或辞职，或被调离要职。整个"萨摩藩"在海军中的势力呈现土崩瓦解的态势。

八代六郎如此大范围的人事调动，在一些亲"萨摩藩"海军人士看来，"如果不是山本系的加藤（友三郎）和岛村（速雄）的忍让，海军等不到昭和大分裂，在大正时期就分裂了"。但平心而论，日本海军自创建之初便存在着多家持股的局面，"萨摩藩"一家独大的局面自西乡从道1885年担任首任海军大臣方始形成，此后经山本权兵卫和斋藤实的苦心经营方始保持不坠。但海军内部各种反"萨摩藩"的势力却也在同步发展壮大，而"萨摩藩"在海军中却后继无人。

被视为山本权兵卫心腹的加藤友三郎和岛村速雄，一个出生于广岛，一个来自土佐藩，均非"萨摩藩"人士。在地域观念极强的日本，他们未必甘愿为老领导山本权兵卫出面对抗八代六郎，何况对方手中还

---

① 秋山真之（1868—1918年）：江户时代"松山藩"（今爱媛县松山市）下级武士秋山久敬之子，因在日俄战争时期出任日本海军联合舰队第一参谋而声名鹊起。但纵观秋山真之的人生，得益于有一个好哥哥（日本陆军大将秋山好古）、一个好老师（美国海军上校马汉）和一个好领导（日俄战争时期的联合舰队司令东乡平八郎）。

握有"西门子事件调查委员会"这柄利刃，日本海军将佐也不敢担保自己不会被翻出什么陈年老账。时任军务局长的秋山真之便不明不白地被赶出了军令部，一度赋闲多年。

自己在海军之中苦心经营的势力有被连根拔起的趋势，"萨摩藩"心中的愤懑自然难平。如果不是第二次大隈内阁上台仅三个月，一场被视为"天佑"的"神风"便从欧洲大陆吹拂而来，山本权兵卫等"萨摩藩"大佬会采取怎么激烈的反制措施殊难意料。

从山县有朋操控"陆军罢工"令西园寺内阁垮台，直到"西门子事件"后"萨摩藩"势力在海军中遭遇重创，短短两年多时间里，日本朝野的连场恶斗共同构成了广义上的"大正政变"，在这段时间里随着明治天皇的去世，不仅"萨长同盟"自身的执政合法性受到了质疑，连年攀升的军费开支更令自感贱如草芥的日本国民视其为寇仇。而萨摩、长州两藩团队后备人才凋零，也给了长期被其排挤于政府、军队管理中枢之外的外藩人士挑衅而起的机会。

作为明治时代最后一位"江湖大佬"，山县有朋虽然成功将大隈重信扶植为自己操控日本政府的傀儡，但其对"萨摩藩"和以西园寺公望为首的公卿阶层的打压，对于本就如其风烛残年一般的"萨长同盟"而言犹如饮鸩止渴，后患无穷。毕竟那股被称为第一次世界大战的"天佑神风"不可能无限度地吹下去。明治维新以来渗透入日本政治肌体里的"藩阀政治""陆海相争"以及"穷兵黩武"的顽疾，最终将在昭和时代全面爆发，将整个列岛推向毁灭的深渊。

1916年10月6日，大隈重信"圆满完成"了"长州藩"代理人的历史使命后，被山县有朋操控贵族院弹劾下台。继任首相的是"长州藩"第三代大佬——朝鲜总督寺内正毅。长期仇视"藩阀政治"的立宪政友会随即鼓噪而起，不过此时日本国内正沉浸于"大战景气"的经济繁荣之中，各行各业都忙着埋头赚钱。因此在野政客们除了利用寺内正毅秃顶形似美国人阿迪斯特设计的福神"比利肯"，揶揄其为"妖怪内阁"外也掀不起什么风浪。

随着第一次世界大战的结束，在巴黎郊外的凡尔赛宫内，一场关于重建战后国际秩序的谈判也悄然开幕。虽然在整个战争期间"协约国"阵营已经扩大为由13个参战国、18个支援国组成的庞大阵营，但真正

"长州藩"第三代大佬——朝鲜总督寺内正毅

拥有话语权的依旧是英、法、美三强，同为战胜国的意大利和日本，虽然政府首脑和外长一度被邀请加入主持会议的所谓"十人委员会"，但很快便因各自的诉求难以得到满足而退出。

意大利之所以退出"十人委员会"，主要源于此时其已经出兵攻占了本应属于南斯拉夫王国的亚得里亚海东岸港城——里耶卡。而日本不愿继续担任会议的主持工作，则是因为其在战时对青岛及德属太平洋群岛的占领受到西方列强的诟病。以"支援国"名义参与本次"巴黎和会"的中华民国代表团首先提出了日本应将青岛主权归还中国的提案，中华民国特使顾维钧以"'中国不能放弃山东'如同'基督教徒不能放弃耶路撒冷'"的精彩演讲折服了与会的欧洲列强，美国总统威尔逊则随即跟进，提出已由日本事实控制的德属太平洋群岛应交由国际共管。面对加入"协约国"阵营以来所获取的利益可能全部丧失的局面，作为日本代表团名义首席代表的西园寺公望宣布退出"十人委员会"以示抗议，将剩余的谈判交给自己的副手——维新功臣大久保利通之子牧野伸显去周旋。

牧野伸显深知把持"巴黎和会"的英、法两国重心在于惩治德国以及重新构建欧洲秩序，美国总统威

西方画家眼中的"巴黎和会"，并没有留下日本代表的身影

尔逊则一心想要推动欧洲列强主导世界的"国际联盟"计划。因此日本一方面在欧洲问题上谨言慎行，向英、法示好；一方面则高唱"种族平等"的高调，在美国起草的"国联章程"签署中制造阻力。

牧野伸显的这种外交策略很快便起到了效果，英、法在青岛问题上对日本这个"沉默的小伙伴"投桃报李，支持其继续维持在中国山东的既得利益。而美国政府虽然拒绝将"种族平等条款"写入"国联章程"，但也不得不在德属太平洋群岛的归属问题上向日本作出让步，提出只要日本不将这些岛屿用做军事用途，美国同意维持德属太平洋群岛的现状。

至此牧野伸显在"巴黎和会"的外交斡旋可谓成功收场。而值得一提的是，在参与"巴黎和会"的诸多日本年轻一代政治家中，作为公卿赏族后起之秀的近卫文麿和牧野伸显的女婿吉田茂开始崭露头角。

"巴黎和会"无视中国的正当诉求，坚持将青岛继续交由日本统治的消息传回亚洲，日本方面自然弹冠相庆，而激愤的中国民众却掀起了一场抵制"不平等条约"的抗议运动。1919 年 5 月 4 日下午，北京多所高校的学生高呼"外争主权，内除国贼"等口号，冲破军警的阻挠，火烧了交通总长曹汝霖的私人府邸，掀起了中国近代史上著名的"五四运动"的高潮。而在巨大的民愤面前，时任中华民国大总统的徐世昌将曹汝霖、驻日公使章宗祥等人免职，并授意参加"巴黎和会"的中国代表团拒绝在 6 月 28 日所达成的"凡尔赛和约"上签字。

"凡尔赛和约"虽然终结了第一次世界大战以来列强在欧洲的纷争，但保留着强大工业基础和容克军官团系统的德国却依旧存在着东山再起的资本，法国元帅福煦事后说："这不是和平，这是二十年休战。"可谓一语成谶，而在更为辽阔的世界范围之内，随着德国和苏俄仍深陷持久的社会动荡，无暇他顾；英、法为战争所削弱，难以维持其庞大的海外殖民地体系，在战争中韬光养晦的日、美矛盾逐渐凸显。而两国在第一次世界大战之前便已悄然开始的海军军备竞赛，更令整个太平洋上空战云密布。

早在 1914 年 7 月 10 日，时任大隈内阁海军大臣的八代六郎便提出基于"八八舰队"的修正案"八四舰队大纲"。在维持日本海军保有 8 艘舰龄未满 8 年的战列舰的同时，将 8 艘装甲巡洋舰替换为 4 艘更为先进的战列巡洋舰。此时把持政权的"长州藩"刚刚通过"西门子事件"将山本权兵卫等"萨摩藩"元老清出现役，自然要给人心浮动的海军一点甜头。

于是在当年召开的首相、国会议长、陆海军大臣、陆军参谋总长和海军军令部长共同参与的"防务会议"上，这一方案被顺利通过了。但随着第一次世界大战的爆发，直到1916年"八四舰队大纲"才真正得以实施。根据日本海军的计划，未来的"八四舰队"将包括正在建造之中的4艘"超无畏"级战列舰："扶桑""山城""伊势""日向"以及即将开工的4艘"长门"级战列舰："长门""陆奥""加贺""土佐"。

4艘战列巡洋舰则除了由英国进口的"金刚"号以及在日本国内仿造的姊妹舰"比睿"号之外，计划再开工建造两艘同级舰："榛名""雾岛"。而考虑到"金刚""比睿"舰龄即将达到8年，日本海军另以替代战舰的名义，将2艘战列巡洋舰纳入建造计划，暂定名为："天城""赤城"。

1916年5月31日爆发的日德兰海战，无论是英、德两国参战的舰队规模还是舰艇性能均给予其日本同行以极大的震撼。抓住这一有利的契机，1917年日本海军提出追加建造两艘战列巡洋舰，同时建造一批新型轻型巡洋舰及增加"舰艇改良费"的总价三亿零五十四万日元"海军预算案"。由于此时的日本经济正处于"大战景气"之中，因此这一明显带有水分的宏大预算竟也顺利获批。至此日本海军名正言顺地进入

日本海军于第一次世界大战前期购入的英制战列巡洋舰"金刚"号

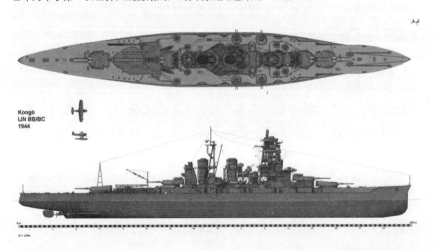

Kongō
IJN BB/BC
1944

"八六舰队"时代。

但就在日本海军不断增建大型战舰的同时，它的主要假想敌——美国，却正以令其望尘莫及的速度扩充着其"两洋海军"的规模。早在第一次世界大战之前，美国海军便已启动规模宏大的造舰计划，而随着战争的全面爆发，美国人表面上倾向于"协约国"阵营，但却始终以英国海军为假想敌，全力缩小其与这个昔日宗主国的主力舰差距。

至战争结束时，美国海军已拥有舰龄不满 8 年的战列舰 11 艘，在建新型战列舰 9 艘。另有 10 艘战列舰和 6 艘战列巡洋舰即将开工。两国均不新增战舰建造计划的话，在并不遥远的未来，日本海军主力舰数量将仅为美国的六成。一旦日美发生冲突，美国海军将通过 1914 年 8 月 15 日完成试航，即将全面通航的巴拿马运河集结于太平洋战场，以泰山压顶之势摧垮任何对手。

时不我待的紧迫感，令日本海军开始谋划如何继续向"防务会议"伸手要钱，而就在此时一场声势浩大的"米骚动"席卷日本全国。所谓"米骚动"指的是日本民众纷起抢粮的"群体性事件"。在农业并不发达的日本，历史上伴随着饥荒、战乱所发生的"米骚动"不胜枚举，但参与者多达百万、持续数月之久的此次"大正米骚动"却可谓空前绝后。

"大正米骚动"发轫于 1918 年 7 月 23 日的富山县西水桥町地区。当天三百余名渔民妻女从四面八方走上街道，包围了米店，要求米商廉

美国海军新型战列舰编队，图中最前方为"内华达"号

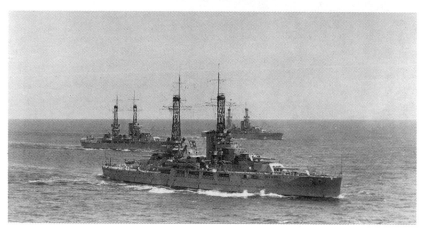

价出售大米。富山县地处本州岛中北部，其三面环绕险山峻岭、环抱深水湾的广阔平原地形，长期以来都是日本岛内少数农业、渔业均颇为发达的"鱼米之乡"。这样一个与世隔绝、温饱无虞的地区之所以会爆发"米骚动"，不得不说是拜"西伯利亚干涉战争"所赐。

1917年11月7日爆发于圣彼得堡的"十月革命"，虽然标志着人类第一个无产阶级政权的诞生，但在各路反革命武装的围攻之下，其成长的道路依旧漫长而艰辛。"到西伯利亚去看雪"这一宏伟蓝图，堪称日俄战争以来无数日本陆军官兵心中"男人的浪漫"。于是1918年8月2日日本政府发布出兵声明，被日本史料称为"西伯利亚干涉战争"的军事行动由此展开。

首先从日本本土出动的是驻守九州岛北部之第12师团。之所以挑选这支部队，显然是田中义一等陆军"长州藩"人士对时任师团长的"老乡"大井成元的照顾。随着8月中旬第12师团于海参崴登陆完毕，并无出色战功的大井成元顺理成章地坐上了海参崴派遣军司令官的宝座，只是苦了麾下毫无高纬度作战经验，大多来自温暖的九州岛沿海地区的普通士兵。

日本陆军于西伯利亚各地受降和缴械

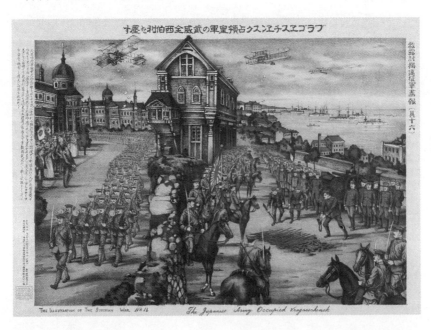

当然他们并不孤独，8 月上旬来自菲律宾的美国陆军 2 个步兵团、驻守香港的英军一个营、法国从印度支那殖民地抽调的一个半营纷至沓来，加上陆续抵达海参崴的中华民国陆军，一时间海参崴呈现 13 国干涉军云集的局面。但这样的盛况并不会维持太久，随着夏天逐渐过去，在未来几年的严寒之中，日本陆军将悲哀地发现他们的小伙伴将日益减少，最终只剩下他们在独自挨冻。

富山县毗邻日本海，与苏俄滨海州隔海相望。日本陆军于海参崴登陆之后自然就近将富山县作为后勤枢纽，从当地购买大批军粮供应前线。而当地的无良商贾更是借此机会囤积居奇，早在出兵西伯利亚的风声传来之时，富山县当地米价就疯狂上涨。1917 年底，米每升的价格是 1 角 2 分；到了 1918 年 8 月 3 日为 3 角 8 分，5 日为 4 角 1 分，7 日为 4 角 7 分，9 日为 5 角 3 分，可谓节节攀升。在家中男丁均忙于在外捕鱼的情况下，没有其他收入来源的渔民妻子在高涨米价之下的生活压力自然可想而知。

面对国内爆发的骚乱或暴动，日本政府在调集军警前往弹压的同时，往往都会第一时间封锁消息。但此时日本媒体人刚刚因为出兵西伯利亚的争议而与首相寺内正毅交恶，心怀不满的日本新闻从业者，自然不会放过这个还以颜色的好机会。一时间各路展示渔民妻女的生活贫苦、揭露无良米商丑恶嘴脸的报道相继出炉，在这样的舆论引导之下，"富山米骚动"便成为富有正面意义的"越中（富山县古国名）妇女起义"。

更为激烈的对抗发生在新兴工商业城市——神户。8 月 12 日下午，神户五万余市民在凑川公园集会，工人出身的社会主义者纷纷在会上热烈地讲话，指控"米价腾贵是由于像铃木那样的坏资本家疯狂抢购的结果"。于是在一片"打倒铃木"的口号声中，愤怒的民众冲向东川崎町的铃木总商店，在与前来镇压的警察和铃木商店雇佣的流氓激烈冲突的过程中，将三层楼的铃木总商店及老板娘铃木米的住所付之一炬。

铃木商店于 1874 年由下级武士铃木岩太郎创立。1894 年铃木岩太郎病逝后，由其遗孀铃木米与职业经理人金子直吉共同经营，通过垄断日本占据下的中国台湾岛所出产的樟脑和砂糖，铃木商店的规模日益扩大。1905 年收购了神户钢铁厂的前身，从此步入重工业领域。而第一次世界大战的爆发，更令铃木商店在造船、染料、水电、铁路、能源领域大展拳脚。这段商业神话及老板娘铃木米的感情生活于 2014 年被日本人搬上了荧屏，即由天海佑希主演的《铃木商店的当家娘》。

铃木商店的成功，在当时的日本并非特例。在西方列强暂时无力东顾的情况下，"日本制造"不仅独占亚太市场，军需品和轻工业产品更行销欧美市场。1917 年日本出口总值高达 10.88 亿日元。与此同时，日本各主要行业的利润率也高达 20.9%。各类一夜暴富的行业奇迹，被日本人借用将棋游戏中的术语称为"成金"（即最为普通的棋子"步兵"在抵达敌阵最底线后自动升级为最高级的"金将"，类似于国际象棋中的同类规则）。但是在一片"铁成金""船成金""株（股票）成金""丝成金"的背后，日本经济在"大战景气"背后也预埋下了可怕的隐患。

出口的激增所带来的巨大财富对器小易溢的日本经济而言可谓是一剂甜美的毒药。就在"大战景气"处于巅峰的 1917 年，日本经济的增速却出现放缓的迹象，毕竟此时日本国内的工业扩张规模已经达到了顶峰，而各类物价飞涨的现象却已经悄然呈现。日本政府虽然采取了相应的措施，但效果却并不尽如人意。而在城市人口和产业工人激增、农村人口外流粮食产量下降的情况下，大米的短缺更是"大战景气"的必然产物。

面对全国范围的"米骚动"，军人出身的寺内正毅首先想到的自然是武力镇压。虽然下达戒严令的计划由于内务大臣水野炼太郎的反对而作罢，但寺内正毅还是绕过内阁，调动陆军各师团部队前往各地镇压骚动。而对于幕后煽风点火的新闻媒体，寺内正毅也自然不会放过。8 月 25 日本全国 84 家报刊的新闻记者代表召开了全关西记者大会，要求寺内正毅内阁下台，大阪的《朝日新闻》作报道时，把这次集会描述为"白虹贯日"。

"白虹贯日"这一汉字成语自古以来便有气势如虹和灾难之兆两种理解。而寺内内阁则故意将"贯日"与大正天皇嘉仁联系在一起，以"这一消息是暗示革命"和"大不敬"为由起诉该报，最终《朝日新闻》的发行人和有关记者被判刑，社长和总编辑被迫辞职。但这一出"文字狱"并不能改变寺内正毅此时在舆论上被千夫所指的地位。因为和"日比谷烧打事件"以及"大正政变"一样，在纷涌的民众和难驯的媒体背后矗立着的是以西园寺公望为首的公卿阶层及其领导的"立宪政友会"。

被称为"庶民首相"的原敬

9月21日，在西园寺公望和长州、萨摩两藩元老山县有朋、松方正义的磋商之下，寺内正毅以身体欠佳为由，宣布辞职。9月27日，西园寺公望的爱徒——立宪政友会党魁原敬受命组阁。一时间日本民众欢欣鼓舞，似乎原敬上台之后，所有的社会问题都将迎刃而解。而这一切美好期待的依据，无非是原敬出身卑微，而由其所组建的内阁之中，要员也大多来自立宪政友会，不复昔日"萨长同盟"把持高位的局面。

事实上，原敬出生于江户时代日本东北部"盛冈藩"①，祖父原直记也曾是参与藩政的"家老"级武士。原敬之所以给人以自幼清贫的印象，无非是其父原直治早丧，"盛冈藩"又在明治维新中站在了"萨长同盟"的对立面而已。或许是因为"贼藩"的出身以及幼年的困难，原敬长期以来都对"萨长同盟"抱以敌视的态度，在辗转于日本各大报纸，以笔为枪阐释自身看法的时代，原敬最惯用的观点就是："维新的元勋只不过是擅长革命，但是缺乏建设的智慧，建设应委任懂得制法的才学之士。"而当其真正站到权力的顶点之时，这位"懂得制法的才学之士"又将交出怎样的答卷呢？

原敬内阁中的绝大多数职位均由立宪政友会的成员担任，但陆、海两军却依旧不得不交由"萨长同

①盛冈藩：江户木屋时期位于东北地方陆奥国的一个藩国（相当于现今岩手县中北部及青森县东部），藩主是南部氏。因此俗称"南部藩"。

大举增兵沙俄远东地区的日本陆军

盟"打理。新任陆军大臣是"长州藩"的后起之秀田中义一，海军大臣则是山本权兵卫的心腹——加藤友三郎。因此原敬所组织的名义上是"政党内阁"，在军事上仍难逃"萨长同盟"的实质控制。而在无须再估计影响的情况下，日本陆、海军在原敬内阁执政时期表现得更为跋扈。

　　长期以来原敬及立宪政友会均对出兵西伯利亚持反对态度，但在其接手政权之前，日本陆军已将进入战区的部队扩大至 3 个师团。除了登陆海参崴的第 12 师团之外，驻守旅顺的第 7 师团派出一个混成旅团的兵力，由长州藩出身的师团长藤井幸槌亲自率领，以"藤井支队"的名义进入满洲里地区布防。

　　随后陆军参谋本部又以增援为名，派出驻守名古屋的第 3 师团向贝加尔湖方向前进。第 7 师团编组于北海道地区，属于日本陆军中少数擅长寒带作战的部队，而之所以挑选第 3 师团参战，除了该师团长官大庭二郎同样为"长州藩"人士之外，很大的因素在于这个师团从 1918 年 6 月 7 日起完成了新型武器的换装，属于日本陆军中吸收第一次世界大战经验进行武器、战术改革的试点部队。

　　日本陆军三个师团近五万大军在辽阔的东北地区狼奔豕突，9 月 5 日第 12 师团进占黑龙江、乌苏里江交汇处的重镇——伯力。9 月 8 日第

7师团"藤井支队"占领赤塔，与自称"外贝加尔地方临时政府"首领的沙俄哥萨克将领谢苗诺夫合流。9月18日，西进的第12师团与北进的第7师团会师于海兰泡。

与此同时，第12师团两个步兵中队抵达扼守黑龙江入海口的港口城市——庙街。在日本陆军眼中，仅仅一个半月的时间便完成了对俄罗斯滨海州与所谓"北满"地区的军事控制，无疑是"名垂青史"的"赫赫武功"。因此在第3师团的主力于9月21日越过贝加尔湖之时，日本陆军已经在讨论是否应该进一步向西进击，鲸吞整个西伯利亚。

日本陆军之所以能在苏俄远东地区如入无人之境，无非是因为此时保卫苏维埃政权的工农红军正在顿河、伏尔加河流域与前沙俄帝国基辅驻军司令邓尼金缠斗。而就在斯大林、伏罗希洛夫、布琼尼等未来的苏联军政要员于伏尔加河畔的要冲察里津格勒（即日后的斯大林格勒）与白军殊死较量之际，英、法等国所支持的前沙俄海军中将高尔察克接掌了位于鄂木斯克的所谓"全俄临时政府"。1919年春天，高尔察克纠集15万大军大举西进。但经过一个冬天的准备，"全俄临时政府"的实力并未有所增强，反而由于失败的货币、土地改革而民怨沸腾。西方国家对其所许诺的种种支持也始终停留在"口惠而实不至"的阶段。看似兵强马壮的"协约国"干涉军，大多停留在海参崴裹足不前，真正抵达鄂木斯克的只有1500名英军士兵，而且仅仅提供协助训练的帮助。

在这样的情况下，高尔察克此轮攻势，与其说是胸有成竹的进取之道，不如说是死中求活的放手一搏。而此时苏俄政府在南线的察里津保卫战已经接近尾声，腾出手来的列宁以"一切为了东线"之名调集托洛茨基、图哈切夫斯基等精兵强将迎战高尔察克。

自封"全俄执政"的前沙俄帝国海军中将高尔察克

1919 年 4 月 28 日至 6 月 20 日，苏俄红军连续发动三场反攻，重创对手，将战线推进到乌拉尔山一线。至此高尔察克与邓尼金等南俄白军会师伏尔加河的战略计划彻底破产。8 月 20 日，高尔察克调动最后的预备队，试图于托博尔河流域"歼灭"图哈切夫斯基所指挥的红军第 5 集团军。

仅从纸面兵力来看，高尔察克此举不失为集中优势兵力围攻前出之敌的高招，但此时其麾下的各股白卫军武装屡败之下，早已士气低迷、不堪一击。而红军方面虽然也因连续挺进了 1000 公里，人困马乏，但仍保持着旺盛的战斗意志。根据时任红军步兵第 43 团团长的崔可夫回忆，他的团往往只要展开散兵线高呼"乌拉"发动冲锋，对面呆若木鸡的敌人便乖乖地举起了双手。因此托博尔河战役的最终结果是兵力占据优势的高尔察克所部反而溃不成军，从此一蹶不振。

面对整个乌拉尔山战线的摇摇欲坠，原本对日本有诸多防范的西方列强和"全俄临时政府"不得不向东京方面求援。早在 7 月 18 日，高尔察克便提出希望日本陆军抽调 2 个师团的兵力东进，以帮助其稳定战局。但日本陆军此时却无力西进，因为此时驻守苏俄远东地区的日本陆军 3 个师团正深陷当地游击队的袭扰之中。自进入 1918 年冬季以来，苏俄政府的影响力便深入远东，俄共（布）放手发动群众、组织游击队四面出击。而在漫天的飞雪和严寒之中，苏俄游击队四面出击，破坏铁路、切断电话线，甚至主动攻击日军据点，设伏围歼日军小股巡逻队。

为了解除危机，1919 年 2 月日本陆军增调驻守仙台的第 2 师团前往海参崴地区，配合第 12 师团集中兵力在海兰泡以北地区对苏俄游击队进行了"清剿"，但在大小几十次的战斗之中，日军并未占到什么太大的便宜，反倒是在 2 月 25 日的行动中，步兵第 72 联队第 1 大队在斯沃博德内一带执行"清剿"任务时为苏俄游击队围攻，几乎被全歼。步兵第 72 联队第 1 大队此战上百人的伤亡，只能说是日本陆军在西伯利亚地区巨大战斗及非战斗减员的冰山一角。

好不容易熬到 1919 年的夏季，原先驻守苏俄远东和西伯利亚地区的 3 个师团均已无力再战，不得不进行轮换。3 月底，第 14 师团抵达海参崴接替第 12 师团，5 月第 16 师团接替第 7 师团驻守满洲里，8 月第 5 师团开赴贝加尔湖接替第 3 师团。值得注意的是，此时调入战区的 3 个师团指挥官均非"长州藩"的嫡系人马，身为陆军大臣的田中义一此番调派颇有几分拉人顶缸的意味。

1919 年 11 月 11 日，高尔察克所领导的"全俄临时政府"在苏俄红军的进攻之下被迫放弃鄂木斯克，开始了"西伯利亚冰原之旅"。在高尔察克看来自己在远东地区仍有广袤的半壁江山可供依托，一旦抵达贝加尔湖畔的伊尔库茨克，自己仍有资本东山再起。但在"协约国"眼中，这位败军之将已无利用价值。

早在 1919 年 10 月，英国便已从西伯利亚撤军，而美国随即宣布将于 1920 年 1 月全面撤出远东地区。日本政府虽然没有制定相应的撤军时间表，但其主要扶植的白卫军武装仍是哥萨克将军谢苗诺夫。1920年 1 月高尔察克好不容易抵达伊尔库茨克，却随即被麾下由战俘组成的"捷克斯洛伐克军团"软禁，用于向苏俄政府交换回家的船票。

1920 年 2 月 7 日，高尔察克被苏俄政府枪决。他的死不仅标志着"全俄临时政府"的崩溃，也宣告了"协约国"阵营对苏俄干涉行动的破产。在英、美陆续撤军的情况下，日本虽然增派了第 13 师团前往苏俄远东地区，但也不得不极大限度地收缩战线，将兵力集中于海参崴、伯力、庙街及满洲里之间的铁路干线地区。而就在日本政府沉浸于凭借4 个师团的雄厚兵力，至少可以维持对苏俄远东地区实质性占领的幻梦中之际，2 月中旬庙街却传来了守军遭遇苏俄游击队围困的消息。

此时庙街城内的驻军以日本陆军第 14 师团第 2 步兵联队第 3 大队为主，加上宪兵队和当地日本领事馆内的海军通讯队，现役兵力约 345人。而计算上逗留于庙街的沙俄白卫军以及日本侨民中的所谓"在乡军人"，庙街方向日方可以动员的兵力不下千人。而最为关键的是庙街港内还驻守有中华民国海军第二舰队中的"江亨""利捷""利绥"和"利川" 4 艘炮舰。因此在日本方面看来攻击庙街的苏俄游击队虽然多达四千多人，但己方守军在中国海军舰炮的掩护下仍可以长期坚守下去，救援行动大可以等到春暖花开之后再全面展开。由第 7 师团 1 个步兵大队及炮兵、工兵各 1 个中队组成的"庙街派遣队"被要求在北海道待命。

事实证明，日本方面太过高看己方陆军的战斗意志了。自感孤立无援的庙街守备队指挥官石川正雅少佐没有长期坚守的决心，2 月 24 日，庙街守军放弃顽抗，"允许"苏俄游击队入城。但面对苏俄游击队指挥官德里皮京发出的日本陆军解除武装的要求，石川正雅却又表示无法接受。这种首鼠两端的态度，最终于 3 月 12 日引发了双方的全面冲突。

一时间被日本方面倚为要塞的兵营和使领馆很快便在炮击中瓦解。不过利用田中义一的应对失当，身为首相的原敬也成功迫使陆军大臣田中义一于 1920 年 6 月辞职，代之以来自相模的旧幕府武士后裔山梨半造，算是暂时中止了"长州藩"把持陆军的局面。

如果说在田中义一及其背后的"长州藩"主导之下，日本陆军在"出兵西伯利亚"问题上一意孤行，导致巨额军费开支的话，那么至少陆军方面在登陆海参崴初期还缴获了包括 270 列火车、30 艘舰艇在内的大批军用物资，还算是有所收获。那么在原敬内阁中以"萨摩藩"外围身份主持海军的加藤友三郎所提出的宏大扩军计划，则可谓是耗资巨大的"政绩工程"。

1919 年 6 月海军方面向"防务会议"提出新建 4 艘战列舰、4 艘战列巡洋舰。加上 12 艘轻型巡洋舰、32 艘驱逐舰以及其他辅助舰艇的建造费用，海军方面的造舰预算高达 68036 万日元，如果再加上物价上涨等方面因素，在实际拨付时将超过 7 亿日元，而此时日本全年财政预算也不过 14 亿日元。

但偏偏海军此番订购案背后是一干等米下锅的大小财阀，原敬本人也不便当面拒绝，只能采用拖延战术，将这一议案推迟到 1920 年再由国会表决。原敬的如意算盘是 1920 年将是自己扩大日本民众选举权的"普选元年"。随着将选民的资格从纳税 10 日元降到 2 日元，将有更多的普通民众投身到国家政治生活中来，届时"立宪政友会"在国会中的优势将进一步扩大。

从日后的形势发展来看，在日本国内米价依旧居高不下，社会主义思潮兴起，各种工会运动、工人罢工此起彼伏的情况之下，原敬内阁不得不向"萨长同盟"把持的贵族院做出更多的妥协和退让。而就在海军方面雄心勃勃的扩军方案即将提交国会审批的前夜，一场金融海啸从太平洋彼岸席卷而来。

1920 年初，美国宣布恢复战时中止的"金本位"制度并暂停向英、法提供贷款。美国政府的这一波财政紧缩政策无异于一脚急刹车，不仅令正处于经济恢复期的欧洲各国大呼吃不消，连太平洋彼岸的日本也被殃及池鱼。尽管第一次世界大战中日本与美国同样奉行韬光养晦的政策，并取得了经济的长足发展，但两国的经济增长模式却完全不同，与拥有得天独厚的地理环境，在第一次世界大战中大力发展农业的同时构筑起新兴工业帝国的美国相比，日本在战争中的经济增长主要建立在对外贸易额的节节攀升之上。对外高度依赖的日本经济，在西方世界普遍的紧缩政策下瞬间遭遇重创。

1920 年 3 月东京、大阪股市暴跌，4 月生丝、棉花等大宗商品的国际期货价格暴跌。5 月危机进一步扩大到银行业。日本金融重镇横滨有 74 家银行歇业。原敬内阁虽然迅速出面救市，向濒临破产的日本工商业提供政府贷款，但这种举措对于日本经济而言不过是饮鸩止渴。

大量在一战中靠投机而壮大的工商业巨头依赖着政府救济而苟延残喘，而其维持低价对外倾销所产生的成本压力则通过物价转移到了普通日本国民的头上。1920 年的金融危机虽然很快过去，甚至于第二年出现了所谓的"中间景气"，但是日本社会自"一战"以来延续的经济繁荣却永远成为了明日黄花，贯穿整个 20 年代的日本经济慢性萧条就此拉开了帷幕。

国内经济下行的压力，和陆军维持在西伯利亚驻屯 4 个师团，海军梦想组建"八八舰队"的庞大军费开支，令原敬内阁不胜其扰。原敬将田中义一从陆军大臣的位置撤下，虽然触怒了以山县有朋为首的"长州藩"，但在此时日本国内云谲波诡的政治气氛中，"萨长同盟"一致认为原敬和立宪政友会不失为"一堵挡风的墙"。因此在山县有朋等元老的力挺之下，原敬只能硬着头皮继续留任下去。而事态的发展，也的确如山县有朋等元老所预料的那样，随着日本国内不满情绪的累积，失去了"庶民首相"光环的原敬最终只能沦为民怨"血祭"的牺牲品。

1921 年 11 月 4 日，身为首相的原敬在前往"立宪政友会"京都支部大会的途中意外遇刺。原敬之死至今仍疑点重重，根据凶手中冈艮一的供述，他是在参加"玄洋社"组织的政治活动中听到上级桥本荣五郎说："现在政治家已经没什么武士道精神了，犯了错说要'切腹'，结果却从没人切！"而在日语之中"腹"与"原"同音，所以他便以为是领受了刺杀原敬的任务。

原敬遇刺现场还原

这种说法当然站不住脚，但是偏偏受理此案的东京法院却采信了这一供述，以教唆杀人罪逮捕了桥本荣五郎，但最终却以理解有误判处无罪。而中冈艮一虽然被判处无期徒刑，但仅仅坐了13年牢便被特赦出狱，在头山满的引荐之下竟然还混进了关东军，担任司令部的勤务工作。随着"庶民首相"原敬的离世，被后世称为"大正德谟克拉西"的日本民主趋势，也无可避免地转向了以暴力移除"腐败精英"的民粹主义。

（三）少主裕仁

原敬遇刺之时，正值日本国内"宫中某重大事件"闹得沸沸扬扬之际。所谓"宫中某重大事件"其实无非是皇太子裕仁婚配对象的纷争。这样的"宫斗剧"本是帝王家庭的内部事务，但是由于大正天皇嘉仁健康状况欠佳，特别是1919年突发脑血栓之后，行为举止日益乖张，不得不于1921年由其长子裕仁代为摄政。

因此"宫中某重大事件"名为太子妃的争夺，但其实质则是影响未来皇后的角逐。事实上按照日本皇室只能在王族、公卿中挑选伴侣的惯例，裕仁的妻子早已内定为久迩宫邦彦亲王的长女良子。而从另一个角度来看，"萨长同盟"也有意通过干涉裕仁的婚姻大事，在这位未来的君主面前彰显自己的权势。但可惜此举在年轻的裕仁面前却根本行不通。

裕仁自幼体弱多病，曾一度寄养在萨摩藩出身的海军中将川村纯义的家中，此后又被送入专门为皇族和华族子弟设立的贵族学校——位于东京四谷的学习院就读，而当时的学习院院长正是在日俄战争中以敢死队"肉弹"强攻旅顺口的"名将"乃木希典。

裕仁入学之时，乃木希典刚刚在日俄战争中失去了两个儿子，他对年幼的裕仁百般呵护，甚至亲自教习他相扑和游泳。而对"武士道"精神的传承更是无孔不入，据说乃木希典最喜欢听裕仁演唱《楠木正成之歌》，每次听到都会不禁连连点头，感动得流下热泪。而裕仁对乃木希典也奉为偶像，对其所教导的一言一行都铭记在心，甚至有"敬为神灵，尊为严父"的趋势。

少年时代身着陆军大尉军服的裕仁

但也有了解"内情"的人士表示，乃木希典晚年曾表示反对立裕仁为未来的皇位继承人，而其最终选择在明治天皇病逝时自杀殉主，也有以死谢罪的愧疚成分。但无论如何，在此时年仅 20 岁的裕仁身上已经积累了太多所谓的"武士精神"和死打硬拼的"愚将血统"，如果再为其选择久迩宫邦彦这样一位热衷于军事的岳父，的确并非日本之福。

1920 年夏天，山县有朋首相鼓动日本前红十字医院院长在东京的一份医学杂志上发表文章，从遗传学的角度追溯了久迩宫邦彦家族历代色盲的遗传史。随即制造舆论说久迩良子虽然视力正常，但她两个兄弟的辨色能力却都很弱。由于良子担负着养育未来天皇的重任，因此这一问题非同小可。为此山县有朋随即调来前任陆军中将中村雄次郎以新任宫内大臣的身份，挑选 5 名医学专家对久迩良子的视力进行了详细的调查，最终得出其后代出现色弱、色盲的概率在50% 的结论。

事态进展到这一步，在山县有朋看来久迩宫邦彦

日后被称为"香醇皇后"的久迩良子

如果识相的话，应该主动退婚。但这位亲王却强硬表示："提出要娶我家姑娘的可是皇室方面，既然要解除婚约，那就该由皇室来履行。我顺便奉告一句，如果硬要这样做，我首先杀死良子，然后我和我的全家都将因受辱而剖腹！"

久迩宫邦彦虽然以死相抗，但面对"萨长同盟"及公卿贵族联合阻挠，年轻的裕仁及其母亲贞明皇后依旧承受着巨大的压力。而关键时刻以"帝师"自居的学者杉浦重刚出面联络"黑龙会"首脑头山满等右翼社团，以民间的力量反制"萨长同盟"。

杉浦重刚是裕仁亲王从学习院初等科毕业后进入东宫学问所学习时的老师。虽然曾经留学英国，但此人却满脑子都是"忠君爱国""权谋腹黑"的帝王心术。在杉浦重刚的操盘之下，头山满首先让手下干将五百木良三撰写《呈山县公书》向报社和知名人士广为散发，同时由盲动青年眼中的精神领袖北一辉出面煽动刺杀山县有朋。

这一先礼后兵的手段果然奏效。日本宫内省于1921年2月10日发表文告称："关于良子殿下内定为东宫王妃一事，尽管世上有种种传闻，但以上决定并无任何变更。"自知彻底得罪了裕仁的山县有朋随即宣布归隐，他的亲信中村雄次郎也被免去了宫内大臣的职务。不过对于年轻的裕仁而言，他的权力之路不能始终依靠社会底层青年来保驾护航，为了谋求日本未来的全球战略，更为了在军队中扶植自己的势力，裕仁必须组建有别于"萨长同盟"的日本陆、海军领导核心。

战列舰"香取"上的裕仁及随行海军军官

1921 年 3 月 3 日，在"宫中某重大事件"尘埃落定之后，裕仁乘坐日本海军"香取"号战列舰从横滨出发，开始其长达半年之久的欧洲之行。在日本海军已经装备了多艘国产战列舰的情况下，裕仁选择英国出产的"香取"为自己的"御召舰"，同级战列舰"鹿岛"为护航的"供奉舰"，除了有意向日本在欧洲最主要的盟友——英国示好之外，也不排除对日本国产战舰的质量仍缺乏信心的意味。

毕竟就在裕仁出访之前，日本自行研制生产的第一款战列巡洋舰"筑波"、战列舰"河内"先后于横须贺港、德山港内自爆沉没。有着远大前程和抱负的裕仁自然不愿拿自己的生命开玩笑。即便如此，在航行过程中还是发生了"鹿岛"上机关室气罐爆炸，造成 3 名水兵死亡的意外事故。

在途经新加坡、科伦坡、亚丁、苏伊士、塞得港、马耳他、直布罗陀等地之后，裕仁一行最终于 5 月 7 日抵达英国朴茨茅斯港。英国皇室给予了这位来自远东的太子以最高规格的礼遇，一度令年轻的裕仁受宠若惊，日后在其回忆录中仍感叹说："当时英国王室中，大多与我同辈，处在其中，简直令我有'第二家庭'的感觉。"

如此良好的开端，自然令裕仁对自己心目中所谋划的"英日对美同盟"充满了信心。在裕仁看来第一次世界大战结束以来，日本羽翼未丰，英国则力有不逮，如果单独对抗美国均没有十足的胜算，但如果两家联手，却可以取长补短。进可击败美国瓜分世界，退仍能各自巩固自己的势力范围，以此强化

在英国游览名胜古迹的裕仁

甲午战争以来的英日同盟关系，共同将矛头对准美国，对英国和日本来说是互惠互利的必然选择。

但裕仁的计划尚未正式提出，美国政府便先发制人，裕仁刚刚抵达英国，美国国务卿休斯即警告英国驻美大使格迪斯："英日同盟会继续助长日本在远东进一步扩张的野心，而且任何美国反对日本谋取新优势的行动都会导致美、英之间的冲突。"在美国政府的高压之下，解剖学教授出身的格迪斯完全失去了英国外交官昔日长袖善舞的淡定，慌忙在《泰晤士报》上撰文指出："日本在'满洲'扩展势力，不仅有害于美国，而且也不利于英国。"格迪斯的此番言论虽然不能代表英国政府的态度，但也给雄心勃勃的裕仁当头浇了一盆冷水。

5月31日，在完成了参加各种欢迎仪式、游览名胜古迹的既定日程安排之后，裕仁怀着忐忑和失落的心情离开了不列颠群岛。因为在与英国首相劳合·乔治的会晤过程中，对方已经明确表示了对维持和强化英日同盟的不看好。当然乔治首相此举并非单纯迫于美国的压力。日本工商业在第一次世界大战中的成长，令其从英国在亚洲的主要军火市场和贸易伙伴变成了竞争对手，而在战争中遭遇重创的英国最需要重建资金，日本却无力提供。因此站在英国的立场上，与其选择与日本抱团取

今天的巴登巴登

暖，远不如投入大西洋彼岸同属"盎格鲁—撒克逊"民族的美国怀抱。

当然裕仁的欧洲之行也并非全无收获，在自己叔叔东久迩宫亲王稔彦的安排之下，裕仁召见了正以巡回武官身份赴欧美考察的冈村宁次。此时已经37岁的冈村宁次虽然还只是陆军军事调查部新闻班的少佐班员，但人微言轻的他却代表着诸多不安于现状的新生代日本军人。

在觐见了裕仁的三个多月后的10月27日，冈村宁次于德国黑森温泉度假胜地巴登巴登（Baden-Baden），密会了日本驻瑞士武官永田铁山、驻苏武官小畑敏四郎，达成了以"消除派阀、刷新人事、改革军制、建立总动员态势"为核心内容的所谓《巴登巴登密约》。

客观地说，《巴登巴登密约》之中，所谓"改革军制、建立总动员态势"在第一次世界大战之后已成为世界主流，亦是日本陆军少壮派的共识。冈村宁次真正要想实现的无非是以"消除派阀、刷新人事"的名义，从"萨长同盟"手中夺取陆军的主导权而已。

三人之中，冈村宁次为"江户幕府"败落的"旗本"[①]武士冈村宁永之子，永田铁山的父亲永田志解理曾是"高岛藩"[②]的藩医。小畑敏四郎家族虽是"倒幕功臣"，但其父小畑美稻资格虽老，却因为并非萨摩、长州出身，长期无缘政治中枢。正是怀着这种愤懑和不平的情绪，日后合称"陆军三羽乌"的三人，视"萨长同盟"的一干元老为宿敌寇仇。而冈村宁次在觐见皇太子裕仁的过程中更可能领受了所谓的"上意"。

而就在"陆军三羽乌"踌躇满志之际，世界格局却悄然发生着改变。1921年7月11日，就在失意的裕仁游览了法国、比利时、荷兰之后，在土伦港重新登上"香取"号战列舰启程回国后的第四天，英国首相劳合·乔治发表长篇演讲，宣布英国未来外交政策的第一原则是要保持与美国的友好合作。而向来在内政方面以懒惰著称的美国总统哈定随即给予了回应，邀请英国、日本、法国、意大利、比利时、荷兰、葡萄牙及中华民国八国代表前往华盛顿共同"商讨"海军军备及构建"亚太

---

① 旗本（はたもと）：泛指江户幕府统治时期直属于德川将军家的下级武士，由于人数庞大其俸禄相对较低，因此在明治维新前事实上已经大量破产。

② 高岛藩：江户幕府统治时期以高岛城（今长野县诹访市）为中心的藩国，藩主为诹访氏，因此也称诹访藩。

曾在美国有被拐卖经历的日本
首相高桥是清

新秩序"的问题。

在巴黎和会上便自感备受西方列强排挤的日本，对这场在美国主场召开的会议自然抱有抵触情绪。而接替遇刺的原敬出任内阁首相的高桥是清，早年更有过被美国人卖了还替对方数钱的悲惨经历[1]，深知美国人表面和善背后的奸诈。但如果拒绝与会，又难逃"阻挠世界和平"的罪名。因此权衡再三之后，日本方面决定派出海军大臣加藤友三郎前往华盛顿，准备以强硬的姿态应对美国可能提出的苛刻条件。

但令怀着拼死力争的决心抵达美国的加藤友三郎等一行人没有想到的是，在 1921 年 11 月 21 日华盛顿会议召开的首日，美国国务卿休斯便提出了美、英、日、法、意五强共同削减海军军备，除了全面废弃老旧战舰、拆除在建主力舰之外，五国应在未来十年停止建造主力舰的爆炸性提案。身为日本海军大臣的加藤友三郎对美、英、日海军的战备情况心中自然有一本账，经过简单的测算之后，加藤友三郎很快便得出了此项决议有利于日本的结论。

此时英国海军拥有 48 艘战列舰、8 艘战列巡洋舰，虽然英国本土的船坞之中并没有更多的新型战舰在建造，但按照美国国务卿休斯所提出的废弃老旧战舰的标准，英国海军至少要削减四分之三的现役主力舰。美国海军不仅在现役舰艇的规模上仅次于英国，拥有 41 艘战列舰，而且还有 4 艘战列舰即将建成，10 艘战列舰和 6 艘战列巡洋舰纳入建造计划。因此全面裁军对美国海军影响也将不亚于英国。

———————————

[1] 高桥是清被拐卖：1867 年高桥是清与好友铃木六之助一同前往美国留学，结果却被介绍人——军火贩子尤金骗签了卖身契。后在日本驻美总领馆的帮助下，高桥是清才得以在 1869 年 12 月回到日本。

与之相比，日本海军受到的影响反倒较小，仅需要废弃 10 艘老旧战列舰，停止建造 1 艘"长门"级、2 艘"加贺"级战列舰及 4 艘"天城"级战列巡洋舰而已。因此加藤友三郎代表日本欣然接受美国国务卿休斯的主张，与其说是迫于会场上"谁反对就是反对正义"的舆论压力，不如说是建立在经过精密算计之上的结果。

当然美国方面之所以提出这样的建议，也并非缘于"热爱和平"，在掌握着当时世界最为强大的工业制造能力的前提下，美国自认为没有必要维护一支强大的海军常备舰队。何况美国虽强，但不足以分制英、日，英、日虽弱，但一旦东西两线同时发难，仍将令美国海军疲于奔命。毕竟德国皇帝威廉二世组建"公海舰队"触怒英国海权，从而导致英德海军军备竞赛的前车之鉴就摆在眼前。而早在华盛顿会议之前，英美两国关系也一度充斥着火药味，英国首相劳合·乔治曾宣称："大不列颠宁愿花尽最后一分钱，也要保持海军对美国或其他任何一个国家的优势。"

在美国军方一系列以颜色为代表的战争计划中，对英作战的"红色计划"和对日作战的"橘色计划"在 20 世纪初曾长期占据着首要的位置。根据美国军方最为悲观的预测，一旦与英、日同时交锋，美国很可能在战争初期失去大西洋及太平洋西岸的制海权，最终只能通过陆军的优势占领英属加拿大，与英国媾和。随后再集中优势兵力反攻日本。正是基于这样的推演结果，美国才向英国伸出橄榄枝，主动退出军备竞赛。而对于英国而言，随着德意志帝国的崩溃，由诸多前无畏和无畏型战舰组成的本土舰队也成为了拖累财政的"吞金兽"，能够淘汰其老旧，保留少数新锐也不失为上策。

在英、日两国对裁减主力舰的大方针上没有表示异议的情况下，美国国务卿休斯接着提出了未来各国海军规模的吨位比例：在以美、英两国为基准的情况下，日本海军总吨位应为美、英两国的六成。应该说这一提议，日本方面早有预料，根据明治时代末期秋山真之"对美七成论"的基调，日本海军认为只有保持相当于美国海军 70% 规模的海军才能在战时有 50% 胜算。

因此美国方面的各国总吨位比例一经提出，日本方面随即提出反建议，认为当时英、美、日三国现役及在建主力舰吨位为 10.6∶10∶8.7，日本保持仅相当于英、美海军七成的吨位数已经是底线了。但美国方面随即以己方海军需要分布太平洋和大西洋两个战区为由，认为日本拥有相当于美国六成的海军实力已经占了很大的便宜。而早已有心抛弃日本的英国更出面帮腔，提出英国海军分散在世界各地，要想真正实现各国海军力量均衡，日本应该保有相当于英、美海军55%的规模才合理。

海军出身的加藤友三郎当然清楚吨位就意味着力量，但他更深知同时与英、美两强展开军备竞赛，日本将毫无胜算。与其冒着谈判破裂的风险，不作任何妥协，不如暂且同意美国所提出的海军总吨位比例，力争保留已经接近完工的"长门"级战列舰"陆奥"号，提升日本海军总吨位数中的含金量。"陆奥"号在华盛顿会议召开前已经完成了95%的建造进度，被当成"在建主力舰"而报废固然可惜，但从长远的角度来看，日本海军为了力争保留"陆奥"号所付出的代价却得不偿失，一方面日本海军必须报废现役的"河内"级战列舰"摄津"号作为等价交换，另一方面英、美两国海军也由此获得了建造和完工两艘新型战舰的配额。

经过这样一番交换之后，日本海军在吞下总吨位仅为英、美六成的苦果的同时保存了两艘新锐的"长门"级战列舰："长门""陆奥"，英国海军则开工建造了两艘"纳尔逊"级战列舰，美国海军加紧完工了三艘"科罗拉多"级战列舰。这七艘当时世界上吨位、主炮口径最大的战舰被称为"Big 7"。而有趣的是这七艘战舰之中，美国在数量上维持了对日本3:2的优势，英国则在主炮数量上以18:16略胜一筹。唯一值得欣慰的是法国和意大利所能保持的海军总吨位仅为英、美的35%。

在海军吨位上吃了亏的日本代表团，随即以要求美国在其全部控制的太平洋岛屿上停止新建军事设施作为回敬。美国国务卿休斯有备而来，答应在除了夏威夷群岛之外，美国冻结包括菲律宾在内所有太平洋岛屿之上的军事工程。不过出于对等条件，日本也应该停止本土之外的所有其他殖民地的类似工程。

当然关于何为"日本本土"双方又展开了一番争执，最终日本只能接受美国方面将第一次世界大战期间占领的德属太平洋地区全部划出本土范围之外的提法，可谓"输人又输阵"。唯一令日本感到欣慰的是，美国同样限制了英国在香港等远东殖民地新建军事设施。

在海军军备和太平洋地区安全事务上连挫两阵的日本代表团，心中的郁闷自然可想而知。好在此时英国外交大臣贝尔福突然提出保留英日同盟，并将美国纳入其中的方案，令加藤友三郎等人为之一振。不过事实证明英国方面的提案不过是与美国人早已串通好的双簧。美国国务卿休斯提出重新组建联盟的前提是废止英、日同盟，同时为了防止日后同盟中出现英、日联合反对美国的局面，美国必须将法国也引入这一同盟之中。

在华盛顿会议上"输人又输阵"的加藤友三郎

1921年12月13日，美、英、法、日四国代表在华盛顿签署《关于太平洋区域岛屿属地及领地条约》，即通常所说的《四强条约》。而根据条约的相关规定，当《四强条约》于1923年8月17日生效之时，《英日盟约》正式废止。至此日本用尚有几分利用价值的"英日同盟"交换了有名无实的"四国同盟"，可谓得不偿失。

完成了对中止海军军备竞赛和剥离"英日同盟"两项基本使命之后，美国正式将中华民国代表团引入华盛顿会议，要求中、日两国在英、美"调停"之下，完成"山东悬案"的解决。所谓"山东悬案"指的是"巴黎和会"上中国不满协约国阵营将青岛及胶济铁路由德国所有转为日本治理，愤而拒绝签署《凡尔赛条约》所产生的外交纠纷。

日本海军炮术专家、舰队派核心人物加藤宽治

在美、英的联合施压之下，在与会各国于1922年2月6日所签署的《九国公约》之中，日本不仅被迫吐出了青岛和胶济铁路沿线，还正式废除了此前逼迫袁世凯政府签署的《二十一条》，甚至还被迫做出承诺将尽快从苏俄远东地区撤军，才最终保留了在中国东北地区所谓的"特殊利益"，第一次世界大战期间日本在东亚大陆所窃取的权力，一夜被打回到了日俄战争时期。

1922年2月6日，随着签订了一系列统称《华盛顿条约》的各类公约、决议的华盛顿会议"圆满闭幕"，美国凭借其经济、军事双重优势重新调整亚太地区势力范围的目的基本达成。但讽刺的是这一场秉承着"弭兵消战"的和平大会，却埋下了未来日本挑起亚洲全面战争的导火索。

早在巴黎和会期间，作为日本公卿阶层新生代代表的近卫文麿便针对西方列强对日本的压制，愤而提出："我国为了自己生存上的需要，也不得不像战前的德国那样，采取打破现状的举动。"而在华盛顿会议上接受美、英提出的海军吨位比例的当晚，日本代表团中的海军将领加藤宽治甚至挥泪狂呼："对美国的战争开始于今日！我们一定要报仇！"

客观地说，第一次世界大战结束以来，以英、美为首的西方列强对于在战争中悄然崛起的日本设下了诸多限制和外交陷阱，日本国内随即产生民族主义的情绪反弹也在情理之中，但是这种情绪并没有成为近代日本在产业革命中奋起直追的动力，反而刺激了其在军国主义和对外战争的道路上越走越远，最终将矛头错误地对准了同为后进民族的亚洲友邻。

1922年2月，按照华盛顿会议的相关精神，日本海军所订购的2艘"加贺"级战列舰、4艘"天城"级战列巡洋舰悉数停工。这种半途而废的做法固然是一种浪费，但从长远来看，《华盛顿条约》的签署却给日本经济带来了难得的轻松时光，毕竟自明治维新以来，日本先以清帝国为假想敌展开军备竞赛，随后又为筹备与沙俄的决战而卧薪尝胆，第一次世界大战前后又以美国为假想敌展开海军建设。现在至少在主力舰领域，日本和英、美一样拥有了一段长达十年的"海军假日"。

日本海军方面缩减舰队规模、大幅度下调军费开支的举措，自然会让长期以来坚持与海军并驾齐驱的陆军方面倍感压力。同时随着长期视陆军为私产的"元老"山县有朋于1922年1月去世，"长州藩"的势力也暂时失去了对陆军事务的掌控权，结束了华盛顿会议后归国接任首相的加藤友三郎，一方面继续以海军大臣的身份裁减海军，另一方面责令陆军大臣山梨半造拿出裁减陆军的相关草案。

1922年7月日本陆军以"大正十一年军备整备"的名义开启了现代化改革。此次改革在日本陆军现有部队数量上并没有做太大的改动，在解散了3个野战炮兵旅团的同时，又增设了2个野战重炮兵旅团，可谓进两步退一步。但是通过将日本陆军原有步兵大队下属4个步兵中队

强化火力和部队机动能力是"山梨裁军"的主要目的，图中为日本炮兵正在操控"大正十一式直射步兵炮"

的编制缩减为 3 个，此次改革仍裁减了将近 6 万现役陆军士兵和 1.3 万匹战马。而这些节省下来的军费被用于组建 6 个飞行大队和 2 个无线电通讯连队。

如此悄然而大规模的裁减军队在明治维新之后的日本仍属首次。在

"山梨裁军"节省下来的军费，被用于购置新型武器，图中为日本陆军列装的"丙式一型"战斗机

陆军上下一片非议声中，身为陆军大臣的山梨半造承受的压力自然可想而知。于是在第二年3月开展的"大正十二年军备整备"之中，山梨半造只能从日本陆军的一些"第三产业"下手，"砍掉"了隶属于陆军的铁路材料厂、近卫师团和第4师团的军乐队以及仙台陆军幼年军事学院。但即便如此，此次改革仍被视为第二次"山梨裁军"。

与此同时，1922年迫于国际社会和军事上的双重压力，日本政府与苏俄政府扶持的"远东共和国"开展了从西伯利亚撤军的相关谈判。耗资六亿日元、声势浩大的远征，竟然以寸土未得的局面收场。日本政府和国民心中的不甘自然可想而知。于是，好事者翻出陆军的相关账目，提出甲午战争中日本陆军以"机密费"名义列支的费用为36.9万日元，日俄战争期间为320万元，而这次的西伯利亚出兵，陆军居然用掉了"机密费"2400万元。

已经安全回国的"捷克斯洛伐克军团"又提出追讨此前寄存在日本陆军手中的19车皮的军火。无法将之交出的日本陆军，只能抛出几个参谋级的替罪羊，让他们承认将这些军火暗中交给了沙俄的白军。但即

出兵西伯利亚期间日本陆军也以战争需要的名义购置了不少新型装备，例如图中出现的侦察机

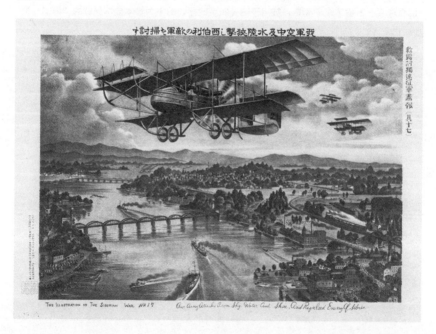

便如此，日本国内仍认为陆军方面是暗中将其出售给了张作霖。

陆军内部一时间人人自危，来自民间舆论的非难以及高悬的裁军"利剑"，不由得令人无比怀念昔日"长州藩"主政时的美好岁月。而恰在第二次"山梨裁军"正如火如荼地展开之际，一场突如其来的天灾，却令陷入低谷的"萨长同盟"绝地反弹，重新掌握了政权。

1923 年 8 月 24 日，日本第 21 任内阁首相加藤友三郎因肠癌恶化而在自己家中去世。首相之位由来自"萨摩藩"的职业外交官——外交大臣内田康哉暂行代理。此时日本正处于"明治维新"以来最为平和的时光，随着 1922 年 5 月和 11 月，日本陆军相继从中国青岛和苏俄远东地区撤军，除了库页岛北部以外，日本在第一次世界大战中向海外战场所投入的地面部队已悉数归国。

而随着"华盛顿条约"的签署，日本与英、美之间的海军军备竞赛也暂时偃旗息鼓。如果没有什么意外，曾经在原敬遇刺时便暂代过首相一职的内田康哉，此次似乎有希望成功"转正"。但地狭民稠的岛国日本，似乎从来就欠缺安定的基因，在无法向外转移矛盾的情况之下，其内部的震荡便往往在所难免。

随着第一次世界大战结束而戛然而止的"大战景气"，令高速发展下的日本经济全线收缩，1918 年的"米骚动"虽然以政府出面平抑米价而暂时平息，但造船、冶金、矿业的全面萧条所引发的"裁工潮"，却令工人运动迅速席卷日本各地。其中因"矿毒污染"而一度闹得沸沸扬扬的足尾铜矿，再度成为了工人运动的策源地，1920 年 3 月开始足尾矿工罢工虽然很快便因工人领导人的妥协而宣告失败，但这一事件却在日本岛内引发了一系列连锁反应。1920 年 5 月 2 日，日本国内 15 家民间政治团体借庆祝日本首个"五一"劳动节之际于东京上野公园集会，正式成立全国工会联盟。

正是在日本全国工会联盟的组织之下，1921 年春夏之交日本国内爆发了以关西重工业为中心的大规模工人运动。但是面对财阀们开除工人领袖，出动驻守姬路县的陆军第 10 师团进驻厂区的压力，日本全国工会联盟最终选择了妥协和退让。至此日本国内产生出以"垄断劳动力"筹码与资本家交涉的西方式工会组织的道路基本被堵死，在日本社会主义政党同样遭遇高压的情况下，日本一些产业工人的不满情绪逐渐向崇尚暴力和骚乱的无政府主义转化。

在日本国内各种工人运动此起彼伏之际，日本农村又出现了大规模的"租佃纠纷"。由于"明治维新"成功后，日本政府没有彻底废除封建的土地所有制关系，仅保障了农民可以长期租种地主土地的"永佃权"，因此"租佃纠纷"在日本国内可以说是长期存在的。

为了平抑"米骚动"而强行降低米价的做法，又令日本陷入了"谷贵则伤民""谷贱则伤农"的怪圈。而日本纺织工业的不景气，更令日本农民的主要经济作物春茧价格暴跌，收入大幅度下滑的日本农民纷纷要求地主减轻地租，而同样在经济萧条中遭遇投资失败的日本地主阶级也没有退路。于是，一时间一度相安无事的日本农村也是烽烟四起。

应该说对于城市工人运动和农村的"租佃纠纷"，日本政府都给予了充分的重视。在工业领域通过减免税收来保障企业的利润率，以保障和促进就业。在农村则以发放低息贷款给佃农，使其购买地主土地转变为自耕农的方式缓和矛盾。同时日本政府还鼓励工矿企业向中国大陆发展，鼓励农民以家庭为单位移居朝鲜半岛。

但政府要通过减税和贷款的形式扶植国内工业、农业的发展，就必须牺牲财政收入，要从本就紧张的预算中挤出钱，唯一的出路就是裁军。而面对中国国内日益高涨的反日情绪和朝鲜半岛的独立思潮，要顺利输出国内矛盾又必须加强军备。在这样的情况下，内田康哉无心恋栈，一心想将首相这个烫手的山芋让给"萨摩藩"海军元老山本权兵卫。

而就在日本列岛徘徊于福利社会和军国主义的十字路口之际，一场突如其来的地震彻底改变了其政治走向。1923 年 9 月 1 日上午 11 时 58 分 44 秒，在相模湾西北部海面之下 100 米深的地底，长期以来缓慢向日本陆地下方移动的"菲律宾海板块"，终于在长久的积累之下，通过地震的形式施放出其所积聚的强大能量。以人类所制造的爆炸物计算，此次地震的威力相当于 800 万吨 TNT 炸药所蕴含的能量，相当于同时引爆了近 800 颗未来投放在广岛之上的原子弹。

地震发生之后，东京周边地区首当其冲。由于环相模湾地区遍布着诸多填海造田的"人造陆地"，因此地震袭来伊始，便出现了大面积的地表开裂、土地塌方和山体移动。逃难的人群为大地裂缝所吞噬，无数房屋和公用建筑在震撼中倾覆，巨大的山体裹挟着树木将村庄甚至是铁

路上满载旅客的火车一起冲入海中。而由于地震发生之时正值中午，无数正在使用煤炉做饭的日本家庭连同其所居住的木质房屋被焚之一炬。火势迅速蔓延开来，在相模湾强劲的海风中最终形成了吞噬一切的火焰旋风，顷刻间便吞噬了聚集在东京陆军本部被服厂附近空地上避难的数万难民。

　　惨剧发生之后，日本政府迅速组建了以内田康哉为首的救灾委员会。但这个委员会首先要做的并不是安置灾民，而是如何维持首都地区的治安。东京警视厅总监赤池浓忧心忡忡地表示："这种情况下，不会没有煽动贫困到极点的群众制造事端的人。"正是基于这样的考虑，当天下午4点，在东京周边驻守的日本陆军近卫第1、第2师团按照预案开赴市区。而根据曾经担任过朝鲜总督的内务大臣水野炼太郎的要求，震区的警戒工作主要放在监视居住在东京地区的朝鲜侨民身上。

　　"关东大地震"的发生是地球板块运动的必然，早在1906年和1915年日本东京帝国大学理学系地震专业的大森房吉教授和他的助手今村明恒副教授两次就东京是不是将会有大地震袭击进行了争论。今村副教授根据历史地震分析，提出东京存在发生大地震的危险性，并且强调要特别注意火灾的发生。只是作为日本地震学界泰斗的大森教授，以避免人心混乱为由，一直否定。而在地震中出现日本陆军一度全盘接管城市，并怂恿民众迫害邻国侨民，何尝不是"明治维新"以来日本政治畸形发展的积累和爆发。

而在未来的岁月里，面对日益激化的国内矛盾和不可预测的国际风云变幻，这种将问题简单交给具有最强社会管控能力的军队，以邻国民众的生命为"祭品"，来安抚冥冥中对未来充满绝望的日本列岛生灵的做法将一而再、再而三地出现。不过，并非所有的日本国民都甘愿遭遇这样的愚弄，"关东大地震"发生四个月之后，一位名叫难波大助的青年便愤而将枪口对准了时任摄政的皇太子裕仁。

1923 年 12 月 27 日，裕仁要去出席帝国议会开幕式，当上午 10 时45 分裕仁乘坐的汽车经过虎门公园时，一名青年从下跪的人群中突然跃起，用肩膀撞开警察组成的警戒线，向裕仁的座驾开了枪。子弹穿破玻璃，碎片从裕仁的右耳掠过，稍许渗出些血来，司机加快车速后才躲过射来的第二枪。行刺者一边高呼"革命万岁"，一边追赶汽车，随后被群众抓获交由宪兵处理。

行刺者难波大助时年 23 岁。他的父亲难波作之进是山口县的大地主、众议院议员、皇室中心主义者。难波大助自幼便反对父亲家长式的统治，使他走上了无政府主义的道路。大地震后政府的高压政策使他充满了敌意，当他得知自己崇拜的社会主义者、无政府主义者大杉荣被杀害的消息后，决心刺杀裕仁为其报仇。

在此后长达一年的酷刑审讯中，难波拒绝承认有罪，并以作为一个"社会主义的先驱者"而感到自豪。第二年的 11 月 15 日，难波被判处死刑。而经过这次刺杀事件后，裕仁一方面加强了自身的警卫工作，另一方面则不免将出身山口县的难波大助与"萨长同盟"联系起来。面对这位多疑的少主，"关东大地震"次日上台组阁的山本权兵卫不得不递交辞呈，结束了其短暂的第二任首相任期。

接替山本权兵卫的是高唱"皇室中心主义"的清浦圭吾。清浦圭吾虽然早年依附于山县有朋，但此时上台组阁却是"一颗忠心只向吾皇"。山本权兵卫组阁时陆军大臣是"长州藩"的田中义一，海军大臣是山本权兵卫的女婿财部彪。此时换上了备前农民出身的陆军中将宇垣一成和出身佐贺藩的海军中将村上格一。

宇垣一成虽然出身不高，但两度留学德国，被公认为日本陆军中的战术大师，自1916年便长期盘踞参谋本部第一部长的高位，田中义一反倒位居其下。村上格一在第一世界大战中曾率第3舰队远征青岛，也算是日俄战争中日本海军中少数"战功赫赫"的名将，由这两位日本陆、海军中的名将护航，清浦圭吾自认自己将可以在首相的宝座上踏踏实实坐上一段时间。

主持裁军行动的宇垣一成

清浦圭吾显然高看了自己在日本政坛的影响力，其赤裸裸的招揽公卿贵族把持政府的做法更招致了在野党派的普遍诟病，面对来势汹汹的所谓"护宪运动"，清浦圭吾自动自觉地扮演着裕仁"挡箭牌"的角色，但最终却在大选中被民众无情地抛弃。1924年6月11日，清浦圭吾在为裕仁操办完与久迩良子的婚礼大典之后宣布辞职。在"萨摩藩"元老松方正义病故的情况下，作为明治九元老中硕果仅存的西园寺公望，随即请出了代表财阀利益的"三菱集团女婿"加藤高明上台组阁。

加藤高明当年曾因冒险向中国提出"二十一条"而遭到明治元老山县有朋等人的排挤。此时以首相身份上台大有报仇雪耻的架势，他继续留任宇垣一成为陆军大臣，并全力支持其裁减陆军。在海军方面反倒请回了山本权兵卫的女婿财部彪，显然有依赖"萨摩藩"而压制"长州藩"的架势。按照加藤高明所拟订的计划，准备从陆军下手先废除军部大臣武官制，即陆军大臣将不再由现役陆军将领担任。随后废除朝鲜和"南满洲"以外的全部宪兵部队，最后裁减6个师团。

并不隶属于"萨长同盟"的宇垣一成支持加藤高明内阁的裁军计划，但却深知"大臣武官制"和宪兵部队是陆军赖以生存的根基。因此在与加藤高明虚以委蛇的同时，悄然在陆军中设置了"军制调查会"，独立草拟陆军裁军计划。当时日本陆军总计拥有21个师团，裁军的剪刀先拿谁开刀自然大有讲究，被宇垣一成列入被裁减名单的是：驻守仙台县高田市的第13师团、驻守爱知县丰桥市的第15师团、驻守冈山县的第17师团以及驻守久留米市的第18师团。

综合来看这4个师团均组建于日俄战争结束前后，属于日本陆军中的小字辈。且第13师团驻守的仙台地区已有第2师团，第15师团驻守的爱知县是第4师团编成地。第17师团的冈山县属于第10师团的管辖区，第18师团驻守的久留米同时也是第12师团的"龙兴之地"。将这四个师团废止，也有利于理顺日本陆军的师团管区。如果从这个角度去理解，倒也能解释缘何裁军会跳过第14、第16两个师团。

当然单纯从战绩来看，被裁减的4个师团也不乏功勋部队，其中第13师团便曾在日俄战争后期独立完成库页岛南部的占领任务，此后长期驻守于中国东北和朝鲜半岛。在此期间第13师团中有一位名叫冈村宁次的小队长由于表现突出而转入陆军士官学校。而正是这次调动，令冈村宁次在担任"清国学生队"第4、第5、第6期的过程中结识了陈仪、阎锡山和孙传芳等未来的中国军政大佬。除此之外，1910年期间第13师团第19野战炮兵联队也曾接纳了一位未来赫赫有名的中国士官候补生，他的名字叫蒋介石。

日本陆军第13师团长宿舍遗址

第一章　通向战争之路

（一）新瓶旧酒——昭和初年动荡的日本列岛和少壮派军人
　　　的崛起（上）

（二）国家暴走——昭和初年动荡的日本列岛和少壮派军人
　　　的崛起（下）

（三）天皇机关——日本政坛的风云变幻和强化"天皇制"
　　　的暗流

（四）上策伐交——国际政治博弈中日本外交的得失和影响

（五）条约假期——华盛顿、伦敦海军条约时代的日、美、
　　　英海上军备竞赛

（一）新瓶旧酒——昭和初年动荡的日本列岛和少壮派军人的崛起（上）

1940 年 7 月 22 日，一个月前（6 月 24 日）刚刚辞去枢密院议长职务的近卫文麿，领受"昭和天皇"裕仁的敕令第二次上台组阁。此时距离他上次出任首相虽然仅仅过去了 18 个月，但位于东京千代田区永田町的"首相公邸"却已走马灯似的更换了三任主人了。看着那些曾经在日本政坛叱咤风云的元老名宿，一个个败下阵来，此时的近卫文麿早已不复第一次下台时的阴郁，反而生出了几分"吾辈不出，奈苍生何"的豪气。殊不知日本此刻所面临的困局，何尝不是他近卫文麿一手促成的呢？

近卫文麿第一次上台组阁是在 1937 年 6 月 4 日，彼时的日本政府同样面对着内外交困的不利局面。自 1926 年 12 月 25 日大正天皇嘉仁"驾崩"、皇太子裕仁继位、改元"昭和"以来，日本列岛便仿佛被下了某种魔咒一般，诸事不顺。迎面而来的第一个问题，便是随着"北伐战争"的胜利，进而名义上统一中国的"南京国民政府"。

尽管日本朝野曾对孙文领导的中国同盟会给予过各种各样的"帮助"，但自 1912 年中华民国成立以来，日本政府便始终基于功利主义，将宝押在脱胎于清末"新军"的各路军阀的身上，与中国国民党鲜少交集。眼见北洋军政府节节败退，时任首相的田中义一手忙脚乱，在打着保护侨民旗号两次出兵中国山东半岛的同时，竟默许关东军少壮派军人河本大作调动陆军"奉天独立守备队""朝鲜军龟山工兵队"人马，于京奉、"南满"两铁路交会处炸毁张作霖所乘坐的

公卿阶层出身的日本首相
近卫文麿

专列，史称"皇姑屯事件"。

晚年的田中义一

田中义一的如意算盘是将事件罪责嫁祸给正在大举北伐的国民革命军，以挑动仍有效控制东北三省的奉系军队与南京国民政府血战到底。殊不知张作霖在世之时奉系内部已是新旧党争、派系林立，张作霖死后更是一盘散沙。而继任"东北保安军总司令"的张学良更出于民族大义，在"皇姑屯事件"过去仅仅一周，便以宣布服从南京政府的"东北易帜"行动，给了田中义一以沉重一击。

日本朝野多年以来苦心扶植奉系军阀，以谋求中国东北三省"事实独立"的局面，可谓"毁于一旦"。面对恼羞成怒的天皇裕仁，田中义一只能辞职谢罪，不久后离奇死亡①。关东军方面司令村冈长太郎以下，包括主谋河本大佐在内的多名高级军官也都遭到了不同程度的处分。

有趣的是田中义一尸骨未寒，长期为"长州藩"所把持的陆军之中便出现了一股名为"下克上"的"泥石流"。1929 年 5 月 19 日，由号称"陆军三羽乌"之一的永田铁山所创立的"二叶会"，与参谋本部情报军官铃木贞一所创建的"木曜会"②合并，组成以陆军士官学校第 14 期至第 25 期毕业生为主的政治团体"一夕会"。

客观地说，"二叶会"与"木曜会"在人员结构

---

① 田中义一的死因：一般认为田中义一死于心脏病猝发。但也有坊间传闻其实死于外宅姘妇的家中。而综合田中义一下野后仍占据政友会总裁一职来看，如果不是这次意外，其政治生命还远未终结。

② 木曜会：其实发起者铃木贞一并未给这个"朋友圈"正式取名，因此一些史料也称之为"无名会"。而由于其每周四（日本称"木曜日"）举行聚会沙龙，才最终被定名为"木曜会"。而一些西方史料也曾将其翻译为"星期四俱乐部"。

日本陆军大学的毕业生们，前列中央者为石原莞尔

上都存在着巨大的差异。"二叶会"由陆军士官学校第14期至第18期的18名毕业生组成①，这些年轻的军官大多在中日甲午战争前出生，于日俄战争前后从陆军士官学校毕业，可以说是与明治时代行驶在对外扩张快车道上的日本共同成长的一代人。他们之中大多有丰富的基层工作经验，又曾被作为陆军新生代的精英，被参谋本部派驻海外，对"一战"时期西方兴起的全民战争动员体系和武器装备均有着直观的认识。

与之相比，"木曜会"的成员则为陆军士官学校第20期到第25期的毕业生②。这些"后学晚辈"进入陆军士官学校之际，日俄战争已经结束，日本列岛面对生死存亡之际的紧迫感已然消失。因此"木曜会"的

---

① "二叶会"主要成员：日本陆军学校第14期毕业生小川恒三郎；第15期毕业生河本大作、山冈重厚；第16期毕业生永田铁山、小畑敏四郎、冈村宁次、小笠原数夫、矶谷廉介、坂垣征四郎、黑木亲庆；第17期毕业生东条英机、渡久雄、工藤义雄、饭田贞固；第18期毕业生山下奉文、冈部直三郎、中野直三。

② 木曜会主要成员：日本陆军学校第20期毕业生桥本群、草场辰巳、七田一郎；第21期毕业生石原莞尔、横山勇、町尻量基；第22期毕业生本多政材、北野宪造、村上启作、铃木率道、铃木贞一、廉也牟田口；第23期毕业生清水规矩、冈田资、根本博；第24期毕业生沼田多稼藏、土桥勇逸、龟三郎深山、加藤守雄；第25期毕业生下山琢磨、武藤章、田中新一、恭次富永。

成员对待战争的态度大多轻佻和过于理想化，有时更是满足于空发议论和图上作业。

从某种意义上来讲，"二叶会"和"木曜会"不仅在各自的成员之间存在着巨大的"三观"差异，甚至两个小团体内部也多有相互看不顺眼的情况出现。但是偏偏此时日本陆军高层暗流汹涌，"一夕会"这个少壮派的"小圈子"很快便被别有用心者所看重，成为了陆军高层相互倾轧、攻击政敌的重要道具。

被称为"狮子宰相"的滨口雄幸

田中义一内阁倒台之后，"土佐藩"①出身的职业官僚滨口雄幸受命上台组阁。滨口雄幸是当时日本首屈一指的财政专家，朝野普遍期望其上台之后，能终结束日本自"一战"以来经济增长乏力、国内百业凋敝的局面。而滨口雄幸上台之初也显得信心十足，在他看来日本既是"巴黎和会"后所成立的"国际联盟"的常任理事国，同时又加入了"九国公约"，国际事务大可以在协商体制下解决，没有必要再走回穷兵黩武的老路。因此其上台组阁之时，便任命同样主张裁军的宇垣一成为陆军大臣。

眼见"军缩"的大刀又将从天而降，日本陆军内部可谓是人人自危，而一系列人事调动更是紧锣密鼓地随之展开。自1927年离开政治中枢之外，宇垣一成便视朝鲜半岛为自己一党的禁脔。例如在其出任朝鲜总督期间，其亲信金谷范三便始终以朝鲜军司令的身份为其保驾护航。此刻宇垣一成重回中央，便打算安排金谷范三出任参谋总长，而朝鲜军司令一职则交

---

① 土佐藩：江户幕府时期以四国岛土佐地区（今高知县）为中心的藩国，藩主为外样大名内山氏。由于特殊的藩国历史，土佐藩上下级武士之间矛盾激化，最终导致其走在了"倒幕运动"的前沿，也因此在明治维新后的日本占据了诸多政府要职，影响力仅次于萨摩、长州、佐贺。

给另一亲信参谋次长南次郎接手。

宇垣一成在为自己派系人马谋求加官晋爵的同时，还做出了如下人事调整：教育本部长林铣十郎调任近卫师团长、陆军大学校长荒木贞夫调任第6师团长、人事局长川岛义之调任第19师团长、参谋本部第二部部长松井石根调任第11师团长。加上同期调任第1师团长的陆军士官学校前校长真崎甚三郎，宇垣一成显然是在有意调整日本陆军的教育和人事系统，而从后续事态的发展来看，一个名为"皇道派"的陆军政治派系也由此浮出了水面。

所谓"皇道派"是后世对这一政治团体贴上的标签。其实从其主要成员的履历来看，称之为"日俄战争派"或者"陆军教育派"更为贴切一些。"皇道派"的主要成员都曾以中下级军官的身份投身日俄战争，在血腥的战场之上，日本陆军以"顽强"的信念和"舍生忘死"的"肉弹攻击"最终瓦解对手的场景，以及中国东北辽阔、肥沃的黑土地令其印象深刻。因此在日后的升迁之中，通过"忠君体国"的洗脑教育打造一支悍不畏死的地面部队，最终并吞中国东北甚至苏俄远东地区便成为了"皇道派"的集体意识。当然在此之前，他们首先要做的还是要打着"天皇掌军"的名义，夺取陆军的管理权。

尽管"皇道派"此时的所作所为还不过是利用其盘踞的陆军教育系统，与年轻军官相串联，发表一些诸如"物资不足，我们并不介意！皇道精神加三百万竹枪，列强不在话下！"的"神论"而已。但在宇垣一成这样的"老江湖"眼中，"皇道派"早已被贴上了"图谋不轨"的标签。秉承着"防微杜渐"的理念，宇垣一成决定采用"驱虎离山"的策略，将其调离陆军教育系统。但宇垣一成显然忽视了此刻陆军各师团之中，也同样充斥着对现状心怀不满、野心勃勃

陆军大学校长时期的荒木贞夫，因为其个性的蓄须而被年轻军官称为"胡子龙王"

的少壮军官。

以"皇道派"另一干将真崎甚三郎为例，其调任第1师团长之时，麾下第3、第1联队的负责人分别是先后从参谋本部动员科科长岗位上外放的永田铁山和东条英机。个性刚愎的永田铁山与真崎甚三郎这位新领导的关系一般，但东条英机却据说十分敬佩真崎甚三郎的领导才能。甚至在得知"宇垣派"可能对真崎甚三郎不利的情况下，还主动派人去找时任陆军次长的杉山元替自己的领导说情。身为"宇垣派"干将的杉山元虽然将东条英机训斥了一番，但心中未必不觉得这小子还算有情有义。

就在宇垣一成大刀阔斧调整陆军人事，准备发动第二次"宇垣裁军"之时，一场声势浩大的"反裁军"运动却首先在海军中爆发。自1922年《华盛顿海军条约》签署以来，列强纷纷抓住条约仅限制排水量1万吨以上或主炮口径超过8英寸（203毫米）的"主力舰"数量，而对包括航空母舰在内的辅助舰艇没有详尽规定的漏洞，继续疯狂地展开军备竞赛。

英国海军在一战末期便将巡洋舰"暴怒"号（HMS Furious, 47）改装为航母参战。战后又陆续以客轮和巡洋舰为基础，改造出"百眼

竣工试航中的英国海军航母"竞技神"号

美国海军的"兰利"号航母

"列克星敦"级战列巡洋舰的完成想象图

满载战机的"列克星敦"号航母

巨人"（HMS Argus, I49）、"光荣"（HMS Glorious, 77）、"鹰"（HMS Eagle）和"竞技神"（HMS Hermes, 95）四艘航母。美国海军紧随其后，于 1922 年将原运煤船"木星"（USS Jupiter, AC-3）改造为美国海军的第一艘航母"兰利"（USS Langley, CV-1），并按照《华盛顿海军条约》的相关内容，将废弃的"列克星敦"级战列舰中的头两艘改造为航母，分别为："列克星敦"（USS Lexington, CV-2）和"萨拉托加"（USS Saratoga, CV-3）。

与之相同，日本海军对于建造航母的热情也颇为高涨。早在"一战"结束后不久，日本海军便以"特殊任务船"的名义，开始了设计超前的"凤翔"航母的建造工作。《华盛顿海军条约》签署的过程中，日本海军也获准将两艘"天城"级战列巡洋舰"天城""赤城"改建为航母。此后虽然"天城"号在"关东大地震"中严重受损而被迫废弃，但日本方面随即申请将按照条约精神本需废弃的"加贺"级战列舰首舰"加贺"号予以替换。同时还利用条约的漏洞，开始设计建造排水量仅为 9800 吨的轻型航母"龙骧"号。

不过此时各国海军航空兵的发展均方兴未艾，因此列强对于航母的发展仍处于摸索阶段。真正挑动各国敏感神经的其实是三方在巡洋舰设计和建造中疯狂攀比。其实英、美、日三方在这个问题上都不老实，除了玩弄标准排水量和满载排水量的文字游戏之外，各国还不断增加 203 毫米主炮的数量。最终在主力舰数量上处于劣势的日本方面，推出了拥有 5 座三联装 203 毫米主炮的"高雄"级重型巡洋舰。

拥有 5 座三联装 203 毫米主炮的日本海军"高雄"级重型巡洋舰

日本方面"丧心病狂"的举动，终于招来了英、美方面的联手抵制。1927年2月18日时任美国总统的柯立芝[1]提议：美、英、日、法、意五国政府在瑞士日内瓦召开第二次海军裁军会议。日本方面尽管深知此为又一次"鸿门宴"，但还是硬着头皮去了。但没有想到英、美两国在会谈中首先出现了针锋相对的局面。

美国方面力主将《华盛顿会议》所规定的5：5：3的主力舰比例原封不动地运用于辅助舰只。英国则声称它有漫长的海上交通线需要守护，因此万吨级的重型巡洋舰，可按5：5：3的比例建造，轻型巡洋舰则不应按此比例。此举对于需要更多重型巡洋舰的美国海军来说显然不能接受。于是不等日本代表团纠结如何站队，日内瓦裁军会议便不欢而散。

可惜好景不长，1929年10月新任美国总统胡佛[2]与英国首相麦克唐纳[3]达成共识，决定于次年1月21日于伦敦召开第三次海军裁军会议。日本方面对此次会议高度重视，派出了以前首相若槻礼次郎、海军大臣财部彪、驻英大使为首的庞大代表团。但事实上此次会谈的结果早在开始前便已然确定了。

1929年10月28日，美国纽约华尔街股票交易所的行情在一天之

---

① 约翰·卡尔文·柯立芝（John Calvin Coolidge, Jr., 1872—1933年）：美国第30任总统，共和党人。1923年，因为第29任总统哈定在任内病逝，身为副总统的柯立芝随即递补为总统。1924年连任成功。柯立芝推行"无为而治"的"小政府"理念，契合美国20世纪20年代的经济高速发展，因此人望颇高。共和党内曾希望由其参加1932年的总统选举，对抗民主党人罗斯福。可惜柯立芝此时已无心政治。

② 赫伯特·克拉克·胡佛（Herbert Clark Hoover, 1874—1964年）：美国第31任总统，共和党人。胡佛毕业于斯坦福大学，步入政坛之前，胡佛是业界有名的矿业工程师和职业经理人。第一次世界大战前期，胡佛因频繁投身人道主义援助而声名鹊起，并因此被美国政府任命为美国粮食总署署长、商务部部长，并在1928年的总统大选中轻松击败民主党人史密斯，入主白宫。

③ 詹姆士·拉姆齐·麦克唐纳（James Ramsay MacDonald, 1866—1937年）：英国工党领袖，1924年1月至11月出任英国首相兼外务大臣，1929年6月至1935年6月二度出任首相。麦克唐纳出身卑微，为苏格兰农场的雇工和女仆的私生子，早年在伦敦更一度做过男佣和开票员。但20世纪20年代社会主义运动的兴起，最终令其崛起为英国政坛的新贵。因此也有人将其视为苏共的间谍。

内下跌 12.8%，开启了名为"大萧条"的全球经济危机。而就在以英、美为首的西方世界哀鸿遍野之际，日本首相滨口雄幸正在进行着一场名为"金解禁"的豪赌。所谓"金解禁"，对应的是 1917 年日本政府颁布的限制黄金流出国外的"金禁止"。日本政府推行"金禁止"之时正值第一次世界大战的高峰期，世界主要经济体均相继出台了类似的政策，连向来强调"贸易自由"的美国也概莫能外。因此甲午战争后才利用清帝国赔款确立"金本位"体系的日本在当时颁布"金禁止"本无可厚非。

可是随着第一次世界大战的结束，在欧美诸国陆续解除了"黄金禁令"的情况下，日本却选择继续维持着限制黄金流出的"非常状态"。日本政府之所以做出这一决策，固然是由于受所谓的"大战景气"影响，日本国内各类大中型企业均存在生产过热的现象，随着战争的结束日本经济存在"断崖式"下跌的风险，日本政府需要庞大的黄金储备以为向企业提供贴息贷款进行"护盘"。但是从相对积极的角度来看，在实行"金禁止"的情况下，日元汇率可以不受黄金储备的影响，有利于一战后"日本制造"抢占亚太地区市场。

附表1：第一次世界大战后主要经济体实行"黄金禁令"的时间表

国名	1914	1915	1916	1917	1918	1919	1920	1921	1922	1923	1924	1925	1926	1927	1928	1929	1930
意大利	8月													12月			
法国		7月													6月		
德国		11月									10月						
美国				9月		7月											
日本				9月													1月
英国						4月						4月					

不过，"金禁止"虽然在国际贸易中存在着诸多便利，但是对普通的日本国民而言却无异于一剂痛苦的毒药。由于在"金禁止"的情况下，日元与黄金事实脱钩，直接导致其在国内变相贬值，其结果自然是物价飞涨、民不聊生，并逐步影响到了企业的生产。在这样的情况之下，尽快实施"金解禁"的呼声在"一战"结束后便始终充斥着日本朝野，但1923年的"关东大地震"却又给日本带来了被称为"财界之癌"的"震灾票据"[①]。正是在一款堪称灾难的金融产品的拖累下，日本政府迟迟没有余力进行"金解禁"。而此时新兴的美国华尔街金融炒家开始将矛头对准了日元。

国际金融巨鳄之所以选择在此刻对日元下手，无非是抓住了日本政府及银行系统在"关东大地震"后一系列应对失当，导致黄金储备日益枯竭。在1928年日元汇兑行情动荡，日本银行系统和外贸企业叫苦连天的情况下，滨口雄幸被迫于1929年上台组阁之初便确定尽快推进"金解禁"的相关事宜。但此时的日本早已不复"大战景气"时的繁荣，恰如出任大藏大臣的井上准之助[②]所说："现在进行金解禁，就好比让肺病患者去参加马拉松比赛。"但当时的日本已经没有了其他选择。

自"一战"结束以来，日本银行已经为了维持国内经济的运转而

---

① 震灾票据："关东大地震"发生后，山本权兵卫内阁提出了8.76亿日元的庞大复兴计划，但鉴于日本当时的财政状况，这笔预算最终被削减为1.07亿日元。面对灾后重建所需要的巨大财政支出，不得不通过商业形式自行筹措，具体的方式是由日本中央银行向灾区企业提供一种名为"震灾票据"的金融产品。通过相关受灾企业持"震灾票据"到银行贴现获得低息贷款，灾区银行再持买进的票据到日本银行进行再贴现的形式，日本政府虽然规避了议会审批的掣肘，但却不可避免地遭遇了市场的投机。但"震灾票据"本身没有发放的标准，企业可以将受灾损失进行申报，同样也可以将原本就由于经营不善所造成的不良债权充数。到1924年3月日本中央银行已经向普通银行发放了4.36亿日元的震灾票据，大大超出政府关于发放贴现贷款的额度。一批被不良债权压得喘不过气来的企业逃脱了破产的命运，救灾贷款变成了救济贷款。但票据贴现是有回购期限的，尽管政府两次延长震灾票据结算期限，但直到1926年末，仍然残存约2亿日元的震灾票据未能结算。老百姓对企业和银行转嫁危机、金蝉脱壳，特别是政府用国库资金救助企业和银行的做法非常不满。后续更是遗祸无穷。

② 井上准之助（1869—1932年）：日本大正、昭和时代银行家、政治家，曾数次出任日本银行总裁和大藏大臣，1932年2月，在选举活动中被血盟团成员小沼正暗杀。

大正、昭和初年的日本银行家
井上准之助

放出了巨额低息贷款，且在当时的经济条件下无法收回。而由于"金禁止"的缘故民间存放在银行的数亿日元存款也无法走出国门，最终只能在不断爆发的挤兑风潮中成为定时炸弹。可以说日本政府在金融领域的调节能力已经为零，唯有通过"金解禁"才能死中求活。

为了稳定"金解禁"之后可能剧烈波动的汇率，日本政府不仅需要压缩包括军费在内的所有财政支出，甚至还要发起国民消费节约运动代替金融紧缩政策。而这些"节流"对于黄金储备已经枯竭的日本而言也只是杯水车薪，要顺利完成"金解禁"，滨口雄幸政府还需要再向英美财团完成1亿美元的融资。在这样的情况之下，奔赴伦敦的日本代表团显然不可能向英、美发出太过强硬的声音。

好在此时的英、美深陷席卷而来的金融危机之中，也不希望过分刺激日本。最终《伦敦海军裁军条约》规定日本可以保有重型巡洋舰的吨位为英、美之六成，轻型巡洋舰、驱逐舰则为七成，潜艇数量则与英、美持平。较之此前的《华盛顿海军条约》，此番会谈的成功对日本海军而言可谓"历史性进步"了，因此与会代表一度颇为欣喜。不料消息传回国内，却遭到了以海军军令部长加藤宽治为首的一干海军将领的强烈反对。

加藤宽治曾跟随加藤友三郎参与"华盛顿海军裁军会议"，对于英、美之强横及谈判之艰难，相信早已有直观的认识。此刻之所以突然对已经敲定的《伦敦条约》横加指责，除了加藤宽治本身代表着日本海军内部名为"舰队派"的一干元老之外，更源于《伦敦条约》推出之时，滨口雄幸政府的"金解禁"已经沦为了一场灾难。面对英、美利用金融手段疯狂汲取日本国民财富的情况，"舰队派"认为必须以武力为后盾向对方摊牌。

1930 年 1 月 11 日，滨口雄幸政府正式宣布解除黄金输出禁令。尽管日本国内大大小小的媒体齐声欢唱："多年的阴云一扫而光，发展国力正在此时！"但以东京股票市场为首的日本金融市场却反应平静。而就在力主"金解禁"的滨口雄幸和井上准之助抱着"让子弹飞一会"的心态，幻想着市场会慢慢好转之际，美国金融机构却已开始在国际市场上大量购入日元金币，短短两个月之内相当于 1.5 亿日元的黄金从日本外流。而受金融危机的影响，日本股市在"金解禁"之后不久便急速下跌，据不完全统计，至 1930 年末日本股市市值总计蒸发 48.8 亿日元。

面对"金解禁"之后日趋严峻的经济形势，1930 年 4 月，日本国会召开第 58 届特别会议。会上各方人士纷纷要求追究滨口内阁"金解禁"政策失败的责任。钟纺社长武山藤治更直言"井上藏相轻率地、没有准备地实行旧比价解禁，造成我产业经营上的困难，这恰如在暴风雨来临之时，还特意打开自家的窗户，把整个房间都弄湿了"。就在这样的气氛中，1930 年 5 月 20 日，刚刚从伦敦返回日本的裁军会议代表团成员——海军少佐草刈英治，突然在行驶的火车上用短刀切腹自杀。

草刈英治的自杀动机至今仍是个谜，但当时却出现了草刈因海军大臣财部彪在伦敦会议上"出卖海军"，欲利用与其同行的机会为国民除此逆贼，不料事情败露，最终才愤而自杀的说法。但综合草刈的履历和自刃前一些表现来看，无论是试图刺杀财部彪还是最终自行了断均不是其本人的意愿。

草刈英治出身于地处本州岛东北部的"会津藩"，其父铁太郎 14 岁加入"白虎队"①投身抵抗"萨长同盟"的战斗。不过进入明治时代后期之后，"贼藩"出身已经不再是投身军旅的障碍，在出任海军的"主计大尉"的哥哥草刈哲治的影响之下，1910 年 9 月草刈英治与同乡原田觉

---

① "会津藩"与"白虎队"：会津藩是江户幕府时期以会津若松城为中心的藩国，藩主为亲藩大名松平氏。在"萨长同盟"发动的"倒幕战争"中，会津藩站在幕府立场上顽强抵抗，甚至连 14 岁左右的孩童都被编入部队（号称"白虎队"）投入战斗，而在兵败之后更有诸多"白虎队"的少年绝望自杀。

等人考入海军兵学校第 41 期。在校期间草刈英治除了结识了一干志同道合的好友之外，还深受教导主任加藤宽治的照顾。

在毕业之后，草刈也算是顺风顺水，1928 年与有马正文、黑岛龟人一同以海军大学第 26 期毕业生的身份进入海军军令部，并由于曾在东京外国语学院选修过法语，入职之后多次参加国际会议，似乎前途无限。但是草刈患有严重的呼吸系统疾病，因此被认为不能担任实战指挥官。这个先天不足显然也令其非常苦恼。

从其成长环境来看，草刈无疑属于加藤宽治所属的"舰队派"。而加藤宽治以滨口雄幸政府触犯"海军统帅权"的名义拒绝签署《伦敦条约》之时，日本海军随即陷入了所谓"昭和大分裂"的对立之中，"舰队派"之中除了军令部部长加藤宽治之外，还云集着军令部次官末次信正、联合舰队司令山本英辅、海军大学校长高桥三吉等一干大佬，背后则是皇亲国戚伏见宫博恭王以及明治时代的海军元老东乡平八郎。或许在年轻的草刈看来如此华丽的阵容要扳倒财部彪等政敌并非难事，但他恰恰错估了形势。

站在"舰队派"对立面的日本海军政治派系被称为"条约派"，除了海军大臣财部彪之外，主要成员有：海军次官山梨胜之进、左近司政三、舰政本部负责人寺岛健、海军军务局局长堀悌吉等人。表面上看，"舰队派"和"条约派"争执的焦点在于是否应该接受《伦敦海军裁军条约》的苛刻条件，但实质上却是军令部与海军省之间的争权夺利，作为主管作战与用兵计划的职能部门，军令部方面代表着广大日本海军基层官兵的利益，渴望能有更多更强的战舰。而海军省作为日本海军的行政机关，此时则完全站在政府的立场之上，主张制订军备计划应优先考虑外交环

日本海军"舰队派"总后台——伏见宫博恭王

境和国家的财政状况，既然在短时间之内日本没有与英、美爆发全面战争的准备，国家财政又由于"金解禁"而日益恶化，那么从理性的角度出发，不如维持《华盛顿条约》的现状，并接受《伦敦海军裁军条约》。

以"舰队派"为首的军令部虽然闹得沸沸扬扬，但实难撼动日本政府准备接受《伦敦海军裁军条约》的现状。无奈之下，"舰队派"内部便出现了采取过激手段来表达诉求的倾向。作为裁军会议代表团成员，草刈英治准备刺杀财部彪的行动无论是受人指使还是自发行动，都少不了其背后整个"舰队派"的利益诉求。

尽管在最后关头，草刈英治失去了向财部彪挥刀的勇气，但他的剖腹自刃却还是赢来了"舰队派"方面的掌声一片。与其同为日本海军兵学校第 41 期学员的小西千比古出面为其著书立传，将身体孱弱且精神状态极不稳定的草刈描绘成了忠君体国的日本海军少壮派代表。而真正与草刈英治生前交情深厚的好友草鹿龙之介，提出草刈英治完全是因为神经衰弱才伤害自己的证言，却遭到了"舰队派"领袖——军令部次官末次信止的驳斥。日本国内媒体更纷纷以"（草刈英治自刃）是对裁军条约以死相争"（軍縮条約に対する死の抗議）、"不要忘记，是自由主义者的诡计害死了草刈少佐"（由主義者の奸策に斃れた草刈少佐の死を忘れるな）来煽动国民情绪。

尽管"舰队派"不遗余力地为反对《伦敦海军裁军条约》而奔走呼号，但被寄予厚望的天皇裕仁却表现得异常冷静。毕竟对于曾亲身访问过英国及其亚太殖民体系的裕仁而言，其深知此时的日本并没有与英、美翻脸的资本和必要，更犯不着为了海军"舰队派"的集团利益而触怒西方列强。正是出于上述考虑，最终裕仁以"哪怕对内阁上奏案有反对意见，也

以自己的生命为"舰队派"争取政治利益的草刈英治

要给予裁可（同意）"为由，亲自批准了《伦敦海军裁军条约》的签署。不过事情发展到这一步，沦为举国上下千夫所指的"条约派"也无法再盘踞海军省的高位了。1930 年 10 月 3 日，财部彪在日本政府正式签署《伦敦海军裁军条约》之时宣布辞职，顶着"卖国贼财部"（売国奴财部）和"跪拜英美、丧权辱国的降将"（英米の前に拝跪して国を売り君命を辱めたる降将）的骂名逐步淡出了日本政、军两界。

如果说日本陆军方面少壮派军人组建"一夕会"以及"皇道派"的出现，标志着日本陆军方面逐渐摆脱"长州藩"势力的控制，走向军国主义的话，那么草刈英治的自刃则不仅预示着日本海军同样不甘寂寞、为了自身集团的利益置大局于不顾，更为野心勃勃的后来者展现了一条可以通过暴力方式左右国家政局的恐怖主义之路。

（二）国家暴走——昭和初年动荡的日本列岛和少壮派军人的崛起（下）

日本政府正式签署《伦敦海军裁军条约》的消息借助着"舰队派"的宣传，最终在明治维新以来激进而敏感的日本国民心目中成了"国耻"一般的存在。而由于海军大臣财部彪已经引咎辞职，身为首相的滨口雄幸便成为了众矢之的。而先后因为"金解禁"和"伦敦条约"闹得灰头土脸的滨口首相亦深知自己风评不佳，因此只能更加卖力地讨好天皇和军队。

1930 年 11 月中旬，日本陆军在冈山县[①]境内展开大规模攻防演习。此举显然是为了应对中华民国方面南京国民政府与各路新军阀之间愈演愈烈的"中原大战"[②]，特别是 1930 年 9 月 18 日张学良通电拥蒋、率部

---

① 冈山县：位于日本本州西南角，东邻兵库县，西接广岛县，南面是濑户内海，北连鸟取县。由三部分组成：北部主要以山地、盆地为主，中部是丘陵地吉备高原，南部为平原，因其地形的复杂性，曾多次成为日本陆军的大型演习所在地。

② 中原大战：1930 年 5 月至 11 月，蒋介石与阎锡山、冯玉祥、李宗仁等在河南、山东、安徽等省展开的一场新军阀混战，史称"蒋冯阎战争"或"蒋冯阎李战争"，因为这次战争主要在中原地区进行，所以又称为"中原大战"。

运行于神户与东京之间的"超特急"高速列车"燕"

入关所引发的一系列政治变局。正是鉴于中华民国方面云谲波诡、局势复杂，天皇裕仁对此次演习也是格外重视，于 11 月 14 日亲自前往演习地点视察。滨口雄幸本来预定在 11 月 15 日前往冈山，但为了给国民造成一种股肱之臣的印象，随即改变了日程表，早早赶到东京火车站，准备与天皇裕仁一同乘坐日本当时最为先进的"超特急"高速列车"燕"前往演习地点。

上午 8 点 58 分，就在预定上午 9 点发车的高速列车"燕"缓缓靠上 4 号月台之际，一个名叫佐乡屋留雄的青年突然从送行的人员中冲出，用手枪近距离向滨口雄幸开火。尽管这位刺客很快便被首相府的随行人员控制，但子弹还是击中了滨口雄幸的下腹部。

事后滨口雄幸被迅速送往东京帝国大学附属医院救治，经过手术之后虽然暂时脱离了危险，但其政治生涯却由此戛然而止。在 1931 年 1 月 21 日出院之后，滨口雄幸又勉强工作了 3 个月，但最终还是在其身体状况不断恶化和各方面反对的声浪中不得不于 1931 年 4 月 13 日辞去了首相和民政党总裁的职务。

1931 年 8 月 26 日，滨口雄幸在其疗养地因伤口感染而去世。而间接导致其死亡的刺客佐乡屋留雄，虽然被法院以"谋杀未遂但其行为与被害者死亡有因果关系"为由判处死刑。但仅仅三年之后便为天皇裕仁所特赦，改判无期徒刑。如果说佐乡屋留雄并未直接导致滨口雄幸死亡，罪不至死的话，那么他仅仅坐了不到9年的牢，便于1940年堂而皇之地出狱，就实在有些荒诞了。

公然刺杀政府首脑的佐乡屋留雄之所以能受到如此优待，除了其本身为日本右翼组织"爱国社"成员之外，更为重要的是其刺杀滨口雄幸的行为背后，有着复杂的政治背景。在被捕之后，佐乡屋留雄始终坚称自己行刺的动机，是因为"滨口是日本社会的不安因素，侵犯了陛下的统帅权（濱口は社会を不安におとしめ、陛下の統帥権を犯した）"。但被追问"什么是侵犯统帅权"时，却支支吾吾不明所以。显然真正对滨口雄幸心怀不满、必欲杀之而后快的另有其人。

滨口雄幸虽然因身体情况而宣布辞职，但其所领导的民政党却不甘心就此放弃政权。为了摆脱此前在"金解禁"和《伦敦海军裁军条约》问题上的负面形象，民政党不断爆出以"政友会"为首的一干在野党贪污受贿、卖官售爵的丑闻，而与日本陆、海军都有着千丝万缕联系的"政友会"则继续攻讦民政党软弱无能。尽管民政党最终在选举中获胜，1927年因为经济形势恶化，"铃木商店"和"台湾银行"等商业体先后倒闭而被迫辞职的若槻礼次郎再度上台组阁，但随着"大正时代"的辉煌不再，日本国内各阶层的幸福感不再，在高层连番内斗的情况之下，足以掀起一场惊天巨变的能量逐渐在底层聚集起来。

1930年7月，担任日本驻土耳其大使馆武官的桥本欣五郎少佐奉调回国，出任参谋本部俄国班长。桥本欣五郎自1920年于日本陆军大学毕业之后，便长期身处对苏情报工作的第一线，其拟定了多少对苏作

两次上台组阁的若槻礼次郎

战的"必胜之策",世人不得而知,但其深受俄国"十月革命"的热情鼓舞,却是不争的事实。而在土耳其工作期间,桥本欣五郎又与凯末尔[①]政权的一干开国元勋有接触,更产生了"伟业皆由长戈出"的无限遐想。因此他回国之后,随即召集了丁志同道合者,组建了"樱之会"。

客观地说,"樱之会"的性质与永田铁山等人组建的"一夕会"并没有本质上的不同。但"一夕会"的成员,如永田铁山、东条英机、冈村宁次等人多有公派西欧的经历,对当代政治体制和战争形态有着相对清晰的了解,期盼通过现代化行政手段来掌控军队、最终左右日本政局。而"樱之会"方面的三位发起人:桥本欣五郎、坂田义郎和樋口季一郎则更多的以苏俄、土耳其革命为师,试图通过"一声炮响"便达到"改天换地"的目的。

正是由于这种目标相近但路线不同的差异,"樱之会"采用了与奉行精英理念的"一夕会"完全不同的快速扩张模式,短时间之内便吸引了参谋本部和陆军省中陆军大学毕业的上百名少壮派军官的加入。但是这种急剧的膨胀,难免泥沙俱下。"樱之会"虽然有意改朝换代,但内部却早已分裂成了破坏派、建设派和中间派,最终往往陷入"好谋无断"的尴尬之中。

"樱之会"最初的计划是在滨口雄幸辞职之前的1931年3月20日,由民间活动家大川周明、社会民主党人士龟井贯一郎组织上万民众在议会门前示威,"樱之会"成员则利用参谋本部部长建川美次搞来的炮弹,在民政党、政友会和首相官邸引爆以制造混乱。随后参谋本部以国家动荡为由,出动第1师团在首都执行戒严,由陆军大臣宇垣一成出面组织军部政权,是为"三月事件"。

根据桥本欣五郎和大川周明事后的说法,"三月事件"之所以归于流产,是因为"一夕会"方面时任陆军省军事课长的永田铁山、第1师团参谋长矶谷廉介明确表示反对。但明明是"樱之会"的谋划,指望

---

① 凯末尔:全名穆斯塔法·凯末尔·阿塔土克,曾为奥斯曼帝国军官,在第一次世界大战中参与过达达尼尔海峡战役和保卫伊斯坦布尔的军事行动。战后在奥斯曼帝国为协约国所肢解的情况下,凯末尔在安卡拉建立国民政府,击败了以希腊为首的占领军,赢得了土耳其独立战争,因此被称为"土耳其国父"。

江户幕府的后人——尾张德川家第19代当家德川义亲，堪称日本版的"溥仪"

"一夕会"方面予以配合，未免有些天真。至于"樱之会"方面指望向江户幕府的后人——尾张德川家第19代当家德川义亲商借50万日元作为活动经费，凭借着宇垣一成一句"国家有事，必当不惜生命"（国家に有事があれば身命を捨てて乗り出す），便认定对方支持自己的计划，更令整个计划显得异想天开。

事实上真正为"三月事变"画上休止符的，是滨口雄幸的自动辞职。随着若槻礼次郎的上台组阁，被"樱之会"寄予厚望的宇垣一成也不再担任陆军大臣一职，继任者南次郎虽然同为"宇垣阀"的核心人物，但却显然没有宇垣一成般问鼎权力巅峰的威望和野心。于是桥本欣五郎所领导的"樱之会"转而与荒木贞夫为首的"皇道派"接触。可惜的是就在"樱之会"通过大川周明、北一辉等社会活动家与"皇道派"共谋大事之际，"一夕会"成员石原莞尔、坂垣征四郎已经在中国东北策划发动更大规模的军事行动。

根据日本方面战后的说辞，其之所以选择在中国东北用兵，原因基于1928年7月19日中国南京国民政府废弃了1896年日本与清政府之间签署的《日清通商航海条约》[①]，表现出反日的倾向。1929年7月中苏之间又由于"中东铁路"的归属权问题爆发武装冲突，这场所谓的"中东路战争"虽然最终以《中苏伯力会议草约》的签署而告终，但仍令日本对苏联势力

①《日清通商航海条约》：中日甲午战争之后，日本强迫清政府签署的不平等条约，该条约共29条，主要内容有两项，即承认日本与西方列强一样的贸易待遇及给予日本领事裁判权。条约有效期10年，半年未提出改订则自动延长10年。辛亥革命后北洋政府继续沿用，直至南京国民政府北伐后废止。

深入中国东北，影响日本在当地的"特殊利益"而感到"担忧"。

而直接导致日本关东军与中国东北军之间发生交火的，则是1931年6月27日于中国东北执行间谍活动的日本陆军参谋中村震太郎，被当地中国驻军逮捕后枪决的所谓"中村大尉事件"，日本陆军为所谓的"捍卫日本在满蒙地区的特殊利益"和"保护当地侨民"，才不得不"解除东北军的武装"。

事实上真正促使日本陆军在中国东北铤而走险的，是"皇姑屯事件"之后，主政东北的张学良大量启用年轻军官、清洗和替换张作霖时代的旧臣而引发东北军的内讧和分裂，以及"中原大战"后期张学良以"拥蒋"为名，率东北军精锐入关，占领华北晋、冀、察、绥四省及平、津、青岛三市的急速扩张，导致后方空虚。

1931年7月，原西北军冯玉祥所部旧将石友三因不满张学良缩减其部队的决定，悍然通电反蒋、反张，并率部北上直趋平、津，为镇压这股反对势力，张学良再度从东北抽调精锐入关。一时间整个东北地区，吉林、黑龙江两省仅剩下5个装备低劣、两团编制的省防旅，即便是直面日本关东军威胁的辽宁省内，也仅有4个旅的野战部队分驻于沈

当时全副武装的日本长春领事馆警卫队

阳、锦州、通辽、洮南，另有 2 个省防旅。为此东北军将领形象地比喻说："东北军为了讨伐石友三，不但把棍子拿了出去，甚至连笤帚疙瘩都拿出去了。"

正是鉴于中国东北防备空虚，东北军内部人心浮动，日本陆、海军随即开始蠢蠢欲动。除了陆军方面不断组织实弹演习，挑衅和冲击中国东北军的底线，日本海军联合舰队司令山本英辅也统率舰队，前往中国旅顺"访问"，炫耀武力之余还邀请正处于下野雌伏之中的阎锡山等中国旧军阀登上新锐战列舰"长门"，威慑和拉拢其为日本的政治利益服务。

在这样的大环境之下，撰写了《转变国家命运的根本国策——满蒙问题解决方案》以及《关东军占领满蒙计划》《战争史大纲》等著作的石原莞尔、坂垣征四郎不过是因其年轻气盛、敢说敢言才脱颖而出成为了日本发动"九一八事变"的主要推手。无独有偶，1931 年 8 月调任参谋本部第一科科长的东条英机也在上任伊始向直系领导建川美次递交了所谓的《满洲问题解决方案大纲》，不过东条英机的这个"方案大纲"更多强调的是关东军应该在参谋本部的领导之下"解决'满洲'问题"。因此如果将关东军比作一支步枪的话，子弹早已上膛，石原和坂垣不过是扣动扳机的那根手指而已。

在得知关东军方面跃跃欲试的消息后，天皇裕仁曾装模作样地召见陆军大臣南次郎，严命其密切注意军纪问题和满蒙驻军的行动。南次郎领受"口谕"之后，随即挑选了参谋本部第一部部长建川美次带着自己的亲笔信前往中国东北。且不论这封信是否可以起到作用，建川美次本人曾于日俄战争期间在中国东北狼奔豕突，以日本陆军侦察骑兵的身份在俄军战线后肆意烧杀，是号称"敌中横断三百里"的好勇斗狠之辈。因此建川美次动身前往中国东北，与其说是为了阻止"关东军"恣意妄为，更像是鼓励大干快上。

1931 年 9 月 18 日夜间，日本关东军以中国东北军炸毁柳条湖附近日方修筑的"南满"铁路的路轨为由，悍然炮击并占领了沈阳城外东北军驻地"北大营"，震惊中外的"九一八事变"（日方称"柳条湖事件"）由此爆发。次日在东北军各部采取蒋介石的"不抵抗"政策的情况下，日本关东军又乘势攻占了奉天、四平、营口、凤凰城、安东等"南满"

攻占沈阳（当时称"奉天"）的日本关东军

铁路、安奉铁路沿线 18 座城镇。

　　"九一八事变"爆发之后，身为首相的若槻礼次郎表面做痛心疾首状，不断要求日本陆军方面做出约束，不令事态进一步扩大。但实质上却深知在国内经济低迷、政治矛盾日益激化的情况下，鲸吞中国东北是摆脱困境的绝佳机会。而日本陆军方面更是有恃无恐，不仅关东军人肆攻城略地，连一旁的驻朝鲜日军也跃跃欲试。9 月 21 日，日本陆军"朝鲜军"司令林铣十郎命所部第 39 混成旅团进入中国东北参战。由于此举并未获得任何上命，若槻礼次郎一度试图上奏天皇裕仁，以没有"御令"便出兵境外为由，逮捕和审判林铣十郎，但在陆军方面的强烈抵制之下，最终只能作罢。讽刺的是，天皇裕仁对林铣十郎这位"越境将军"似乎颇有好感，日后还委任其上台组阁。

　　事实上，真正在日本国内对"九一八事变"倍感不悦的，反而是同样野心勃勃的"樱之会"成员桥本欣五郎等人。因为在他们看来随着日本关东军侵占中国东北，国内高度紧张的政治空气必然得到释放和缓解，不利于自己趁乱举事、浑水摸鱼的投机行动。

　　在大川周明和北一辉等人的推动下，"樱之会"决定借口外务大臣币原喜太郎不断以"不扩大"的外交需求打压日本陆军激进派为由，于

10月24日调动近卫师团10个步兵中队和1个机枪中队、第1师团步兵第3联队，在13架海军轰炸机的掩护下，以10名"拔刀队"为先导，攻占首相官邸、警视厅、陆军省和参谋本部等机关重点，将首相若槻礼次郎等一干阁僚赶尽诛绝。随后再胁迫东乡平八郎、西园寺公望等重臣，向天皇裕仁上奏，组建以荒木贞夫为首相、大川周明为财政大臣、桥本欣五郎为内务大臣、建川美次为外务大臣、北一辉为司法大臣的新内阁。由于近卫师团拥有所谓天皇御赐的"锦之御旗"，因此这一行动被"樱之会"称为"锦旗革命"。

客观地说，桥本欣五郎和大川周明、北一辉所谋划的"锦旗革命"，更像是对苏俄"十月革命"的一次拙劣的模仿和致敬。且不说其所调动的那些部队能否如其所愿冲入首相官邸，即便这场所谓的"革命"成功，毫无从政经验的大川周明等人又如何能够有效地领导日本政府的运营呢？或许正是因为整个计划完全是痴人说梦，所以当10月17日"锦旗革命"的相关策划人因被人检举揭发而被宪兵逮捕之后，日本陆军方面也并未给予严惩，"首恶"桥本欣五郎仅仅被关了20天的禁闭而已。

整个"锦旗革命"从密谋到败露不到一个月的时间，日本史料一般称之为"十月事件"。有一些日本史学家认为"锦旗革命"虽未成功，但却直接导致了"第二次若槻内阁"的倒台，助长了日本陆军内部少壮派和民间右翼势力的气焰，仍具有极为重大的历史意义。但事实上若槻礼次郎之所以在1931年12月13日宣布总辞职，主要是因为拒绝陆军方面以组建所谓"举国一致内阁"为名，与"政友会"分享权力。而以桥本欣五郎和大川周明、北一辉等人的政治智慧，其实也很难真正代表日本陆军内部少壮派和民间的右

"十月事件"之后桥本欣五郎仍保留着军籍，直到"二二六事件"中其再度蠢蠢欲动

翼势力。

在若槻礼次郎内阁总辞职之后，重臣西园寺公望以所谓执政党辞职、应该由第一在野党补位的"宪政的惯例"，向天皇裕仁推荐了据说与中国南京国民政府私交甚笃的"政友会"总裁犬养毅上台组阁。此时的犬养毅已经 77 岁。因此，日本媒体将其比作"源平合战"[①]时代的老将斋藤实盛，称其为"昭和之实盛"。

身着首相礼服的犬养毅

这个颇为古风的称呼看似是在吹捧犬养毅老当益壮，但实际上斋藤实盛在日本历史上却并非是什么光彩的人物。其不仅在源氏、平氏两大武士集团之间朝秦暮楚，最终在将须发染黑跟随平氏讨伐源氏分支木曾义仲时被对方阵斩于沙场之上。因此媒体在日本诸多老将之中独独挑选斋藤实盛来比喻犬养毅，也不免有几分揶揄其早年以反对"萨长同盟"的记者出身，晚年却加入"萨长同盟"的御用政党——政友会，颇有点讽刺的意味。

与其几位前任相比，犬养毅在日本政坛虽然摸爬滚打多年，却并未培养出强大的派系势力。但也正是由于没有太多的羽翼需要照顾，身后又有云集了一干"萨长同盟"老臣的"政友会"为后盾，犬养毅上台之后首先请出了高桥是清为财政大臣。高桥是清上任伊始便宣布结束滨口内阁时代的"金解禁"，重新切断了日本与正陷入"大萧条"之中的世界经济的联系。同时推出类似于日后"罗斯福新政"的"时局匡救事业"，通过政府投入建造大型公共设施的方式来降低失业率，保证日本国内工业投入，继续扩大再

---

① 源平合战：日本史又称"治承·寿永之乱"，指日本平安时代末期，1180 年至 1185 年的 6 年间，源氏和平氏两大武士家族集团一系列争夺权力的战争的总称。

头山满（左）和蒋介石（右）

生产。

外交上犬养毅虽然任用自己的女婿芳泽谦吉为外务大臣，显得有些任人唯亲，但考虑到犬养毅正在谋求与中国南京国民政府展开秘密外交，这一人事安排似乎也说得过去。犬养毅之所以有自信能够说服中国方面吞下丢失东北三省的苦果，无非是缘于其曾与日本右翼组织"玄洋社"大佬头山满一起庇护过曾流亡日本的蒋介石，同时吃透了蒋介石急于巩固自身的独裁统治而已。

可惜的是犬养毅内阁虽然在经济和外交上均颇有抱负，但在控制军队方面却显得力不从心。一方面犬养毅迫于"政友会"中萨摩藩陆军元老上原勇作的压力，任命了在日本陆军之中颇具争议的"皇道派"领袖荒木贞夫为陆军大臣，最终却引来陆军内部长州藩残余势力以及大正时期形成的"宇垣阀"的联手抵制。不过此时日本陆军正痴迷于"九一八事变"后鲸吞中国东北的喜悦之中，又借助清贵族后裔川岛芳子在上海挑起"一·二八事变"，荒木贞夫高调鼓吹增兵，倒也赢来了一片掌声。此后又配合关东军方面组建以清政府末代皇帝溥仪为傀儡的伪满洲国，更令日本陆军上下心满意足。

如果说在任用荒木贞夫的问题上，犬养毅借助着"九一八事变"的东风涉险过关的话，那么其在海军大臣的任用上却是犯下了致命的错误。滨口雄幸因签署《伦敦海军裁军条约》而遇刺倒台之后，若槻礼次郎一度任命佐贺藩出身的日本海军元老安保清种为海军大臣。安保清种不仅资历深厚，更兼与"舰队派"和"条约派"均无瓜葛，因此上任之后采取各打五十大板的方式，将此前闹得不可开交的两派人马悉数予以撤换，一时倒也相安无事。

但是随着若槻礼次郎内阁的总辞职，海军大臣的人选再度空悬。身为"舰队派"总后台的伏见宫博恭王随即把东乡平八郎的昔日副官大角岑生扶上海军大臣的宝座。这一人事安排一望便可知有利于"舰队派"，海军内部不免再度开始风云激荡起来。前路被《伦敦海军裁军条约》所切断，后方又有"一·二八事变"之后日益激烈的战事，迷茫的日本海军年轻官兵之中突然出现了一个以日莲宗僧人井上日召为首的名为"血盟团"的组织。

井上日召表面上是一个与青灯黄卷为伴的僧人，但其家族却与日本海军颇有渊源。其长兄井上二三雄是日本海军兵学校第33期毕业生，与日本海军中赫赫有名的"两丰田"（丰田贞次郎、丰田副武）是同学。毕业后更专攻海军航空兵领域，是日本海军第一批舰载航空兵中的佼佼者。可惜参与过第一次世界大战围攻青岛之役的井上二三雄最终在1918年一次训练中因飞机故障而丧生，这一事件显然极大地改变了井上日召的人生。

井上日召有一定的政治野心，但以其所鼓吹的"一命换一命"的暗杀方式，要达到使处在国家领导地位上的统治阶级"觉醒"的目的，实在可谓是缘木求鱼。如果其精神正常的话，那么其理论的唯一解释就是煽动信徒去刺杀特定的目标人物而已。1932年2月9日，"血盟团"成员小沼正首先对已经卸任的井上准之助下手，向正乘车前往驹本小学参加选举动员活动的这位前任财务大臣连开五枪，导致其死亡。

3月5日"血盟团"成员菱沼五郎又以设伏的方式射杀了三井财团领袖团琢磨。此事之后，"血盟团"的存在随即引来日本警视厅的围捕，井上日召等核心成员被迫自首。而就在日本政府对其余孽展开追剿之际，5月15日日本海军现役军官三上卓等11人冲入首相犬养毅的官邸将其乱枪打死，史称"五一五事件"。

今天的日本史料大多将"血盟团"与"五一五事件"混为一谈，但

犬养毅的葬礼

仔细分析却不难发现"血盟团"所列举的暗杀对象多为此前支持《伦敦海军裁军条约》的相关人士。在井上日召最初所拟定的暗杀名单中并没有犬养毅。如果是"血盟团"代表"舰队派"的诉求的话，那么"五一五事件"则几乎是在为"条约派"搬倒大角岑生而服务，毕竟海军现役军官刺杀首相，大角岑生这个海军大臣自然是当不下去了。

犬养毅之死不仅标志着日本所谓"政党政治"的终结，更预示着一个暴力横行的时代的开始，中日之间的秘密媾和再无可能。而日本陆、海军中的少壮派更磨砺手中的刀枪，准备用血祭的方式来"问鼎"权力的"巅峰"。

（三）天皇机关——日本政坛的风云变幻和强化"天皇制"的暗流

尽管在日本海军中尉三上卓伙同日本陆军士官学校在校生野村三郎等人袭击首相官邸，枪杀犬养毅的同时，与之同谋的海军中尉古贺清志、中村义雄也带领着一千青年军官袭击了时任内大臣的牧野伸显以及东京警视厅，不过这两组人马显然没有三上卓等人那般决绝，只是在上述目标前打了一阵乱枪，打伤了一名内大臣府邸门前的警卫、警视厅内的一名书记员、一名记者便作鸟兽散了。

此外，在此次"五一五事件"之中还有"血盟团"成员奥田秀夫、川崎长光等民间人士参与，不过这些人行动的目标性更差，奥田秀夫只是在三菱银行前丢了一颗炸弹，便溜之大吉。而川崎长光则是选择了对与北一辉持有相同极右翼法西斯观点的社会活动人士西川税下手。至于打着"农民决死队"旗号的另外7名社会闲散人员则干脆连破坏东京城内6座变电所的任务仅完成了一座便无心继续了。

1932年5月15日下午6点10分，"五一五事件"的主要参与者选择了前往东京警视厅自首。此后的一个多月时间里又陆续有参与此事的日本右翼人士被逮捕。但是日本政府却显然无意深究此事。一方面固然是因为"五一五事件"影响极大，大正时代以来日本"政党政治"之下内斗连年、腐败滋生，民众对于"五一五事件"袭击者打出的"清君侧"旗号颇为认同，纷纷上书为之请命，另一方面主持审判工作的日本海、陆军军事法庭也有意护短。最终参与"五一五事件"的日本海、陆军军官之中，三上卓和古贺清志作为主谋被判处有期徒刑15年，余者不过是受到了去吃几年牢饭反省的处分而已。

鉴于滨口雄幸、犬养毅两任首相先后遇刺身亡，以及民众对"政党政治"的厌恶情绪，天皇裕仁随即要求恢复明治时代的推举制度，由元老西园寺公望选定下一任首相的人选。作为昔日"维新元老"共治时代仅存的硕果，西园寺公望深知元老共治之所以能够在过去大行其道，是

东京地方法院审判"五一五事件"相关民间人士的庭审现场

因为"维新元老"各自代表着日本陆、海军以及财阀、政党等各方面的势力。此时要恢复这个制度，自然也不是自己一个人卖卖老资格就可以的了。

在与内大臣牧野伸显沟通之后，西园寺公望于5月19日邀请了山本权兵卫、若槻礼次郎、清浦奎吾、高桥是清等四位前任首相，加上海军元老东乡平八郎、陆军元老上原勇作、枢密院议长仓富勇三郎组成"重臣会议"，共同来讨论下一任首相的人选问题。起初与会众人认为应延续昔日"政党政治"的惯例，由国会占有席位最多的"政友会"总裁铃木喜三郎上台组阁。

铃木喜三郎在日本政坛摸爬滚打多年，曾是山本权兵卫、清浦奎吾、高桥是清三人上台组阁时的重要阁僚，故而此时由其继任首相的提议也得到了"重臣会议"中多数人的赞同。但就在此时天皇裕仁却出面干涉，通过其侍从长铃木贯太郎向"重臣会议"以组建"举国一致"内阁为由，表达了否定继续由单一政党上台组阁的意愿，于是铃木喜三郎被一票否决了。

充分领会了上意之后，陆军方面推举曾在司法大臣任内严厉打击左翼思潮的职业官僚平沼骐一郎，但代表海军的山本权兵卫和东乡平八郎对平沼骐一郎昔日以检察长身份调查"西门子事件"仍心存芥蒂，于是全力反对。代表陆军的上原勇作则以军中少壮派支持荒木贞夫组建"军人内阁"相还击。而"政友会"方面则推举犬养毅内阁的书记官、与陆军方面有着千丝万缕联系的森恪上台组阁。会议一度陷入了僵局。

眼见各方意见不一，5月21日西园寺公望不得不出面裁定，提议由退役的海军大将斋藤实出面组阁。之所以选定斋藤实，一方面是基于"九一八事变"以来，日本与英、美在太平洋的紧张气氛加剧，未来政府的外交走向需要海军方面的支持；另一方面则是因为斋藤实虽然在 1914 年因卷入"西门子事件"而被迫离开海军，但五年之后便出任朝鲜总督，其在朝鲜的一系列殖民政策都颇得日木陆军的欢心，也符合陆军方面参照朝鲜的旧例鲸吞东北的野心。因此推举斋藤实上台，有望得到日本陆军的支持。

5 月 26 日，在经过一系列政治博弈之后，斋藤实最终得到了日本国内各派政治势力的认可上台组阁。不过出身军人的斋藤实并不想过多干涉日常性政务，因此身为财政大臣的高桥是清事实上主导了这一时期的日本政府，本届内阁也被称为"斋藤—高桥"内阁。正是借助于高桥是清的积极性财政政策，日本国内的经济形势逐渐好转。一度由于英、美"大萧条"而恐慌不已的日本工商业者逐渐恢复了信心。而通过留任犬养毅时代的陆军大臣荒木贞夫，任用游离于"条约派"和"舰队派"之间的海军元老冈田启介为海军大臣，日本陆、海军内部的纷争也初步得到了控制。应该说从日本国内的情况来看，斋藤实上台之后整体上是看好的。

但是外交领域的困局却始终令斋藤实内阁焦头烂额、疲于奔命。1932 年 3 月，第一次世界大战之后成立的"国际联盟"（League of Nations）在收到成员国中华民国有关日本侵略中国东北的申诉之后，

斋藤实内阁全体成员

派出以英国前任孟加拉总督维克多·布尔沃·李顿（Victor Bulwer-Lytton，1876—1947年）为首的"国联调查团"前往中国东北。

　　集合了英、法、德、美四国职业军官的"国联调查团"抵达东北之后，很快便做出了日本在中国东北所谓行使"自卫权"的说法无法成立的结论。但其后1932年10月2日在东京、南京和日内瓦同时发表的《国联调查团报告书》，却又模糊是非地表示中国国内抵制日货以及苏联方面扶植共产主义传播是造成"九一八事变"的重要因素。而对于"九一八事变"之后日本事实占领中国东北的现状，"国联"方面也作出中日两国都从中国东北撤出武装力量，中国东北由西方列强组织的特殊警察部队维持治安的决定。

　　可以说"国际联盟"对"九一八事变"的处理意见，不过是昔日"三国干涉还辽"的再现。但此时的日本早已非昔日那般只能仰英、美鼻息，因而面对这种虎口夺食的行为，随即采取了更为激进的军事政策。1932年7月17日，日本陆军借口关东军方面豢养的特务石本权四郎，在往来于热河和锦州之间的朝阳寺时为当地抗日义勇军所逮捕的所谓"朝阳寺事件"，在中国热河省边境地区囤积重兵。面对日本方面的步步紧逼，南京国民政府也向当地增兵。

　　1932年9月15日，斋藤实内阁与日本扶植的傀儡政权伪满洲国订立所谓的"'日满'协定书"，公开将中国东北化为其殖民地。此举随即引发了中国东北当地不愿沦为亡国奴的广大民众的自发抵抗。日本陆军则借口热河地区是中国政府向东北抗日义勇军输送武器和人员的主要基地，不断在两军接触地带挑起事端，并最终在1933年2月21日发动大规模进攻，"热河抗战"由此展开。

　　与发动进攻之前做了大量的军事准备和政治诱降工作的日本陆军相比，热河方面的中国军队则呈现四分五裂的态势，长期盘踞热河的东北军汤玉麟部首鼠两端，张学良调往当地的其他东北军部队虽然有心抗战，但无奈仓促进入阵地，面对日本陆军强大的空地立体攻势，迅速败下阵来。短短10天时间，热河省便全境沦陷。事后南京国民政府为进一步削弱东北军势力，逼迫张学良辞职，并由蒋介石的亲信何应钦出任北平军分会代理委员长。在中国方面临阵换将的情况下，日本陆军继续向前推进，侵占秦皇岛、北戴河、抚宁、迁安、密云、蓟县、唐山等

22县，对北平形成三面包围之势，迫使南京国民政府于5月31日于塘沽缔结城下之盟。

攻占热河、围逼北平的军事胜利，令日本方面对"国际联盟"方面的外交压力更加有恃无恐。1933年3月27日，面对国联以40票赞成、1票反对（日本自己投的反对票，另有暹罗投弃权票）通过了根据《国联调查团报告书》起草的，否认伪满洲国的合法地位，并要求日本撤出中国东北的《关于中日争端的决议》。日本代表松冈洋右接受政府方面的指令，宣布日本正式退出"国际联盟"。

日本在"国际联盟"的代表松冈洋右

日本政府高调退出"国际联盟"，虽然在国内被视为摆脱英、美等西方国家外交掣肘的一次重大胜利，但事实上却也关闭了通过国际外交解决中国抗日战争的大门。日本陆军方面打着彻底中止战争的名义，进一步制造事端。《塘沽协定》墨迹未干，关东军参谋长小矶国昭便对路透社记者声称："日军现在密云、唐山线暂停进攻，日军以此进攻为消灭华军攻击长城之大本营，其军事动作目前告一段落……但为保卫满洲国西境，日军仍有进占张家口之必要。"俨然要将手沿着长城关外伸到察哈尔一线。而面对察哈尔全线危急的局面，中国军队内部也出现了以冯玉祥为首的"察哈尔民众抗日同盟军"。

虽然在南京国民政府和日本关东军的联手"围剿"之下，"察哈尔民众抗日同盟军"最终归于失败，但不断扩大的战事，也令日本国内刚刚趋于好转的经济形势再度急转直下。1931年开始日本军费开支便占到了国民总预算的30.8%，此后更是节节攀升。但日本陆、海军仍不满足，1933年末由陆军大臣荒木贞夫提出的增加陆军军费的预算案被高桥是清驳回，随即引发了陆军对斋藤实内阁的不满。1934年初荒木贞夫以身患重感冒为由宣布辞职。斋藤实则拉拢刚刚在

"九一八事变"中以"越境将军"之名而著称的林铣十郎出任陆军大臣以应对。

林铣十郎早年留学德国，教育背景和政治主张与日本陆军之中的永田铁山、东条英机等少壮派颇为接近。因此其出任陆军大臣后不久，便任命永田铁山为日本陆军军务局局长、东条英机调任陆军士官学校干事，形成了对以荒木贞夫为首的"皇道派"前后夹击之势。但就在斋藤实试图通过林铣十郎和永田铁山、东条英机等"一夕会"军官压制陆军之际，1934年1月日本媒体便爆出了所谓"帝人事件"，并不断发酵，令斋藤实内阁灰头土脸。

"帝人事件"中所谓的"帝人"，指的是1915年由日本纺织工业学者秦逸三、久村清太联合创办的纺织企业——"帝国人造绢丝株式会社"。在创办之初，秦逸三等人曾接受过铃木商店职业经理人金子直吉的赞助。在铃木商店转向冶炼、造船等重工业领域之后，秦逸三等人又买下了铃木商店关停的米泽缫丝厂作为其大规模生产人造丝的第一个生产基地。可以说"帝国人造绢丝株式会社"从一开始便与铃木商店有着千丝万缕的联系，甚至坊间有传闻说其真正的老板便是金子直吉。

1927年铃木商店由于自身规模的过度膨胀和内部产业结构不合理等因素轰然倒闭，但"帝国人造绢丝株式会社"却借着人造丝概念的大行其道而得以高速发展。这种"一鸡死、一鸡鸣"的现象虽然是商业常态，但是作为铃木商店的高层管理者，金子直吉是否有通过"帝国人造绢丝株式会社"转移铃木商店的优质资产却始终受到日本各方的质疑。

1934年1月，由福泽谕吉所创办的《时事新报》突然爆出，在铃木商店倒闭过程之中，"帝国人造绢丝株式会社"曾有22万股作为担保存放于"台湾银行"之中。作为铃木商店最大的债权人，"台湾银行"随即破产。但金子直吉却通过其在政界的关系，将这部分股票的半数成功回购，并投放市场，由此获利颇丰。而其中为金子直吉和"帝国人造绢丝株式会社"打通政府关节的，正是时任斋藤实内阁文化大臣的鸠山一郎。

这一消息一经发表，随即引来了日本的举国侧目，毕竟"昭和金融恐慌"的阴霾尚未完全消散，"政党政治"的终结更令民众普遍对政客缺乏信任。当事人鸠山一郎虽然以"心如止水"（明镜止水的心境）来对应质疑，但1934年3月9日《时事新报》的社长武藤山治却在自己的别墅门前被来自福冈县的无业游民福岛新吉连射两枪，并于次日抢救无效后死亡。由于杀手福岛新吉在当场开枪自杀，因此其刺杀武藤山治的动机和目的，至今仍是一个谜。

与昔日的"西门子事件"一样，武藤山治的遇刺令原本事实相对清晰的"帝人事件"陷入了迷雾之中，民众想象着武藤山治是接触到更为可怕的政坛黑幕，才最终引来了杀身之祸。而鸠山一郎的岳父为日本右翼组织"玄洋社"巨头寺田荣，更令这位"统合黑白两道"的政治家成为了买凶杀人的主要嫌疑人。《时事新报》方面随即将"帝人事件"相关人员告上法庭，但最终却被日本司法部裁定为证据不足。

从表面上来看，在"帝人事件"和"武藤山治遇刺事件"中，《时事新报》始终扮演着为维护民众知情权、对抗黑金政治不惜以身犯险的"良心媒体"的形象，但考虑自"关东大地震"以来，曾经号称日本五大报刊之一的《时事新报》已经远远地被《读卖新闻》（当时称《报知》）、《每日新闻》（当时称《东京日日》）和《朝日新闻》（当时称"东京朝日"）所甩下，发行量不断下降，业绩更是全面赤字。在这样的情况下，曾经活跃于日本政、商两界的社长武藤山治突然引爆"帝人

晚年的鸠山一郎登上了日本首相的宝座，照片中右侧的小男孩便是其孙子鸠山由纪夫

事件"，除了背后可能存在政治推手之外，更有一举拉升报纸销量的考虑。

除了"帝人事件"之外，1934年还有另一件引发日本国内广泛关注的贪腐案件。1934年4月原日本东京市副市长白上佑吉因受贿罪，被判有期徒刑10个月。而这位白上佑吉正是陆军大臣林铣十郎早年过继出去的弟弟，消息传来，林铣十郎被迫做出辞职的决定。虽然在斋藤实等人的一再挽救之下，林铣十郎收回了辞呈，但人望也是大受打击。

面对举国汹汹的不满情绪，原本只需鸠山一郎、林铣十郎辞职便可以平息事态的斋藤实内阁，最终不得不在1934年7月宣布总辞职。而基于中国抗日战争仍在不断扩大，《伦敦海军条约》即将于1936年12月31日到期，此前日本将与英、美再度召开有关会议等因素，天皇裕仁授意西园寺公望推举斋藤实内阁中的海军大臣冈田启介上台组阁。

从政治阅历上来看，冈田启介无论是个人能力还是政治威望均无法与斋藤实相提并论。故而在其就任之后，不仅原本就激荡不安的日本陆、海军内部各派势力争权夺利日益严重，日本社会的各种政治思潮也是沉渣泛起。1935年2月18日，向来以"忠君体国"自诩的日本贵族议员菊池武夫，在贵族院发表演说，公然攻击自明治维新以来逐渐形成共识的"天皇机关说"。

所谓"天皇机关说"，指的是1912年以日本东京帝国大学法学教授美浓部达吉为首的一干学者所提出的一种政治学说。在美浓部达吉等人看来，自日本颁布宪法以来，其政治模式便进入了天皇和代表国民的帝国议会（众议院）的君民共治时代，因此天皇和帝国议会都是国家的直接机关而已。这一理论的核心在于，其认为天皇的权力也应受到宪法的制约，而不是绝对无限的。

"天皇机关说"自提出以来便不断受到各种质疑，但在民主共和日益深入人心的时代背景之下，日本政府更多的时候只能采取模糊概念的应对方式。各主要政党也竭力避免此种争论，以免引发不必要的政治风险。但这一次菊池武夫却主动在贵族院向美浓部达吉发难，除了此公自认是昔日辅佐天皇对抗足利武士集团的名门之后外，更多的是此时日本的政治环境已经较明治末年及大正时代有了天翻地覆般的变化。昔日主导政权的各类政党已经无力单独上台组阁，日本陆、海军的话语权和对政权的干涉能力日益加强，在这样的背景之下，身为日本武装力量法理上的最高统帅，天皇裕仁自然便成为至高无上、不容置疑的国体象征。

可惜菊池武夫自幼从军，虽然谈不上胸无点墨，但在政治原理和律法修养上远不是美浓部达吉这样的饱学之士的对手。面对菊池武夫等人关于自己是"慢性造反"（緩慢なる謀反）的指责，美浓部达吉于2月25日的贵族院全体会议上，用一个多小时的时间系统阐述了自己的学说在理论上的正确性，驳斥了对他的攻击和诬蔑之词。对此《朝日新闻》报道称："阐述得有条有理，全场肃然倾听，大约经过了一小时的雄辩。当他离开讲坛时，贵族院响起了罕见的掌声。"

但是这些雄辩并不能真正说服那些反对"天皇机关说"的各派势力。菊池武夫等人自知与美浓部达吉正面辩论毫无胜算，转而发动所谓的"国体明征运动"。也就是要求政府明确表示"天皇"便等同于日本，还是仅仅作为日本的一个国家直属机关。面对来自右翼民间组织和日本陆、海军少壮派军官的压力，冈田启介不得不于8月3日发表声明称："大日本帝国的统治权，严格地说属于天皇，这是肯定的。如果持有认为国家统治权不在天皇、天皇是行使权力的机关的想法，则是对我国万邦无比的国体本义的亵渎。"

美浓部达吉的辞职报告

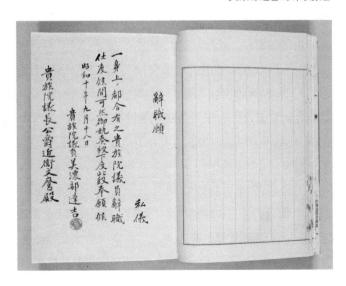

十余年之后，天皇裕仁曾以披露自己日记的方式，表示"为了要抨击'天皇机关说'，把我置于绝对的地位，这使我在精神上和肉体上都感到有负担"。但这番言论不过是失败之后的自我粉饰，事实上天皇裕仁从来不满足于成为一个象征性的国家君主，他对绝对权力的向往远在其父、祖之上。而随着"天皇机关说"彻底成为荒谬的代名词，日本列岛昔日相对宽松的政治氛围被彻底终结，整个国家逐渐在躁动和执拗中走上了战争之路，有一位日本学者事后表示："美浓部遭到打压开始，日本就开始失败了，并不是在1945年战败才失败的。"

（四）上策伐交——国际政治博弈中日本外交的得失和影响

就在日本国内忙于批判"天皇机关说"，忙着掀起"国体明征运动"的高潮之际，日本政府也尝试着借"围剿""察哈尔抗日同盟军"之机与南京国民政府修补关系。而南京国民政府之所以视"察哈尔抗日同盟军"为"仇寇"，而与日本关东军反而可以毫无心理负担地进行合作，某种程度上还缘于当时中日之间的经济互补性。当时的中国依旧是一个积贫积弱的农业国，生丝、棉花、甘蔗、大豆等农产品都需要通过日本的纺织、制糖、炼油工业才能转化成日用品。而日本轻工业过剩的产能也需要中国这块辽阔的市场才能予以消化。因此在联手"剿灭"了"察哈尔民众抗日同盟军"之后，日本方面随即与南京国民政府展开了东北与华北之间通车、通邮问题的交涉。

对于日本方面伸出的"橄榄枝"，南京国民政府照单全收。1934年7月1日，从天津开出了第一列前往伪满洲国的班列，虽然途中在茶淀车站遭到爱国青年宁匡烈自制炸弹的袭击，但还是到达了沈阳；1934年12月31日又同意从1935年1月10日开始通邮，2月10日开始汇款与邮寄包裹。

正是在经济利益的趋使之下，为了向日本表达所谓的"诚意"，1934年秋蒋介石还口授并由"文胆"陈布雷写成《敌乎！友乎！》一文，以原曾担任过西北筹边使，主张联日抗俄后被暗杀的徐树铮之子徐道的名义，发表于《外交评论》杂志上，并由各报相继转载。

消息传到日本之后，日本政府立即展开了专项研究，并于 1935 年 1 月 22 日由日本外务大臣广田弘毅以发表演说的方式表示赞同，其中着重提到：日本重视东亚诸国之和睦、亲善，共同担负东亚和平之重任。并放言说："相需既殷，相求自易。"

广田弘毅的态度随即引起了南京国民政府的积极响应。两国外交部门随即展开了具体磋商，1935 年 5 月 17 日，两国公布将公使升为大使级，同日，国民政府任命蒋作宾为驻日大使，日本驻华大使有吉明亦至南京到任。但是中日政府之间这种暧昧关系，却并不能为日本陆军特别是关东军方面所理解，随着 1934 年 12 月 22 日老于世故的菱刈隆卸任离职，关东军在继任司令南次郎的领导之下，再次开始在长城内外寻衅滋事，更计划在长城以北再扶植一个伪蒙古国，甚至进一步将整个华北从南京国民政府的版图中撕裂出来。

"九一八事变"爆发之际，日本判断正处于第一个"五年计划"建设高峰期的苏联不会为了在东北的经济利益而卷入战争。但是随着关东军大举进入以哈尔滨为中心的"北满"地区，限制苏联"中东铁路"的发展，日本方面预感到动了这些沙俄留给苏联的"奶酪"之后，莫斯科方面必定不会袖手旁观。

但局势的发展却出乎日本人的意料，苏联方面非但没有表示出不满，相反还在 1931 年底，向日本政府提出了签订互不侵犯条约的建议。1932 年初又暗示有意让渡中东铁路。但这看似一团"和气"的背后，日本陆军方面却发现苏联正逐步强化其在东北亚地区的军事存在。

按照日本陆军的情报，"九一八事变"之前，苏联红军在贝加尔湖以东地区仅部署了 6 个步兵师和 2 个骑兵旅。但是随着日本关东军控制中国东北之后，莫斯科方面随即强化了其西伯利亚大铁路的军事职能，大批部队和技术装备源源不断地运输过来。如此一来，曾经对苏联远东地区怀有觊觎之心的关东军开始不淡定了。

1932 年 8 月，日本陆军曾拟定了一个颇为想当然的 1933 年对苏作战计划。设想在开战之时，苏联红军将兵力集中于以海参崴要塞为中心的沿海地区，日本陆军计划以关东军所属 3 个师团和"朝鲜军"2 个师团正面进攻，再从本土出动一个师团在海参崴以东海面展开登陆，便可以给予苏联红军远东部队以"歼灭性"打击。此后只要再从国内抽调两个师团的兵力便可以轻松吃掉后续通过西伯利亚大铁路赶来的苏联援军。而在歼灭沿海州的苏联军队之后，日本陆军计划以哈尔滨为中心向苏联外贝加尔湖一线发动进攻，出动 8 个师团的兵力翻越大兴安岭，直趋苏联领土，最终以控制整个贝加尔湖以东地区为目标结束战争。

但是这个计划很快便被无情的现实所推翻。苏联红军不断向远东增兵，到 1935 年日本陆军估算在远东地区的苏联红军，拥有 16 个步兵师、3 个骑兵师、坦克 1200 辆、飞机 1200 架、潜艇 30 艘，总兵力约 29 万人。与之相比，日本陆军在中国东北和朝鲜驻军仅为 5 个师团、2 个混成旅团、3 个骑兵旅团和 3 个独立守备队，总计 8 万兵力，仅为远东苏联红军的三分之一。陆军航空兵仅有战机 230 架，坦克更是少得可怜。

而如果计算双方后续投入的兵力，情况则更令日本方面感到沮丧。1933 年日本陆军估算双方最终投入战场的兵力，将是苏联红军 30 个步兵师对抗日本陆军 25 个师团。而 1935 年情况变成了苏联红军 40 个步兵师对抗日本陆军 28 个师团。而预计到 1937 年苏联红军对日作战兵力将达到 50 个步兵师，超过 150 万人。

苏联红军的压倒性优势，使得日本关东军不仅不敢再轻言北上，甚

远东的苏联红军不仅在兵力上逐渐占据优势，在坦克等兵器技术方面更是力压日本

至连能否防御对手的进攻都产生了怀疑。因此当经历了一些事件后，向来独断专行、睚眦必报的关东军非但不敢发起报复行动，还连忙向日本政府通报情况，希望用外交行动来缓和与苏联的关系。而正是基于苏联的"威胁"，日本在中国华北地区的挑衅也不得不戛然而止。1935 年 1 月 25 日，日本外相广田弘毅在国会宣称："中日之间绝不会发生战争。"三天之后，日本陆军全线后撤，一场可能爆发的大规模军事冲突由此消弭于无形。

而此时日苏双方也均各自遇到麻烦并受到一定程度的牵制。

鉴于日苏关系有所缓和，中国驻屯军和关东军方面故技重施，先后在天津和察哈尔东部地区制造事端。1935 年 6 月 7 日，日本内阁批准了《华北交涉问题处理纲要》，此《纲要》确定了日本方面的要求，包括：罢免反日的东北军将领——河北省主席丁学忠、北洋元老——天津市长张廷谔，中国政府从平津地区撤退宪兵第 3 团、北平军分会政训所、国民党党部等机构，解散抗日团体。

此时的蒋介石正在部署对中央苏区的"第五次'围剿'"。秉承其"攘外必先安内"主张的南京国民政府于 6 月 10 日指示何应钦按中央的训令，全部应承了日方要求。但日方并未就此罢休，一再催促何应钦签订书面协定，于是何应钦最后以给天津驻屯军司令官梅津美治郎复信的方式，在送来的"备忘录"上签了字，表示愿意接受日方的各项要求："6 月 9 日酒井隆参谋长所提各事项均承诺之，并自主地期其遂行。特此通知"，而正是这一纸回信构成了日后备受争议的《何梅协定》。

按照《何梅协定》的相关条款，日本成功地将南京国民政府势力逼出河北，东北军将领于学忠亦被调任甘肃省主席。随之，日本"中国驻屯军"方面又得寸进尺，按其预定计划在华北进行新的阴谋——策动华北地区河北、山东、山西、察哈尔、绥远五省，脱离南京政府，进行所谓"自治"。

日本方面的行动看似天方夜谭，但并非没有操作空间。此时的华北各地基本掌握在各路地方军阀的手中。于学忠调任之后，河北省主席由晋系将领商震出任，山东省主席则为前西北军将领韩复榘，山西省主席是被日本人称为在山西实行"门罗主义"的阎锡山，加上察哈尔省代主席秦德纯、绥远省主席傅作义。日本方面一眼望去，仿佛整个华北都是割据势力，与南京国民政府毫无关系。

1935 年 8 月 1 日，多田骏中将接替梅津美治郎出任"中国驻屯军"司令官。多田骏曾于 1917 年出任过北洋政府的北京陆军大学教官，在中国新旧军阀之间颇有人脉。因此其到任之后，随即在与南京政府有矛盾的山东、山西、河北省、察哈尔、绥远等省的地方势力中展开活动，企图策动他们脱离南京政府，成立作为日本附庸的傀儡政权，使这些地区彻底沦为日本的殖民地。日本方面提出：如南京政府对自治进行武力干涉，日军则承担保护"自治"之任务。诈称，华北如与"满洲国"紧密握手，成立新政权，很快即将繁荣等。

当在华北策动地方势力进行"自治"的活动已初具雏形之后，日本政府竟通过外交途径，由其驻华大使川越茂于 1935 年 9 月 13 日正式向南京政府提出将华北作为"缓冲区"的要求。如此明目张胆的举措只能用无耻来形容。9 月 24 日，多田骏更进一步发表声明，提出日军对华北的三点态度：1. 把"反满"抗日分子彻底地"驱逐"出华北；2. 华北经济圈独立（使华北财政脱离南京政府的管辖）；3. 通过华北五省的军事合作，防止"赤化"。为此必须改组华北的政治机构。

但随着代表日本陆军的土肥原贤二到达华北，经过认真考察，并与诸多有关人员进行直接接触之后，却发现多田骏策划的与"满洲国"合作、在日本指导下的"华北自治"等活动，并无多少基础，且已趋于流产。因多田骏派人对这些省的领导者进行个别游说时，发现这些省的领导人都是要做独霸一方的乱世英雄而不愿做听人摆布的傀儡，且有关国家大事，谁也不愿带头为敌之公开鹰犬。

当多田骏推行的"华北自治"方案行不通时，土肥原乃改用各个击破的方法。他首先对存有二心的山东省主席韩复榘和早已通敌的冀东滦、榆区专员殷汝耕进行个别策动。结果韩复榘于 1935 年 11 月 12 日通电要求公布宪法，开放政权，并预定在 11 月 21 日宣布"自治"。南京政府感到事关重大，即派西北军元老、时任参谋次长的熊斌（曾任过西北军参谋长）至北方，对这些原西北军的高级将领进行说服、疏通，晓以民族大义，才使韩复榘将其预定的"自治"取消。

韩复榘虽然悬崖勒马，但是冀东滦、榆区专员殷汝耕，竟于 1935

年 11 月 24 日通电脱离南京政府，25 日在通县成立了伪冀东"防共"自治委员会，使冀东地区的通县、抚宁、卢龙、顺义、滦县、迁安、宝坻、怀柔、临榆、密云、宁河、平谷、遵化、蓟县、昌平、兴隆、丰润、玉田、香河、三河、昌黎、乐亭 22 县完全沦为日本的势力范围，并将冀东保安队扩编为 5 个总队，兵员达 12000 人左右。

"冀东自治政府"的汉奸头子殷汝耕

一个月之后即 12 月 25 日，又将冀东伪政权改称为"冀东'防共'自治政府"。由于华北地区发生了这一事件，南京国民政府于 11 月 25 日下令撤销北平军分会，任命宋哲元为冀、察绥靖主任，何应钦为行政院驻北平办事长官，并下令通缉投敌叛国分子殷汝耕。12 月 11 日又下令成立冀察政务委员会，由宋哲元任委员长，使日军在华北策划的地方"自治"阴谋，未能全部实现。

尽管日本方面策划"冀东自治"的阴谋未能完全实现，但当地依旧成为了日本对华经济侵略的桥头堡。1927 年 7 月 19 日，南京国民政府宣布关税自主，增加了税率。然而日本不同意中国关税自主，中日双方为此进行了长期协商，在中国做出了重大让步后，1930 年 5 月，双方签订了《中日关税协定》，日本商品进入中国的税率依然很低。1933 年 5 月国民政府趁中日互惠关税协定期满，对关税做了根本的修正，税率从 5% 至 80% 共分 13 级，并大大提高了进口税率。这不仅使日本的经济利益严重受损，而且也阻碍了其侵华阴谋的实现。于是日方将目光投向以冀东行政专员殷汝耕为代表的"冀东地方政府"。

在日本军方的威逼利诱下，"冀东地方政府"为日本商品进入华北大开绿灯。1936 年 1 月，"冀东'防共'自治政府"宣布：凡存放冀东境内或通过其他区的一切日本走私货物，只要缴纳约合中国海关

1/4 的进口关税（即查验费），即可合法地运销华北各地，中国海关当局如不承认，冀东伪政权亦不承认中国海关为合法。当时的秦皇岛成为日货新的集散地，形成所谓的"冀东贸易"。它对日本运来的砂糖、石油、杂货与鸦片只征收象征性的进口税，使日货源源不断地由冀东流入内地。这对天津海关的收入与中华民国的贸易造成了极大的冲击，很快摧毁了华北的关税壁垒。

与日本陆军顶着来自苏联的巨大压力，在中国华北地区发动新的军事和政治冒险的同时，海军方面则在全力筹备于 1935 年 12 月 9 日召开的"第二次伦敦海军裁军会议"。虽然日本海军内部对于《华盛顿海军条约》和《伦敦海军条约》的不满由来已久，1934 年 10 月，日本外交大臣广田弘毅更向美国驻日大使格鲁私下透露了日本海军内部强烈希望当即便退出相关海军条约，但这一表述更多的是一种外交手腕，因为广田弘毅同时还颇为示好地宣称自己一直努力在压制海军中的"沙文主义者"，并坚持海军军备的相关事宜应该在多国协商的框架内解决。言下之意无非是美国方面如果能够在《第二次伦敦海军条约》中给予日本更多的优待和空间，日本并不反对继续留在《海军条约》的体系之内。

在广田弘毅展开一系列秘密外交活动的同时，日本海军方面任命山本五十六为第二次伦敦海军裁军会议预备会议海军首席代表。之所以做出这样的安排，一方面是因为山本五十六曾以随员的身份参加过华盛顿会议和第一次伦敦海军裁军会议，属于日本海军中少数富有外交经验的干才。而另一方面，山本五十六作为日本海军内部首屈一指的航空战专家、前任第一航空舰队（航母战斗群）司令，将代表日本海军以未来航空母舰为中心构建的战略体系，去与英、美列强折冲樽俎。

虽然只是预备会议，但日本国内对此次山本五十六出行还是给予了极高的关注。不仅政府和海军内部给出了"反对现行各国军舰按比例限定的办法、主张军舰总吨位一律平等、制定'不威胁、不侵略'的兵力标准"的指导性意见，各类民间组织也纷纷召开集会，为山本五十六"献计献策"，甚至自发为其送行。

不过对这份热忱，山本五十六并不买账，他在写给同窗好友堀悌吉的信中曾称："临行时，不论在东京火车站，还是在横滨码头，都聚集有很多面目不清的人。他们或称某某同盟或某某联合会，宣读决议或宣言以壮我行，实感不快。这样的忧国志士实在令人担心。"但事实上这些民间组织不过是在外围摇旗呐喊，真正令山本五十六感到担忧的，还是日本海军内部"舰队派"的一家独大。

随着斋藤实内阁倒台，冈田启介接任首相，日本海军的实权便掌握在了海军大臣大角岑生和军令部部长伏见宫博恭王的手中，伏见宫博恭王作为日本海军"舰队派"的总后台，此刻自然是竭力主张摆脱华盛顿、伦敦条约的束缚，全力扩充日本海军的舰队规模。大角岑生虽然对伏见宫博恭王的蛮横也颇有微词，但却深知这位出身皇族的海军元帅背后所矗立的强大势力，因此也只能跟着对方的指挥棒，将隶属于"条约派"的谷口尚真、山梨胜之进、寺岛健、堀悌吉、左近司政三等人悉数赶出日本海军现役军官的行列，史称"大角人事"。

虽然这些被赶出海军的"条约派"成员，不久之后便各自在日本各大国有大型企业出任要职，但出于对自己好友堀悌吉的境遇不满，山本五十六还是发出了"（对日本海军而言）一个巡洋舰队也比不上堀悌吉的头脑啊！"的感叹。而根据人以群分的原则来看，山本五十六之所以与堀悌吉能够保持多年的同窗情谊，很大程度上正是因为其本人也赞同"条约派"的观点：继续维持一个对日本不利的条约固然可耻，但如果彻底废除条约，那么日本势必陷入与英、美之间无休止的海上军备竞赛

20 世纪 20 年代在美国工作的山本五十六

之中，而无论是从国力还是同盟关系来看，日本在这样的竞赛之中都毫无胜算。因此与其草率地废约，不如与英、美协商，拟定一个三方都能接受的新条约来。

正是怀揣着这样的理念，山本五十六取道美国前往伦敦。一路高唱"日美亲善"的高调，甚至公然表示"我从来没有认为美国是潜在的敌人，日本的海军计划也永远不会包含日美战争的可能性"。而到达英国之后，山本五十六又抛出"日本再不能屈从于海军比例制的约束。在这一点上，我国政府没有任何妥协的可能"的宏论，试图先声夺人。

可惜无论是公开拉拢美国，还是向英国表现出一副不屈的意志，都无法改变英、美方面维持华盛顿、伦敦海军条约中美、英、日海军吨位比例为 5∶5∶3 的既定方针。讽刺的是，为了将破坏谈判失败的罪责归咎于日本方面，英、美媒体大肆吹捧山本五十六的强硬，甚至连其对着镜头的媚笑，都被称为"钢铁微笑"，称其为"伦敦之鹫"。但事实上在《第二次伦敦海军条约》谈判的预备会议上，山本五十六不仅深陷进退两难的困境，更兼不过是区区一个海军少将，可谓人微言轻。

最终在英、美方的步步紧逼之下，日本政府于 1934 年 12 月 29 日宣布废除海军限额条约，《第二次伦敦海军条约》预备会谈不欢而散。而就在山本五十六颇为沮丧地离开伦敦之际，却意外接到了纳粹德国方面的邀请。在乘坐火车归国的途中，山本五十六在柏林火车站会见了纳粹德国的外交部长里宾特洛甫和海军部长雷德尔。

在乘坐火车经西伯利亚于 1935 年 2 月 12 日回到日本之后，山本五十六在东京火车站受到了海军大臣大角岑生、外务大臣广田弘毅等人的热情迎接，仿佛是从战场凯旋归来似的。善于借势和作秀的山本五十六也颇为懂得包装自己，他在前往皇宫复命的过程中，一边向欢迎的人群挥手致意，一边冒雪步行，直到皇宫外的二重桥。

不过这些人前的表演并不能改变日本退出华盛顿、伦敦海军条约后尴尬的现实：1934 年日本的国家预算为 21.6 亿日元，其中陆海军军费约占 43.5%，海军军费达 4.83 亿日元。1935 年的国家预算为 22.1 亿日元，海军预算 5.36 亿日元，军费总和达 10.32 亿日元，占总预算的 46.7%。与之相对应的是 1935 年美国海军预算是 3.46 亿美元，合 13.8 亿日元，却只占总预算 92 亿美元的 3.7%。此外，估计到 1936 年，日本国债也将达到 98.8 亿日元，几乎等于内阁统计局所估计的 1930 年日本国民收入总和。

也正因如此，山本五十六在写给其亲信部下三和义勇的信中称："我等弱者在强者面前，奋力周旋。他们心里虽然并不满意，但在这种场合，也不得不强作笑脸，倾听我们的愚见。不可否认，我帝国之国力较之美国确有天壤之别，这一点不能不令人暗自惊叹。是时，吾等深感日本帝国是到了谨慎自重、发愤图强的时候了。"但是此时的日本早已陷入了空前的躁动之中，山本五十六口中的"谨慎自重"显然是做不到的了，而所谓的"发愤图强"也不过是穷兵黩武，加速扩张而已。

（五）条约假期——华盛顿、伦敦海军条约时代的日、美、英海上军备竞赛

1936 年 1 月 15 日，日本与意大利双双退出伦敦裁军会议，由此世界列强再度进入全力扩充海军的无限制军备竞赛阶段。尽管事实上日本海军在所谓"条约假日"——从 1924 年《华盛顿条约》生效，到决定退出华盛顿、伦敦条约的 1934 年的 10 年时间里，日本政府虽然用于将原定为战列巡洋舰和战列舰的"赤城""加贺"改造为航空母舰的"军舰制造费"控制在了 7123 万日元，但与此同时却又花费 12580 万日元用于对 10 艘主力战列舰："长门""陆奥""伊势""日向""扶桑""山城""金刚""比睿""榛名""雾岛"进行增加水下防雷凸出隔舱、强化装甲防御、增大主炮仰角、更换锅炉等一系列的现代化改造，以保障这些战列舰在新时代仍拥有执行大洋决战任务的能力。

当然由于条约的限制，这一时期日本海军的发展重心放在大力建造替代战列舰的巡洋舰以及不受条约管控的驱逐舰、潜艇及其他辅助舰艇之上。1924 年日本海军为了应对《华盛顿条约》的相关约束，以《大正十二年舰艇补充计划》的名义确定了在完成"赤城""加贺"2 艘航空母舰改建工程的同时，建造 4 艘 5500 吨级中型巡洋舰（实际建成为 2 艘"古鹰"型、2 艘"青叶"型重型巡洋舰）和 4 艘 8000 吨级大型巡洋

日本海军为应对《华盛顿条约》而设计建造的重型巡洋舰"妙高"

舰（实际建成为"妙高"型4艘）以及24艘1400吨、1700吨级驱逐舰
（实际建成为4艘"神风"型、12艘"睦月"型和5艘"吹雪"型驱逐
舰，总计21艘）。

　　建造28艘潜艇（实际建成为4艘1970吨级"巡潜1"型、4艘
1000吨级布雷潜艇、12艘1500吨级大型潜艇、4艘998吨级"吕"型
潜艇），同时设计建造2艘潜艇母舰（实际建成2艘"迅鲸"型）、1艘
3000吨级布雷舰（实际建成为2000吨级的"严岛"）、1艘5000吨级快
速反潜拉网船（实际建造为1400吨级的"白鹰"）、3艘500吨级小型
反潜拉网船（实际建造为2艘"燕"型）、3艘700吨级扫雷舰（实际
建成为3艘"第一号"型）、3艘海上油料补给船（实际建成为"隐户"
型）、1艘海上粮食补给船（实际建成为"间宫"）。

　　《大正十二年舰艇补充计划》的出台，意味着雄心勃勃的日本海军
非但没有在《华盛顿条约》的限制之下收缩军备的自觉，相反试图利用
条约中对巡洋舰、驱逐舰、潜艇等辅助舰艇缺乏约束的漏洞，弯道超
车，加紧其追英赶美的脚步。但这些蝇营狗苟并不可能瞒天过海，在察
觉日本海军的动向之后，英国方面随即于1924年开工建造8艘"条约
型巡洋舰"（实际建成为7艘"肯特"级重巡洋舰）。同时在继续完工第
一次世界大战时开建的50艘老式驱逐舰的同时，开始尝试设计和建造

英国皇家海军试验性质的新型驱逐舰"伏击"号

试验性质的新型驱逐舰"伏击"号（HMS Ambuscade D38）和"亚马逊"号（HMS Amazon D39）。

美国方面虽然在船厂中还有 8 艘"奥马哈"级轻型巡洋舰（Omaha class Cruiser）在建，但为了应对日本方面新型"妙高"级重型巡洋舰的威胁，还是于 1925 年设计和建造装备有 10 门 203 毫米主炮的"彭萨克拉"级重型巡洋舰。不过美国国会虽然批准了 8 艘该级重型巡洋舰的建造费用，但时任美国总统柯立芝最终仅批准了建造 2 艘。而在驱逐舰方面，美国人在第一次世界大战后期订购了 111 艘"威克斯"级驱逐舰（Wickes-class destroyers）和 156 艘"克莱姆森"级驱逐舰（Clemson-class destroyer），因此短时间之内不仅不需要另行建造，甚至还要为如何管理和使用这些驱逐舰而犯愁。

1923 年 9 月 8 日，美国海军太平洋舰队第 11 驱逐舰队的 14 艘驱逐舰在旧金山湾附近的"套索滩"（Honda Point）集体触礁，造成其中 7 艘"克莱姆森"级驱逐舰当场沉没、2 艘重创、23 名水兵当场死亡的恶劣事故。不过即便是这样的灾难，对于美国海军而言也不过是九牛一毛，因此尽管所有舰长都被送上了军事法庭，但最终没有人受到刑事处分。第 11 驱逐舰队指挥官爱德华·豪·沃森上校甚至没有被降职，继续在夏威夷担任美国海军第 14 战队副司令，直到 1929 年退役。

1945 年停泊港口的"彭萨克拉"级重型巡洋舰，注意其高处三联炮塔和底部两联炮塔的独特设计

　　与美国海军的宽容相比，日本海军在同类型事故中却表现得严苛许多。1927 年 8 月 24 日，日本海军在岛根县美保关附近海域展开夜战训练，由于此时日本海军正展开"从严、从难、从实战出发"的高强度训练，因此整个演习海域实行严格的灯火管制，在一片黑暗之中，作为"甲军"的日本海军第 5 战队第 2 小队的 2 艘"川内"级轻型巡洋舰"神通""那珂"为了躲避"乙军"方面战列舰"伊势""日向"的探照灯，而冲入同为"甲军"的第 27 驱逐舰队之中，"神通"当场撞沉了驱逐舰"蕨"，导致包括舰长五十岚惠在内的 91 人死亡。"那珂"则与另一艘驱逐舰"苇"发生碰撞，两舰都不同程度受损、28 人死亡，是为"美保关事件"。

　　"美保关事件"发生之后，日本海军一方面向新闻媒体表示此番事故完全是由于海军官兵苦练杀敌本领、敢于真刀真枪地磨砺新战术才发生的，完全是出于不可抗力的因素。但与此同时还是以严重过失致人死亡的罪名起诉"神通"舰长水城圭次，在巨大的心理压力之下，水城圭次最终于 1927 年 12 月 26 日在自己家中自杀。讽刺的是，事后日本海军省竟又参照因公殉职的惯例，给予水城圭次特进海军少将的殊荣。

纵观英、美在《华盛顿条约》之后所采取的应对举措，不难发现对于拥有强大海军基础的两国而言，其对海军辅助舰艇的需求并不如日本那般迫切，其所开工建造的一些新型战舰，更多带有试验性质，因此数量不多，但却同样令日本方面如芒刺在背。从1924年开始，日本海军便不断在国会鼓噪，要求继续追加预算，以替代老旧的名义开工建造包括1艘航空母舰、12艘巡洋舰、36艘驱逐舰在内的115艘新型战舰。

如此狮子大开口的要求，日本政府自然无法接受。经过反复拉锯，最终新建的舰艇数量被一再压缩，定格在27艘的数字之上。日本海军由此又增加了1艘轻型航母"龙骧"、4艘"高雄"型重型巡洋舰、15艘"吹雪"型驱逐舰、4艘远洋潜艇、1艘布雷舰"八重山"和2艘"热海"型小型炮艇。此外在此过程中日本海军还增设了11个航空队的陆基、舰载航空兵部队。总计花费22500万日元。

日本方面的动作再度引发了英、美方面的强势应对。英国海军随即决定将于1926年至1929年再新建9艘"条约巡洋舰"（实际建成为4艘"伦敦"级和2艘"诺福克"级重型巡洋舰）、1艘航空母舰（实际未建造）、27艘驱逐舰（实际建成为9艘"A"级和9艘"B"级驱逐舰）、24艘潜艇（实际建成为9艘"O"级、7艘"P"级和2艘"R"级潜艇）。美国方面也宣布将在1925年到1929年新建11艘重型巡洋舰（实际建成6艘"北安普敦"级、2艘"波特兰"级和7艘"新奥尔良"级重型巡洋舰）。与此同时，美国海军还大力新建潜艇部队，在原有51艘潜艇的规模上直接扩充一倍，以保有102艘潜艇为目标。

可以说在《华盛顿条约》到《第一次伦敦海军条约》之间，日本海军虽然全力追赶，但与英、美海军的实际差距并未有效缩短，反而由于本国各类生产资料和军工产能的不足，导致在驱逐舰和潜艇等辅助舰艇领域更难与美国方面形成有效的抗衡。有鉴于此，在1930年《第一次伦敦海军条约》签署之后，日本海军方面随即以"第一次补充计划"为由掀起了新的造船热潮。

由于"第一次补充计划"在日文中写作"①計画"，因此这一方案又被日本方面称为"丸一计划"。计划除了充分利用《第一次伦敦海军条约》所给予的日本方面的新建舰艇配额，新建 8500 吨级的 4 艘"最上"级重型巡洋舰、12 艘驱逐舰（"初春"型和"白露"型各 6 艘）、10 艘潜艇（2 艘"巡潜 2"型、6 艘"海大 6A"型、2 艘"海中 5"型）之外，还大力发展以水雷和鱼雷为主的特殊攻击手段，新建 5000 吨级布雷舰"冲岛"、3 艘 600 吨级"夏岛"型布雷舰、4 艘 600 吨级"千鸟"型鱼雷艇、6 艘 600 吨级扫雷艇等。

当然鉴于水面舰艇方面日本无论如何也无法与英、美对等，日本海军在"丸一计划"中开始全力大规模发展航空兵部队，于横须贺镇守府、吴镇守府、佐世保镇守府的管理下增设多个舰载战斗机、舰载攻击机飞行队，同时中型和大型水上飞机也逐渐成为了日本海军的主要远程侦察手段。

日本海军在舰载航空兵方面的大力投入，很快便引发美国方面的奋起直追。1930 年美国海军动工新建了第 4 艘 1 万吨级航空母舰·"突击者"号（USS Ranger, CV-4）。1934 年在"突击者"号的基础之上，美国海军又设计建造了 2 艘 25000 吨级的"约克城"级舰队航母："约克

1936 年美国海军的 3 艘主力航母（由近及远）："突击者"号、"列克星敦"号、"萨拉托加"号

城"号（USS Yorktown, CV-5）和"企业"号（USS Enterprise CV-6）。

一旦美国海军这2艘"约克城"级舰队航母建成入列，日本与美国之间的航母数量对比将陷入4:6的劣势之中。因此日本方面随即于1934年拟定了新建包括2艘"苍龙"型舰队航母、2艘"利根"型重型巡洋舰、14艘驱逐舰、4艘潜艇在内总计48艘舰艇，新建8个海军航空兵飞行队的"丸二计划"（"第二次补充计划"）。

"丸二计划"出台之际，正值日本方面决心退出华盛顿、伦敦海军条约的前期。因此日本方面抱着一种"破罐子破摔"的心态，强行上马了2艘满载排水量超过2万吨的"苍龙"型舰队航母，但对外宣称其排水量为10500吨。不过英、美此时也无心与日本计较。而1934年和1935年连续发生的"友鹤事件"和"第四舰队事件"更令日本海军颜面扫地，成为了"外强中干"的代名词。

所谓"友鹤事件"，指的是1934年3月12日夜间，正在进行训练的日本海军鱼雷艇"友鹤"，突然发生倾覆，舰上113名官兵之中100人从此下落不明。作为日本海军刚刚列装不久的"千鸟"型鱼雷艇的3号舰，"友鹤"的突然沉没令日本海军上下一片惶惶不安。主持设计该型舰艇的日本海军舰政本部负责人藤本喜久雄被迫下台，并于次年死于脑溢血。"友鹤事件"之后，日本海军中以保守设计风格见长的设计师平贺让再度把持了舰政本部。日本海军后续设计的舰艇随即走上盲目重视武力、轻视防御的道路。

"第四舰队事件"指的是1935年9月26日，正在日本海展开"昭和10年年度海上对抗演习"的日本海军舰艇部队突然遭遇台风的洗礼，尽管临时编组为"第四舰队"的41艘舰艇无一沉没，但包括航空母舰"凤翔""龙骧"、重型巡洋舰"妙高"、轻型巡洋舰"最上"在内的19艘舰艇均不同程度受损。驱逐舰"初雪""夕雾"更是整个舰首被直接撕裂，造成数十人伤亡。尽管这种恶劣天气属于不可抗力，但仍令日本海军的战斗力受到了国内民众的普遍质疑，无奈之下日本海军方面只能甩锅给华盛顿、伦敦海军条约，宣称是因为条约限制了日本海军舰艇的吨位，才导致在设计之初存在着巨大的安全隐患。由此又为退出上述海军条约带了一波节奏。

1936年1月，日本和意大利先后宣布正式退出华盛顿、伦敦条约之后，1936 年 3 月 25 日，美国、英国、法国等国还是签署了习惯性被称为"第二次伦敦海军条约"的《限制海军军备条约》。条约主要规定：主力舰的标准排水量不得超过 35000 吨，主炮口径不得超过 14 英寸（355 毫米）。航空母舰的标准排水量不得超过 23000 吨，火炮口径不得超过 6.1 英寸（155 毫米）。标准巡洋舰的标准排水量不得超过 8000 吨，火炮口径不得超过 6.1 英寸（155 毫米），但是任何缔约国认为其国家安全受到影响时，可以建造排水量为 1 万吨的巡洋舰。此外条约附加规定：到 1937 年 3 月，假如日本与意大利不加入，主力舰的限定自动放宽到标准排水量 45000 吨，主炮口径不得超过 16 英寸（406 毫米）。

后世对于英、美在日本退出之后仍继续签署约束双方主力舰吨位和主炮口径的做法颇不理解。甚至有阴谋论者认为英、美此举是为了引诱日本海军放弃航空优先的正确道路，再度转向与英、美攀比的"大舰巨炮"主义。而从现实的情况来看，这种说法似乎也不无道理。因为就在英、美订立了"第二次伦敦海军条约"后，分别于 1937 年动工修建 5 艘"乔治五世"级战列舰（King George V-class battleships）和 2 艘"北卡罗来纳"级战列舰的消息传来，日本方面也随即于 1937 年拟定了"丸三计划"（第三次补充计划），将 2 艘"大和"级超级战列舰列入建造序列。

英国海军最后的辉煌——"乔治五世"战列舰

但是单纯认定日本政府动工修建"大和"级战列舰便是受了英、美开建新型战列舰的刺激，似乎并不十分准确。因为在"丸三计划"之中，日本海军还开建了2艘"翔鹤"级舰队航母，以扫雷舰的名义建造了第5艘水上飞机母舰以及18艘驱逐舰、12艘潜艇以及其他辅助舰艇。显然日本将海军发展的重心放在航空兵和水雷、鱼雷等特殊攻击模式之上，并未就此全力转向新型战列舰的建造。

因此，客观分析英、美订立"第二次伦敦海军条约"，重新约定主力战舰的吨位和主炮口径，更多的是为了避免英、美两国之间陷入不必要的海上军备竞赛，同时也为两国军工系统制定一个稳步提升的新目标。而日本方面动工修建"大和"级战列舰，一方面是为了填补自身主力舰数量不足且性能日益老化的短板，同时也是提振民族精神的一项政绩工程。毕竟无论"大和"级的性能如何优越，站在理性的角度分析，日本海军也不可能指望其能够在未来的海战中凭借一己之力，通过战列舰对射来击败数量远胜于己的英、美海军主力。

纵观整个所谓"条约假期"时期的日、美、英海上军备竞赛，日本由于国力的限制，始终处于不利位置。因此如山本五十六等有识之士才高举"航空制胜"的大旗，期待通过大力发展航母和舰载机在未来的大洋决战中占据优势，同时日本海军长期以来重视主力舰而轻视辅助舰艇的缺陷，也令其急需在驱逐舰、潜艇乃至海上补给舰等领域进行补课。而这些开支同样需要挣扎于温饱线边缘的日本民众来埋单。而背负着这些沉重负担的普通国民，他们的忍耐同样是有限度的。

第二章　挑衅而起

（六）尊皇讨奸——"二二六事件"和日本陆军的内部倾轧

（七）击鼓传花——日、德同盟的建立与日本政坛的权力更迭

（八）泥潭深陷——中国抗日战争的全面爆发与相持阶段（上）

（九）进退维谷——中国抗日战争的全面爆发与相持阶段
　　　（下）

（十）无限扩大——英、日"程锡庚事件"和苏、日诺门坎
　　　战役（上）

（六）尊皇讨奸——"二二六事件"和日本陆军的内部倾轧

1936 年 2 月 26 日凌晨 5 点，分别来自于日本陆军步兵第 1、第 3 联队，野战重炮兵第 7 联队，近卫步兵第 3 联队的 1483 名官兵，手持从军火库中秘密领出的"三八式"步枪、"九二式"重机枪等武器，踏着前夜纷纷扬扬的鹅毛大雪，按照预定计划首先攻占位于东京市中心赤坂地区的山王酒店为临时指挥部，随后分别出动 150 名和 400 名步兵包围陆军大臣府邸和警视厅，另有一支由 60 名步兵携带 3 台军用电台和 2 挺重机枪的"别动队"，沿路攻占和控制东京朝日新闻社、报知新闻、东京日日新闻社、国民新闻社、时事新报社等新闻媒体。

从上述动作不难看出，这次行动显然是一起经过精心策划的军事政变。而就在全面控制东京市内的治安力量和报纸媒体的同时，政变部队还分头对首相、财政大臣、内大臣、教育总监和侍从长的官邸展开袭击。首先遇袭的是财政大臣高桥是清，面对蜂拥而来的上百名陆军士兵，驻守官邸正门的警员玉置英夫试图抵抗，但当即被打成重伤。政变部队随即冲入高桥府中，对着从梦中惊醒的高桥是清连开三枪后，又以刺刀和军刀乱捅乱扎。据说在确认高桥是清已经气绝之后，这些官兵还彬彬有礼地对其家属说："真是打扰了。"

"二二六事件"中的政变官兵

几乎在高桥是清遇袭的同时，政变部队也冲入了内大臣斋藤实的府邸，将其乱枪击毙。据说在几天之前，东京警视厅内部曾劝说斋藤实："陆军内部出现了不稳定的趋势，尊驾最好不要在自己家中居住，或许由我们加强贵宅的警卫力量。"但斋藤实却满不在乎地表示："不用特别在意，如果真的要被杀，就让他们来杀好了！"（気にすることはない。自分は別に殺されたってかまわんよ。殺されたっていいじゃないか。）

　　东京警视厅对斋藤实所发出的安全警报，被后世普遍认为是其事先已经得到军事政变即将爆发的线报。但事实上日本陆军内部呈现动荡不安趋势早已是公开的秘密。其中固然有陆军内部各派系倾轧的因素，但更为深远的政治背景是自进入 20 世纪 30 年代以来，随着进出口贸易的日益凋敝、国内军费连年攀升，日本经济遭遇了前所未有的寒冬。

　　经济下行的巨大压力，令日本的企业家和地主阶级进一步向被剥削阶层转移负担。城市里充斥着由于裁员而衣食无着的失业人口，即便暂时还有工作，能拿到手的微薄工资面对节节攀升的物价也是杯水车薪。因此东京各地不断发生要求减低水费、电费、房租，抵制裁员和压缩工资的罢工运动。而在农村为了抵制地主阶层提升地租、没收土地的佃农斗争也是此起彼伏。

　　虽然在"九一八事变"之后，日本政府通过加快向中国东北移民，加大基础建设投入，在农村成立以右翼势力为主导的所谓"自治农民协议会"来实现所谓"共同自治、自给自足、共存共济"。但这些举措对于先天结构不合理又奔驰在对外扩张快车道之上的日本经济而言，最终都不过是饮鸩止渴。更为致命的是，在成立"自治农民协议会"的过程中，日本右翼势力高唱所谓"兵农打成一片"的基调，要求日本陆军各联队农民出身的官兵积极关心家乡的生产建设，并以联队为单位向天皇报告和请愿。

　　日本右翼势力此举的本意，是希望日本陆军能够在"农村自治"中发挥堡垒作用，以"抵制"日本共产党等左翼思潮在农村的生根发芽，从星星之火发展为燎原之势。但这种联系建立之后却最终成为了日本农村不断向日本陆军内部传递负能量的管道。1933 年，日本农业迎来大丰收，但粮食收购价格随即下降了 33%。而谷贱伤农的阵痛尚未过去，1934 年和 1935 年日本国内又因各种自然灾害陷入了空前的歉收之中，各地农民全年辛苦劳作所得口粮甚至不足以糊口，因营养不良而致病、饿毙的案例不胜枚举，而面对高昂的地租更只能典儿卖女。这些苦难通过家信等方式传递到日本陆军之中，自然引发了负面情绪的全面爆发。

工农阶层的集体苦难和陆军内部的不满情绪，如果为以日本共产党为首的左翼势力所利用，极有可能掀起一场类似苏俄"十月革命"般的社会大变革，因此在这一时期日本政府竭力打压国内的各派左翼势力，通过各种手段瓦解工会、农会等组织。以1933年6月日本共产党领导人佐野学和锅山贞亲在狱中变节，在公审中发表污蔑工农运动的自白书为标志，以日本共产党为首的左翼运动随即陷入了前所未有的低潮，史称"变节时代"。

在日本左翼思潮陷入低谷之际，对现实日益不满的日本陆军自然便为右翼势力所利用。以荒木贞夫和真崎甚三郎为首的"皇道派"，长期以来活跃于日本陆军少壮派军官之中，利用所谓"忠君爱国"思想，怂恿年轻的底层官兵为其政治野心服务。而与之相对立的政治派系则被称为"统制派"。所谓"统制"，在日语之中实为尊重现有统治制度和政治秩序之意。因此也有日本学者认为所谓的"统制派"不过是反对"皇道派"思想的一个松散联盟而已，其成员大多在日本陆军位于既得利益集团之中，因此反对"皇道派"的那套唯恐天下不乱的理论。但无论如何，"皇道派"与"统制派"之间的对立不但长期存在，而且在1934年1月23日林铣十郎接替荒木贞夫出任陆军大臣之后呈现愈演愈烈之势。

身为陆军大臣的林铣十郎通过手中的人事权，将柳川平助、秦彦三郎等"皇道派"调离陆军省。1934年8月1日，真崎甚三郎则以日本陆军教育总监的身份，指责身为"统制派"的东条英机作为陆军士官学校干事尸位素餐，林铣十郎被迫将东条英机外放九州、出任日本陆军第24旅团长去了。

但事实证明东条英机在陆军士官学校这座"皇道派"大本营虽然只工作了5个月，却早已埋下了暗桩。1934年11月日本陆军士官学校爆出大批少壮派军官试图在11月28日临时议会开幕之前刺杀冈田启介内阁主要成员，拥戴荒木贞夫为首相的政变阴谋。日本陆军宪兵部队随即介入，逮捕了一大批"皇道派"少壮军官，是为"陆军士官学校事件"。

　　事后"皇道派"方面辩解称，整个政变计划完全出自于东条英机的亲信——陆军士官学校学员中队长辻政信大尉之手，"陆军士官学校事件"完全是"统制派"方面贼喊捉贼。但仔细分析"陆军士官学校事件"中"皇道派"所策划的政变计划，几乎与日后的"二二六事件"如出一辙。更何况辻政信身微言轻，又如何可能煽动那么多"皇道派"基层机关听从他的计划。但无论辻政信在整个事件中扮演了什么样的角色，经此一役之后"皇道派"不仅元气大伤更折了面子，随即决定铤而走险，以暴力手段铲除"统制派"。

　　"皇道派"首先在日本陆军少壮军人之中散布一些来路不明的小册子，直指"统制派"为军中"幕府"，将林铣十郎比作江户幕府时代昏聩的"征夷大将军"德川家茂，将永田铁山比作镇压维新志士的幕府"大佬"井伊直弼，呼吁军中有识之士"尊皇讨奸"。经过一番舆论准备之后，"皇道派"又找来了剑道达人相泽三郎，怂恿其直接冲入永田铁山的办公室将其斩杀。

　　从相泽三郎的人生经历来看，这位仁兄属于日本陆军之中勤勤恳恳，但因缺乏陆军大学的学历和相关人脉而始终无法高升的那一类人。

1929 年正在向天皇裕仁讲解演习情况的永田铁山（图中手持教棒者）

在"统制派"控制日本陆军省之后，相泽三郎更因此前与"皇道派"亲近，而被调离了一线部队，转任"台北高等商业军校"的军事教官。面对命运的种种不公，相泽三郎最终选择了对永田铁山拔出利刃。

尽管事先已经收到了来自各方面的警告，但永田铁山并不相信有人敢于冲入自己的办公室内行凶。因此当相泽三郎突然发难之际，正在与东京宪兵队长新见英夫谈话的永田铁山猝不及防，被相泽三郎砍伤之后，又被军刀刺穿了胸膛，当场毙命。

对永田铁山之死，"皇道派"自然是弹冠相庆，而"统制派"众人虽然悲恸不已，却不敢公开报复。林铣十郎一边指示宪兵将相泽三郎收押，一边放出"不咎既往，今后协调一致，重建军队"的妥协信号，甚至以"家有老母"为由宣布主动辞职。正是在林铣十郎这种退避三舍的姿态之下，日本陆军呈现出"皇道派"一家独大的态势。不过无论是天皇裕仁还是首相冈田启介都深知，如果任命荒木贞夫或真崎甚三郎出任陆军大臣，势必将令"皇道派"更趋跋扈，因此在要求与"皇道派"不睦的老将渡边锭太郎继续出任陆军教育总监的同时，任命立场相对中立的川岛义之为陆军大臣。

川岛义之性格随和，又兼曾长期担任日本陆军省人事局局长，因此在"皇道派"与"统制派"之间左右逢源。但这种和稀泥的做法无法从根本上满足"皇道派"日益膨胀的权力欲望以及少壮派军官改变现状的渴求。而川岛义之依照林铣十郎此前的安排，于 1935 年 12 月将"皇道派"干将柳川平助调往中国台湾，并准备在 1936 年初将"皇道派"云集的第 1 师团调往中国东北的举措，更令"皇道派"方面嗅到"统制派"即将秋后算账的危险信号。正是在这种强烈的不安之中，"皇道派"的基层力量蠢蠢欲动。负责保护一干政要的东京警视厅方面自然也有所察觉，因此才向斋藤实等人发出了安全警告。

不过东京警视厅方面显然只是认为会出现第二个、第三个相泽三郎，采取"一人杀一人"的方式展开行刺。万万没有想到，"皇道派"的少壮军官会明火执仗悍然发动军事政变。2 月 26 日上午 5 点 5 分，高桥是清和斋藤实双双毙命之后，政变部队又冲入了首相冈田启介的官邸，在 4 名守备首相官邸的警察当场被击毙之后，冈田启介的妹夫松尾传藏突然冲入，随即被架设在门前的重机枪打死。政变部队不明就里，误以为死者便是冈田启介，于是就此收兵。侥幸保全了性命的冈田启介才于次日混在前来吊唁的人群中最终逃出。

　　与冈田启介有着类似经历的，还有侍从长铃木贯太郎。由于受到了铃木府上警察的阻击，政变部队交火 10 分钟之后才冲入府上，不过就在所有人都以为铃木贯太郎已经逃之夭夭之际，却发现这位老人正襟危坐着等待他们，正是因为气势上已经输了八分，代表政变部队出马与铃木贯太郎交谈的安藤辉三心猿意马，虽然最后还是对着铃木贯太郎连开三枪，却均未造成致命伤害，事后更面对铃木贯太郎妻子的哀求放弃了补上一刀的机会。最终在从皇居赶来的"御医"的全力抢救之下，铃木贯太郎保全了性命。

　　当然也不是所有人都有冈田启介和铃木贯太郎这般的运气，2 月 26 日上午 6 点，为"皇道派"深恶痛绝的教育总监渡边锭太郎在自己家中被杀。6 点 20 分，河野寿大尉带领的一支 8 人小分队将牧野伸显隐居的温泉旅馆"风光庄"焚之一炬。不过由于人手严重不足，河野寿一行遭到了牧野伸显身边警卫的顽强抵抗，不仅没有完成刺杀任务，带队的河野寿还身负重伤，被迫送医抢救。成为了"二二六事件"中最为失败的一组人马。

　　政变部队在东京市内杀人放火，自然引起了各方面的重视。但是身为陆军大臣的川岛义之除了以自己尚未起床、起床之后又与政变部队商谈条件来拖延时间之外别无良策，身为侍从武官长的本庄繁虽然第一时间向天皇裕仁奏明了情况，并领受了裕仁"迅速平息事态"的口谕，但其手中并无兵权，且其女婿山口一太郎亦身处政变部队之中，因此不免首鼠两端。

　　2 月 26 日上午 8 点，在"皇道派"首脑荒木贞

由于在刺杀铃木贯太郎的过程中展现出的"人道精神"，安藤辉三成为了日后多部表现"二二六事件"的影视作品的主角

2月26日当天在芝浦登陆的日本海军陆战队

"二二六事件"中成立的日本陆军戒严司令部

夫、真崎甚三郎和后起之秀山下奉文等人的解围之下，川岛义之带着政变部队所提出的条件从自己的官邸脱身，进入皇居觐见天皇裕仁。不过裕仁无心与政变部队谈判，当即下令"火速镇压"（速二事件ヲ镇压）。但是此时东京地区有多少部队参与政变谁也无法保证，因此参谋次长杉山元提出应该先抽调甲府方面的步兵第49联队和佐仓方面的步兵第57联队前来支援。

与陆军方面投鼠忌器的缓慢动作相比，刚刚解除了华盛顿、伦敦海军条约束缚的日本海军却是急于表现。2月26日中午联合舰队司令高桥三吉向正在土佐冲演习的舰队发布命令，要求第一舰队进入东京湾，第二舰队进入大阪湾，同时海军陆战队经芝浦进入东京市区，在海军领导机关办公楼和退役高级将领私宅周边构筑防线，并做好事态紧急时将天皇裕仁接上战舰的准备。

2月27日上午3点，日本陆军方面以东京警备司令香椎浩平为司令、参谋本部作战课课长石原莞尔为参谋长的戒严司令部终于挂牌成立了。但除了给政变部队打了一个"叛军"的标签之外，依旧无所作为。之所以出现这样的局面，除了"皇道派"在日本陆军之中的势力盘根错节，无人敢与之贸然作对之外，更重要的是此时的日本政府和陆军之中早已不复明治维新时代的锐气，在职业官僚们的眼中多一事不如少一事，谁也不愿主动承担引发内战的责任。尽管裕仁天皇愤怒地表示："陆军继续踌躇不前的话，朕就带着近卫师团御驾亲征"（陆軍が躊躇するなら、私自身が直接近衛師団を率いて叛乱部隊の鎮圧に当たる），但事实证明此举也不过是装腔作势。毕竟裕仁也深知自己贸然走出皇居，未必不会成为叛军的靶子。

事实上比起盘踞东京市内的政变部队来，天皇裕仁更为担心的是自己的弟弟秩父宫亲王雍仁的动向，雍仁仅比裕仁小一岁，自幼在皇室之中便以活泼好动而著称，长大之后更是先后就读于日本陆军士官学校和陆军大学，并曾在参与本次政变的第1师团步兵第3联队担任中队长，据说与安藤辉三等人关系莫逆。"二二六事变"发生之后，正在弘前市担任步兵第31联队第3大队长的雍仁，第一时间打着勤王的旗号乘坐火车赶赴东京，但他真正到达之后会站在哪一边，天皇裕仁实在心里没底，因此随即委派东京大学历史学教授平泉澄赶去拦截。

后世对于平泉澄与雍仁之间究竟谈了什么，并无详细的记录。但从整个日本的局势来看，2月27日当天中午日本海军第1舰队已经在战列舰"长门"的带领下浩浩荡荡地开进东京湾，各舰都将炮口对准了陆上的叛军阵地。加藤隆义统率的第2舰队也在重型巡洋舰"爱宕"号的带领下于27日上午9时许抵达大阪湾，开始实施警戒。因此即便雍仁抵达东京之后站在政变部队一边，且能够得到其他陆军部队的支持，裕仁也大可以在海军舰炮的掩护下转移到海上，再调动各地的勤王之师对东京展开围攻。无奈之下，雍仁最终决定抵达东京上野车站之后便赶入皇居向自己的哥哥效忠。至此"二二六事件"中裕仁最大的危机算是画上了一个句号。

2月28日，杉山元在裕仁的授意下发出《奉敕命令》，在向政变部队发出最后通牒的同时，要求各戒严部队做好于29日发动总攻的准备。此时戒严司令部掌握的部队除了近卫师团和第1师团所部各7000人之外，还有从仙台和宇都宫调来的第2、第14师团所属部队6000人，加上海军陆战队和警察部队，总数近24000人。

与此同时在东京街头，戒严部队的坦克装上高音喇叭，不停地广播

参与"二二六事件"的日本陆军撤回营地

NHK 著名播音员宣读的《告军官士兵书》。这份由戒严司令部发布的声明称："现在归复原队，仍为时不晚；抵抗者全部是逆贼，射杀勿论；你们的父母兄弟在为你们成为国贼而哭泣。"与此同时，飞机在政变部队上空盘旋撒下《告军官士兵书》的传单，劝诱政变部队回归营房。

　　眼见以卵击石再无胜算，在寒冬中坚持了三天的政变部队最终选择了撤回营地。7 月 5 日，日本军事法庭判处在政变中起领导作用的 17 名军官死刑。在幕后支持暴动的右翼学者北一辉和西田税，以及此前刺杀永田铁山的相泽三郎也被同批处死。"二二六事件"之后，"皇道派"作为一股政治势力彻底丧失了问鼎权力巅峰的机会，但失去制衡之后的"统制派"同样将带领着日本走向加速对外扩张的不归路。

（七）击鼓传花——日、德同盟的建立与日本政坛的权力更迭

　　"二二六事件"的恶劣影响令本就风雨飘摇的冈田启介内阁迅速倒台，在继任人选方面，陆、海军方面希望由皇族出任首相，以借助皇室的权威来压制军队之中因为"二二六事件"而普遍造成的躁动情绪。而身为元老的西园寺公望首先想到的是与自己同为公卿的后起之秀近卫文麿。但此时日本国内经济形势依旧低迷，陆军急切想在中国大陆一展拳脚，海军则打算借着破除条约之机，全力造舰与英、美抗衡。因此无论

是皇族成员还是公卿贵族都不愿贸然坐上宛如火山口一般的首相宝座，最终西园寺公望只能举荐前任外务大臣广田弘毅上台组阁。

天皇裕仁虽然深知广田弘毅没有足够的政治威望压制国内的各派势力，但刚刚脱离了华盛顿、伦敦条约体系，与英、美决裂的日本，的确需要在外交上打开新的局面，于是在钦点广田弘毅为新一任首相的同时，裕仁还特意提出了三点期望：1. 遵守宪法的相关条款；2. 以国际友好为基调，在外交上不蛮干；3. 在财政和内政上不搞激进式的改革。广田弘毅虽然表示谨遵"圣谕"，但其所处的政治环境却令裕仁的这三点期望更像是反向树立的标靶，无一例外地被全部打破。

广田弘毅领命组阁之后，首先要考虑的自然是陆、海军大臣的人选问题。鉴于川岛义之、荒木贞夫等人在"二二六事件"中的表现，日本国内各方势力对陆军那一干或尸位素餐或飞扬跋扈的老将深恶痛绝，因此集体要求川岛义之在卸任陆军大臣之前安排其自身与绝大多数陆军大将退役。不过川岛义之站在维护陆军利益的角度，还是决定保留了关东军司令植田谦吉、军事参议官西义一、寺内寿一三名大将继续为陆军掌舵。不过三人之中西义一身体状况欠佳、植田谦吉掌握关东军身处中国东北前线，因此可以接任陆军大臣的，便唯有出身名门的寺内寿一了。

寺内寿一是昔日"长州藩"领军人物寺内正毅的长子，借助其父的荫庇，寺内寿一的仕途可谓一帆风顺，虽然未曾在战场上立下寸功，却年仅 40 岁便官拜陆军大将。而此时全面执掌陆军，更令这位"将门虎子"产生了一种"待从头收拾旧山河"的紧迫感，其一方面借助"二二六事件"的影响，整肃日本陆军内部，将柳川平助、建川美次、小畑敏四郎等"皇道派"和"统制派"悍将统统赶入预备役，提拔相对中立的杉山元、梅津美治郎出任教育总监和陆军次长，协助自己管理陆军。另一方面，寺内寿一则利用广田弘毅在军队中缺乏威望，不断以"充实国防的名义"，要求政府加大对陆军的投入。

新任陆军大臣寺内寿一咄咄逼人，海军方面自然也不甘人后。在"二二六事件"中海军大臣大角岑生虽然反应迅速、指挥若定，多少挽回了一些其利用职权清洗"条约派"所招来的负面评价，但是在无天皇裕仁手令的情况下便私自调动联合舰队，且将"长门"等主力舰的炮口

广田弘毅内阁的全体照

对准东京主要建筑，依旧难逃"不臣之嫌"。因此在"二二六事件"之后，大角岑生必须退位让贤，由参加过日俄战争且长期担任海军兵学校校长的永野修身担当新一任海军大臣。

虽然与寺内寿一的显赫出身相比，来自高知县一个败落武士家庭的永野修身没有什么政治助力可以仰仗，但其终其一生都在海军战术领域求新求变，堪称是日本海军中一位难得的改革家。无论是在日俄战争中引入无线电引导重炮群间接射击旅顺港内目标，还是主持海军兵学校时引入当时风靡美国的"道尔顿教育计划"（The Dalton Plan），都在日本海军之中引起了极大的轰动并大受好评。而出任海军大臣之后，更将力主"航空制胜"的山本五十六任命为海军次官，并支持其全力发展日本海军航空兵。

面对日本陆、海军这两位强势的"新任掌门"，广田弘毅不仅无力过多干涉军队事务，反而不得不屈从于日本陆、海军的压力，任命日本劝业银行总裁马场锳一为财政大臣。日本陆、海军特别是陆军之所以力挺马场锳一，很大程度是缘于此人曾出任过韩国统监府的总务部经理，对日本海外殖民地的经济运作颇有心得，出任劝业银行总裁之后也一度致力于鼓动日本民众移民中国东北，因此在陆军方面看来，由马场锳一主持日本的财政工作，将呈现对己方有利的局面。

马场锳一也的确没有令陆军失望，其上任之后迅速推翻前任高桥是清减少政府公债、逐渐健全和调整日本产业结构的财政方针，大力增发政府公债，并对国内各行业全面征税，以便集中日本国内更多的经济力量，转入军工和军费开支领域。正是在这种竭泽而渔的情况之下，日本陆、海军各自开出了前所未有的军费预算方案。

陆军方面提出 1937 年度日本陆军常规军费约 3 亿日元，同时为扩充航空、防空装备，需另行投入 6 亿日元。此外为维持关东军日常运转需投入 1.5 亿日元，但鉴于国际

"丸三计划"的重头戏——"翔鹤"级航空母舰建造时的照片

国内形势，关东军需进一步扩充，计划再行投入 6 亿日元。在这笔 16.5 亿日元庞大预算案被通过之后，日本陆军又以整顿日本本土防卫和采购战备物资的名义向广田弘毅内阁申请了 4 亿日元的特别军费。

陆军方面狮子大开口，海军方面自然也不会客气。不仅在 1937 年的预算案中提升了海军的军费比例，更制定了一个建造 66 艘战舰、组建 14 个海军航空兵飞行队的扩军计划（即前文中的"丸三计划"）。其中造舰费用列支 80645.9 万日元，新建海军航空兵飞行队则需要 7526.7 万日元，两者相加又是近 9 亿日元的开销。

在日本陆、海军的不断索求之下，1937 年日本的财政预算性支出不仅较上一年度上涨了近三分之一，而且其中军费开支更占到了 43%。而用于保障民生的所谓"国民生活安定费"却仅有 5000 万日元，仅占预算总额的 1.6%。如此庞大的支出只能通过增税来满足。但讽刺的是在提高关税和消费税征收比例，以实现增税 6 亿日元的情况之下，马场

镇一又宣布将减免地方税费 3 亿日元，不过关税和消费税的上涨要全体国民买单，而减税的收益却仅为日本国内的地主和企业家所享受。

正是在这种被称为"马场财政"的不合理分配机制之下，日本陆、海军成为了国民经济的主宰，并进一步影响到日本政府的决策。1936 年 8 月 7 日，在日本首相、外务大臣、陆军大臣、海军大臣和财政大臣参加的"五相会议"中，首次提出了"在外交国防互相配合下确保日本帝国在东亚大陆地位的同时，向南洋扩张发展"的所谓"国策基准"。应该说所谓"确保日本帝国在东亚大陆的地位"不过是加大侵华力度的老生常谈，而这一次之所以首次出现了"外交国防互相配合"的提法，无非是督促广田弘毅内阁尽快确定与德、日之间的同盟关系而已。

与德、日法西斯之间的接触始于"第二次伦敦海军条约"预备谈判破裂之际。途经柏林的山本五十六与德国外交部长里宾特洛甫和海军部长雷德尔进行了会晤，此举虽然并没有太多实质性的内容，但此时外交上日益孤立的日本，与正急切想要摆脱《凡尔赛条约》的纳粹德国却无疑存在着对抗英、美的共同需求。因此在纳粹德国方面主动做出与日本接近的姿态之后，1935 年 9 月日本驻德国武官大岛浩随即向日本陆军方面提出与德国建立军事同盟关系的提议。

此时正值第七次共产国际大会刚刚于莫斯科闭幕，来自 57 个国家的 65 个共产主义政党代表齐聚一堂。会议确立了实现工人阶级的统一，并联合其他民主阶层建立反法西斯人民阵线的方针。德、日法西斯政权对于此次大会的召开自然格外敏感，视之为苏联政府对外革命输出的一次动员大会，更有意利用共同对抗苏联的名义相互接近。经过一年多时间的蝇营狗苟，到 1936 年 11 月 25 日"德日'防共'协定"最终落笔。

尽管"德日'防共'协定"并不意味着东、西方两大法西斯政权最终联手，德国和日本出于各自的战略利益相互扯皮甚至出卖对方的情况仍将时有出现。但这纸协定却有着极大的欺骗性，它令以英、美为首的西方资本主义阵营相信德、日法西斯政权的首要假想敌是苏联，只要在其对外扩张的道路上广开方便之门，那么这德、日法西斯政权便不会与自己为敌。正是在这种遗祸东吴的指导思想之下，英、美对德、日开始奉行"绥靖政策"，幻想着德、日与苏联之间会首先爆发战争，在两败俱伤之下再由英、美来坐收渔翁之利。

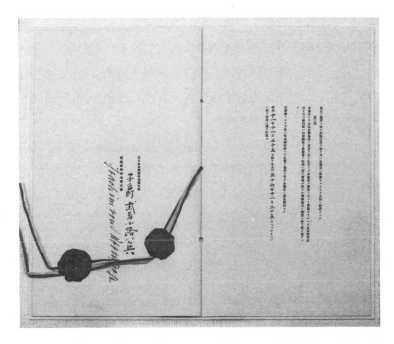

"德日'防共'协定"日文版原件

　　"德日'防共'协定"的签署同样引起了苏联方面的高度重视，苏联政府迅速在 1936 年 11 月 29 日发表了措辞强硬的评论。苏联方面的强硬姿态加之不久之后（1936 年 12 月 12 日）中国国内爆发了张学良和杨虎城"逼蒋抗战"的"西安事变"，更令日本军部如芒刺在背。

　　长期以来日本国内对实现全面侵略和控制中国，都有逐步蚕食和一口鲸吞两种不同的战略。自"九一八事变"以来，日本始终对华主要采取逐步蚕食的战略，但在 1935 年之后随着日本在国际上日益孤立，迅速"解决中国问题"的"鲸吞"计划逐渐占据了上风。

　　在 1935 年度的日本陆军作战计划之中，明确提出将以第 7 军（以"中国驻屯军""关东军"的 1 个师团及由国内及朝鲜派来的 3 个师团为基干）占领北平及天津周边；第 8 军（以两个师团为基干）与海军协同，在山东半岛及海州（今连云港）附近登陆，占领青岛、济南、海州周边；第 9 军（以三个师团为基干）与海军协同在上海附近登陆，占领上海周边；必要时使用 1 个师团的兵力，攻占福州、厦门、汕头等中国华南要地的战略计划。

　　日本陆军之如此急忙地想要大举入侵中国，除了石原莞尔等人到处高唱"皇国（指日本）与盎格鲁—撒克逊人（指英、美）之决战，乃为统一世界文明所进行的人类最后、最大之战争。其时期未必久远"，"苏联之飞跃发展，使'满洲国'之防卫正濒于危殆，应迅速整备足以对抗苏联在远东所能用兵力之军备"的英、美、苏威胁论之外，很大程度上还缘于中国国内形势的变化。

自"九一八事变"以来，南京国民政府从抵抗外侮和维护自身统治的双重角度出发，与纳粹德国展开紧密的军事合作。特别是 1934 年中、德在庐山签署了著名的《合步楼协议》，中国通过德国"合步楼"公司（HAPRO，即"工业产品商贸公司"的德文缩写）用钨、锑、锰等战略物资向德国换取大量的工业产品和军火。

1936 年德国向中国出口的武器占其武器出口总额的 28.8%，为装备落后的中国军队提供了重炮、战车、鱼雷、快艇、机枪、轰炸机、钢盔和通信器材等一系列作战物资。德国国防部还准备为国民政府新装备41 个师，以及彻底重新装备一直以来受英国控制的中国海军。随着装备水平的提高，中国政府的自信心也逐渐增强，在对日谈判中的立场也逐渐强硬起来。

如果说中、德军事合作，给了南京国民政府以对抗日本军事讹诈的底气的话，那么 1935 年 11 月 4 日全面展开的"法币改革"，则令中国在经济上彻底脱离过去对日本资本的依赖，甚至在轻工业领域形成与

中国抗日战争全面爆发前期的南京国民政府"德械师"

日本相互竞争的局面。所谓"法币改革"，从狭义上来看，只是南京国民政府通过发布"法币改革令"，全面禁止白银和银圆的流通，以中国、中央、交通、农业四大银行发行的纸币为唯一法定货币。但其影响却颇为深远，通过法币改革，南京国民政府首次实现了国内市场和金融秩序的统一，同时由于法币与英镑、美元汇率直接挂钩，且可以在中央、中国、交通三银行无限制买卖外汇，且初期汇率稳定，因此加大了中国经济与英、美之间的联系。日本在华商贾甚至主动以日元兑换法币，再购买英镑、美元以充足自身的外汇储备。可以说经过"法币改革"，日本资本在中国市场的生存空间被弱化到了极致。

正是缘于中、日之间军事力量的对比从严重失衡逐步走向分庭抗礼，两国经济互补性却日益减弱，双方之间的军事摩擦由此日益加剧。而在这种山雨欲来的情况之下，日本政府却又连续引爆倒阁的风潮。1937年2月2日，由于无法调和"政友会"等议会主要政党与陆军大臣寺内寿一之间由于军费开支过高而爆发的激烈矛盾，广田弘毅内阁宣布总辞职。

广田弘毅内阁倒台之后，元老西园寺公望也深感陆军膨胀过度，有意请曾经主持过大正时代裁军风潮的宇垣一郎上台组阁。但此时的宇垣一郎早已无力左右陆军。面对陆军方面少壮派军官的联手抵制，已经领受了"组阁御令"的宇垣一郎最终不得不宣布放弃组阁。

眼见宇垣一郎已无力掌握军队，西园寺公望转而邀请林铣十郎上台组阁。可惜此时经历了永田铁山被杀、林铣十郎慌乱辞职的闹剧之后，这位昔日的"越境将军"在陆军之中已沦为"墙头草"的代名词。虽然最终顺利上台组阁，但却沦为了被陆、海军中各派势力左右拉扯的傀儡。而接替马场锳一出任财政大臣的结城丰太郎，随即努力收拾前任留下的烂摊子，顶着陆、海军方面的巨大压力，在编制预算的过程中虽然压缩了政府的财政支出，但刀却砍在本就所剩无几的"国民生活安定费"和行政经费上，军费非但没有削减还有所增加。面对这样一个任军部摆布的内阁，代表资产阶级利益的政党自然群起而攻之。

3月31日，在强行通过了1937年的财政预算案后，林铣十郎内阁突然宣布解散议会。不满这种卸磨杀驴做法的国会议员，一边揶揄林铣十郎的这种不厚道的做法，完全是"吃了霸王餐就跑"（食い逃げ解

1937 年 6 月成立的第一次近卫内阁

散），一边上下串联，准备在重开议会选举之后，全力倒阁。自认无力承担如此巨大的政治压力，1937 年 5 月 31 日，林铣十郎内阁被迫宣布总辞职。

连续两任短命内阁令日本政府的政令几乎无从延续，为了改变陆、海军与政党之间的对立局面，元老西园寺公望只能再度邀请近卫文麿上台组阁。近卫文麿经过一番分析之后，认为此时出山正是收割国民人望的绝佳时机，因此以"如果这次再推辞不就，恐怕有悖为臣之道"的名义正式受命组阁。果然近卫内阁的名单一经公布，民众便对这个平均年龄仅为 54 岁的"青年内阁"充满了希望。但如果不是一个月之后全面爆发的中国抗日战争，身处日本陆、海军和财阀政党斗争旋涡之中的"第一次近卫内阁"也难逃迅速瓦解的结局。

（八）泥潭深陷——中国抗日战争的全面爆发与相持阶段（上）

1937 年 7 月 7 日晚 10 点，在中、日两国不断发生军事摩擦的北平郊外的丰台地区，隶属于日本陆军"中国驻屯军"的步兵第 1 联队牟田口廉也所部，借口在夜间演习过程中遭遇永定河对岸中国军队的"实弹射击"，并有一名名为志村菊次郎的传令兵失踪，要求进入宛平城内搜查。

对于日本方面的无理要求，驻守宛平地区的中国陆军第 29 军第 37 师师长冯治安郑重声明宛平城外并无中国军队驻扎，也从未向日本方面进行射击。此时日本方面宣称失踪的传令兵志村菊次郎已经归队，因此日本方面的要求事实上已经沦为了无理取闹。但牟田口廉也依旧不依不饶，宣称如果再遭到中国军队的"攻击"，便将全力还击。果然 7 月 8 日凌晨 4 点，日本陆军方面再度宣称"遭到了中国方面的实弹射击"。日本陆军随即于当日 5 时 30 分对驻于龙王庙和宛平城的中国军队展开进攻，致守军一百八十多人伤亡，史称"卢沟桥事变"。

事后时任日本大使馆驻北平助理武官的今井武大少将经过多年的研究，终于承认当时卢沟桥地区的中国军队确实无枪击行为，但他坚持说枪击也非日本方面所为，最终发现最大的嫌疑犯恐怕是要使中国抗日战争提早到来的一些强硬派，比如受关东军指使的日本"大陆浪人"，或者听命于某外国指示的第三方力量。不过，日本陆军本身的强硬分子也不能完全摆脱嫌疑，因为早在当年 6 月，东京政界的消息灵通人士之间就曾私下盛传这样的预言："七夕（日本明治维新之后便将东亚地区的农历传统节日改为公历）的晚上华北将重演柳条沟一样的事件。"

事实上，除了日本陆军内部的少壮派为了实现自身的野心，想要扩大侵华战争之外，以近卫文麿为首的日本政府也急于通过一场对外战争来摆脱国内每况愈下的经济困局。在日本陆、海军大肆扩军的背景之下，日本普通国民的生计再度被压缩到了温饱线以下。尽管疯狂扩容的军工行业吸收了大量城市劳动力，令失业人数有所下降，但在财阀集团残酷的压榨之下，平均工资却是一降再降，劳资纠纷也由此呈现愈演愈烈的趋势。

在农村，由于受到日本从朝鲜半岛、中国台湾、中国东北等强征的低价农产品的冲击，日本农民的生活也日益痛苦，眼见抛售米粮不仅无钱可赚，甚至还有亏本破产的危险，日本各地的地主纷纷强行从农民手中收回土地，用于工业用地出租或出售，从而引发了日本农村的持续动荡。在这样的情况之下，日本政府虽然禁止组建任何形式的工会、农会，禁止以庆祝"五一"国际劳动节的名义展开大规模游行，压制国内再度勃发的左翼思潮，但这种高压政策显然并非长久之计，向来以同情劳苦大众的"左翼公卿"面目示人的近卫文麿自然深知堵不如疏的道理，因此也竭力在发动全面侵华战争上推波助澜。

在1937年7月6日召开的内阁会议之上，近卫文麿认同外交大臣广田弘毅所提出的"在如今抗日、排日的旋涡中，纵想实现日中亲善，也难望取得成效"的说法。不仅彻底松开了战争的急刹车，在此后更是不断猛踩油门，驱动着日本武装力量这台战车轰鸣着冲入中日全面战争的泥潭。

"卢沟桥事变"爆发之后，日本陆军方面表面上不断以"解除对立状态"的名义，与驻守平、津地区的中国陆军第29军方面展开接触，另一方面却不断向前线增兵。7月8日午夜，近卫内阁陆军大臣杉山元甚至下令，要求京都以西师团将所有7月10日到期退役的士兵延长两年服役期，显然已经为全面扩大战事做好了准备。7月9日，在日本陆军关东军和朝鲜军完成支援北平、天津战场准备的情况下，日本陆军参谋本部又做出了从国内抽调3个师团和陆军航空兵参战的决定。

7月11日，日本陆、海军之间又订立所谓"关于华北作战的协定"。尽管这一纸协定名义上宣称"力求将作战地域限定于平津地区，在华中、华南原则上不行使武力"，但实质上却是为日本陆、海军划分了作战范围：日本陆军全力在中国华北地区展开进攻的同时，日本海军以保护侨民为由在青岛、上海地区制造事端，以牵制南京国民政府的武装力量。同一天，日本陆军关东军驻公主岭的独立混成第1旅团大部，驻古北口地区的独立混成第11旅团主力，关东军飞行集团6个中队，野战高炮两个队，铁道第3联队大部并包括装甲列车，通讯第3联队一部，关东军汽车队一部，关东军防疫部，以及朝鲜军调驻龙山的第20师团大举入关。

面对日本陆军的大举增兵，南京国民政府也做出了强势应对，集结于河南中原地带的中央军全力北上。面对中、日两国数十万大军对峙于平、津一线的局面，曾一手促成"九一八事变"的日本陆军少壮派军官石原莞尔却突然提出"此时应断然将我华北全部驻军一举撤至山海关一线，然后由近卫首相亲自飞往南京与蒋介石促膝交谈，解决中日根本问题"。

石原莞尔之所以提出这样的意见，表面上来看似乎是为中日两国万千苍生的福祉奔走呼吁，但实质上不过是基于"本年度的计划动员师团数为 30 个，其中仅有 11 个师团安排在中国方面，终究难以进行全面战争"，认为"其结果，有如西班牙战争中的拿破仑，势将陷入无底泥潭"的悲观预期而已。而即便是这样相对理性的建议，在当时的环境之下也毫无可实现的空间，梅津美次郎以"不知首相的信心如何？是否放弃多年来国人在华北的权益财产？这样'满洲国'是否安定？"为由向石原莞尔发问，便令对方当即哑然。

7 月 27 日，在第一批进入华北的日本陆军均已按照"中国驻屯军"的作战计划到达集结地域的情况之下，日本陆军中央统帅部批准了"中国驻屯军"方面"断然讨伐平、津一带中国军队"的要求，并下达调动第 5、第 6 和第 10 师团所部赶赴华北参战的动员令。

7 月 28 日上午 8 点，日本陆军步兵在航空兵、炮兵支援下，对驻守南苑的中国陆军第 29 军展开猛攻，主攻部队第 20 师团由南苑东南角和西南角展开攻击。集结于丰台的日军"中国驻屯旅团"主力则切断南苑守军北平方向的退路。由于通信设备很快被炸毁，联络中断，指挥失灵，中国陆军虽然展开英勇抵抗，但最终仍不得不于下午 1 时撤出战斗。第 29 军副军长佟麟阁在混战中壮烈殉国；第 132 师师长赵登禹在

位于天津的日本陆军"中国驻屯军"司令部

向北平方向突围时，于大红门附近受敌截击，也英勇牺牲。

南苑失守令北平门户大开，与此同时日本陆军独立混成第11旅团攻占清河镇，独立混成第1旅团攻占沙河镇，大有截断中国陆军第29军南撤道路、合围北平之势。为避免这座千年古都毁于兵燹，中国陆军第29军被迫主动南撤保定。7月30日，日本陆军操纵的伪"北平维持会"成立，在北苑的独立第39旅旅长阮玄武投敌，在城内的独立第27旅亦被日军解除武装，北平沦陷。

中国陆军第29军主力撤离北平的同时，其所部第38师在天津的反击和通县伪冀察保安队的起义，也一度令日本陆军"中国驻屯军"方面手忙脚乱。为解除后方的威胁，"中国驻屯军"司令香月清司急令第20师团第39旅团长高木义人率3个步兵大队、1个炮兵大队回援天津，同时向关东军求援。关东军立即派兵力约1个大队的先遣队赶赴天津；随后又以第1师团的第2旅团为基干，配属了炮兵、骑兵及工兵，组成第2混成旅团，乘坐火车展开驰援。增援日军相继于7月30日至8月1日到达天津。此时，天津地区的中国军队已撤至静海以南地区。中国军队在天津方面的反击虽未获全胜，但却也打乱了日本陆军"中国驻屯军"的部署，令其不得不暂停进攻，拟俟第二批侵华日军的3个师团到达后再发动更大规模的进攻。

当中日双方在华北战场陷入对峙和僵持局面的同时，关于战事如何进一步发展日本陆、海军方面却产生了巨大的分歧。早在1936年8月，日本参谋本部拟定的1937年《对华作战计划·用兵纲要》中对华东方面的作战就做出了相当详细的计划。

主要相关内容为："以第4军（3个师团）占领上海附近。但是这方面的中国军队增加了兵力，构筑了坚固的阵地网，因此考虑到作战规模将会扩大时，限定在这一狭小地区，对我战略态势显然不利。因此，计划调新编第10军（2个师团）从杭州湾登陆，从太湖南面前进，两军策应向南京作战，以实现占领和确保上海、杭州、南京三角地带。"这个计划可以说与后来"淞沪会战"的进程基本相符。

"卢沟桥事变"之后，日本政府基本上本着《用兵纲要》，在1937年7月11日"五相会议"上决定向华北增派陆军的同时，也做出了"海军除运送和护卫陆军并在天津方面协助陆军外，要准备全力对华作战"，"要确保上海及青岛，使其成为作战基地。同时在现地保护侨民，其他各区的侨民迁至上述两地。华中作战要调遣确保上海所必要的海军、陆军部队，并主要以海军航空兵扫荡华中敌空军力量"等决定。

此时日本军方驻守上海的是长谷川清指挥下的海军第3舰队及其所属特别陆战队的6个大队和舰上其他人员共约4000人。当时在上海并无日本陆军。第3舰队的旗舰"出云"位于上海，其余舰只则分布于青岛、福州、厦门、汕头以及长江的中、下游地区。

7月8日，日本海军以内河炮艇和小型驱逐舰组成的第11战队中位于重庆江面的"比良"，位于宜昌江面的"鸟羽"，位于长沙的"势多"，位于汉口的"八重山""二见""保津"，位于九江的"热海"，位于芜湖的"莲"和位于南京的"梅"各舰，都接到了发生"卢沟桥事变"以及须协助所在地区日本使馆撤退侨民的电报通知。

8月9日，日本将在长江沿岸地区各城市的侨民约29230人的大部分撤至上海，一部因中国政府已于8月12日夜用沉船阻塞了江阴水道，而改乘火车由南京去青岛；在长江内的舰只以及在汉口的陆战队约300人，也全部撤至上海。当日本将长江沿岸各城市之大部侨民与陆战队撤至上海及青岛后，其态度突然强硬起来。8月9日17时左右，日本海军陆战队驻沪西的第1中队长大山勇夫中尉和一等水兵斋藤与藏，驾驶汽车至虹桥机场的中国驻军门卫附近，竟然要强行越过警戒线侦察，因

"大山事件"现场照片

不听制止而被哨兵击毙，是为"大山事件"。

"大山事件"发生之后，急需彰显其存在感的日本海军，随即命令佐世保方面待命的第8战队、第1水雷战队、第1航空战队、佐世保镇守府第1特别陆战队、吴港镇守府第2特别陆战队于8月10日向上海方面进击，同时全力鼓动日本陆军出兵上海。

长期以来日本海军都对陆军方面蚕食华北的行动表现得并不热心，甚至在"卢沟桥事件"爆发后，日本海军也高喊所谓"不扩大事态"，作为近卫内阁海军大臣的米内光政在特别国会回答议员质问时自作主张地说："陆军作战范围不会超过永定河和保定一线。"把坐在边上的陆军大臣杉山元气得脸色发白。可是转眼间，当战事转往上海周边地区时，米内光政不仅要求日本海军陆战队直接上岸参战，更要求日本海军航空兵进行"渡洋爆击"（跨海轰炸）。8月14日晚上的内阁会议上米内光政公开声称："事态不扩大主义已经消灭了，打到南京去，海军将做应该做的一切。"

日本海军方面的态度之所以出现了如此之大的转变，无非是它早已把中国上海视为自己的禁脔。日本海军对上海这座"东方冒险家乐园"的垂涎，与日本陆军紧盯着中国东北及华北不放如出一辙。"九一八事变"爆发后，为了进一步扩大对中国的侵略，海军军令部次长永野修身，便应关东军高级参谋坂垣征四郎的请求，立即指示第1遣外舰队司令盐泽幸一配合日本驻上海公使馆武官田中隆吉少佐，在上海制造了"一·二八事变"。日本海军的行动客观上转移了国际社会对中国东北局势的关注，似乎是卖了关东军一个人情。但是根据"一·二八事变"之后中日双方在沪签订的《上海停战协定》，日本海军陆战队可以堂而皇之地在上海长驻下来的情况看，永野修身和日本海军方面赤膊上阵并非全是替他人作嫁衣。

1937年7月下旬，日军海军驻上海的第3舰队所属特别陆战队共4个大队分驻于江湾、杨树浦等地：虹口老靶子路海军陆战队司令部800余人，江湾、天通庵日军营房1000余人，沪东杨树浦公大纱厂约100人，沪西小沙渡中田纱厂约100人，戈登路分驻所约100人，北四川路日本小学、白保罗路日侨住宅区以及窦乐路日军医院等地共500余人，以上连同日舰上陆战队，总计在沪兵力4000余人。

日本海军上海特别陆战队所装备的英式 M25 装甲车

另有组织健全的在乡军人约 3600 人，由日本青壮年侨民组成的义勇队约 3500 人。配属有轻装甲车和坦克各 20 余辆、高射炮 4 门、各种口径的火炮 32 门。虹桥司令部、杨树浦纱厂、小沙渡纱厂及军营等处均筑有防御工事。特别是日本海军陆战队司令部，筑有钢筋水泥的永久工事，极为坚固。当时日军在日租界各要点又增设工事，在楼顶架设高射炮，对市中心区及南翔方面预设炮位，并日夜进行演习，还向各重要街道派出岗哨及巡逻兵，积极备战。

对于日本方面的咄咄逼人，1932 年"一·二八事变"之后，为防止日本陆、海军再度由上海入侵，自 1933 年开始，南京国民政府即筹划在宁、沪、杭地区修建国防工事，由参谋本部派参谋勘察地形，并组织陆军大学第 10 期学员在嘉兴、乍浦一带实施战术演习，以研究、拟订设防计划。当时判断日本陆、海军可能仍如"一·二八事变"时那样以主力在吴淞口一带登陆，另以一部兵力由杭州湾北侧登陆，包围上海；而后分两路由太湖南北西进，攻击南京。因而将这一地区划分为京沪、沪杭和南京 3 个防御分区，以京沪分区为主要防御方向。

京沪分区防御阵地以吴福线（苏州至福山）和锡澄线（无锡至江阴）为主阵地带。沪杭分区防御阵地以乍嘉线（乍浦经嘉善至苏州）和海嘉线（海盐经嘉兴至吴江）为主阵地带。为便于军队机动，还修筑了由苏州经吴江至嘉兴的苏嘉铁路（后为日军拆除）。南京分区防御阵地

停泊于上海吴淞口的日本海军第3舰队旗舰"出云号"

以外围阵地（大胜关经淳化镇至乌龙山）为主阵地带，另以城垣为核心构筑复廓阵地。

不过随着时间的推移，南京国民政府的战略思想发生了变迁：确定了"先发制敌"的方针，企图一举攻歼上海地区的日本海军陆战队。8月11日南京国民政府军事委员会决心"围攻上海"。1937年8月13日16时50分，侵占八字桥一带的日本海军特别陆战队第3大队向刚刚推进至附近的中国第88师的部队进行火力急袭。淞沪会战的战幕由此揭开。

8月14日10时50分，中国空军对日本海军陆战队司令部及停泊于吴淞口的日本海军第3舰队旗舰"出云"等战舰展开空袭。中国空军的行动虽然一度震慑了对手，但很快便遭到了日本海军航空兵的大举报复。8月12日夜间，日本海军便根据上海的情况，令在佐世保港的航空母舰"龙骧""凤翔"，以及在朝鲜南部对马海峡以西、对苏联海军进行监视的航空母舰"加贺"，均归长谷川清的第3舰队指挥，并集结于

　　　　　　　　　　　　　　太平洋战争全史

上海以东约135公里的马鞍列岛附近水域，开始配合海军陆基航空兵对中国东南沿海展开密集的轰炸。

在舰炮和舰载机的立体火力支援之下，驻守上海的日本海军陆战队虽然兵力处于劣势，但仍竭力抵挡住了中国陆军的进攻。而鉴于上海方面的战事，日本陆军也不得不调动国内的第3、第11师团，组建以退役陆军大将松井石根为司令的"上海派遣军"。而随着日本陆军的增援部队于8月底在沪西的吴淞口、川沙等地登陆上岸，不断扩大战斗规模，迫使南京国民政府军事委员会频频从内地抽调更多的部队前去增援淞沪战场，一时间淞沪战场宛如磁铁一般不断吸引着中日两国更多生力军的加入。

在日本陆军内部的好战分子看来，随着"淞沪会战"的全面打响，南京国民政府将不得不将主要兵力和物资集中运用于上海一线，正是日本陆军在华北大展拳脚的良机。特别是磨刀霍霍的关东军，趁势抽调大批精锐入关，于8月14日以"打通平绥铁路东段"为由，组建了以东条英机为司令的"察哈尔派遣兵团"（后又改称为"蒙疆兵团"，在日本陆军内部也被称为"东条兵团"）。8月31日，日本陆军"华北方面军"正式组成，寺内寿一大将任司令官，下辖第1、第2两个军及直属部队，总计8个师团。连同关东军"察哈尔派遣兵团"的4个混成旅团及航空兵、炮兵等部队在内，总兵力已超过37万人。

鹿屋航空队出动的"九六式"陆上轰炸机

但是上海战事的不断扩大，却也引来了石原莞尔等陆军内部所谓"不扩大派"的反感。在其看来，上海方面的战事不仅是陆军被海军拖下了水，更将令中日战事向着长期化发展。为此石原莞尔四处奔走，试图说服军中大佬尽快做出如何结束战争的规划。不过这种意见在早已被胜利冲昏了头脑的"昭和军阀"眼中不过是"书生之见"。陆军大臣杉山元甚至公开表示："所谓不扩大，只是避免全面战争，而不是不顾皇军的威信。"言下之意是即便没有任何实际利益，为了陆军的面子也要将战争进行下去。

在四处碰壁之后，石原莞尔突然改变了态度，向军中大佬们提出虽然国家已经进入到了战时体制，可是军部依然是平时的样子，应该尽快促成"大本营"的设立。此举看似与其此前力主的"不扩大"论调相驳，实则是石原莞尔最后的杀招。因为根据日本宪法："在天皇大纛下设最高统帅部，称为大本营。大本营于战时或事变之际，根据需要设置之。"也就是说一旦"大本营"设立，日本海、陆两军将在天皇的亲自统帅之下。不仅对华政策摇摆不定的近卫文麿首相将成为只能列席旁听的角色，一心想要通过扩大战争捞取政治资本的日本陆、海军大臣权力也将受到极大的制约。

而在"大本营"体制之下，参谋本部将发挥直接辅佐天皇指挥军队的绝对权力。考虑到参谋总长闲院宫载仁亲王年事已高，而且在之前的"二二六事变"中因为没能控制住局面而被天皇训斥过，一旦"大本营"体制确立，实际上的参谋次长——石原莞尔不仅有可能为"不扩大"派翻盘，更有机会大权独揽。

可惜石原莞尔的这番算计，逃不过时任海军军令部部长近藤信竹的法眼。近藤信竹以"关于大本营的问题，如果进入战时状态，那么美国就会使用中立法，而给我们带来不利，所以目前正在研究中"。可谓是一套干净利落的"太极拳"，将石原莞尔弹了回去。

在从政策层面阻挠向上海增兵失败之后，石原莞尔不得不开始采取"迂回战术"，以 8 月 29 日苏联和中国南京国民政府签署"互不侵犯条约"为借口，通过强调"'北防'苏联"来制约日本陆军继续被派往上海战场的可能。不过这套说辞很快便被老而弥辣的参谋总长闲院宫载仁亲王所击破，在晋谒天皇裕仁的过程中，载仁并不否认石原莞尔所谓对苏防御的正确性，不过解决的方案不是把部队抽调回中国东北的前线，而是全力增兵现有的华北和上海战线：先结束与中国之间的战事，再将矛头转向苏联。在闲院宫载仁亲王的力主之下，陆军省丁 9 月底做出向上海增兵的决定，彻底对时局感到失望的石原莞尔不得不提出辞职，转任关东军副总参谋长。至此日本陆军参谋本部、陆军省内彻底完成了统一，任何反对中国战事扩大的声音都被消除掉了。

老而弥辣的日本陆军参谋总长闲院宫载仁亲王

（九）进退维谷——中国抗日战争的全面爆发与相持阶段（下）

　　1937 年 11 月 5 日，在此前因"二二六事件"而被赶出现役的"皇道派"干将柳川平助的指挥下，日本陆军第 10 军于上海侧翼的杭州湾金山卫一线大举登陆。在上海前线鏖战了近三个月之久的中国陆军被迫全线后撤。消息传来，一度在中国抗日战争中奉行所谓"中立"的纳粹德国，随即开始转向支持日本。11 月 6 日，同样处于墨索里尼法西斯独裁政府领导之下的意大利，宣称加入"德日'防共'协定"，第二次世界大战的"轴心国"体系初见端倪。而急于在这场战争中收割政治声望的天皇裕仁，也随即于 11 月 20 日正式宣布成立大本营。

　　11 月 24 日，在天皇裕仁的主持之下，日军大本营召开了首次"御前会议"。但在日本陆、海军方面的"奏捷"声中和各种继续扩大战事的提案面前，天皇裕仁似乎一时也无从置喙，最终只能诺诺地说一句"众卿辛苦"便宣布散会。显然在日本陆、海军利益一致的情况下，日本军队并不需要所谓的"天皇"来给出太多的圣断。

日本陆军攻破南京中华门

英国皇家海军长江舰队内河炮舰"瓢虫"号

美国海军长江内河舰队的炮舰"班乃岛"号

12月13日，在德国驻华大使陶德曼居中斡旋无效的情况下，日本陆军攻占中华民国首都南京。消息传来，日本国内举国若狂，而失去约束的日本陆军更在南京城内有组织地烧杀奸淫，制造了震惊中外的"南京大屠杀"。但是对于身处东京的日本陆、海军高层而言，攻陷南京却似乎并不那么值得庆祝。一方面，中华民国政府在南京保卫战正式打响之前，便已明确表示拒绝屈服暴力，将迁都再战。另一方面，在攻陷南京的过程之中，日本陆、海军由于肆意攻击民用目标，而引发了"误伤"正在南京执行撤侨任务的英、美海军炮舰的恶性外交事件。

1937年12月12日清晨，围攻南京的日本陆军接到所谓"5艘大型战舰满载敌残兵撤往上游"的情报后，日本陆军野战炮兵第13联队随即向目标群展开猛烈炮击，结果"误伤"了英国海军炮舰"瓢虫"号（HMS Ladybird）。不过日本陆军用于攻城拔寨的重炮，显然不适合攻击水面舰艇。"瓢虫"号仅舰体轻微受损，甚至并未造成人员伤亡。

由于陆军炮火拦截效果不佳，日本陆军"华中方面军"随即向海军方面要求空中支援。侵占常州机场的日本海军第2联合航空队第

12、第 13 航空队随即出动"九五式"舰载战斗机 9 架、"九四式"舰载轰炸机 6 架、"九六式"舰载轰炸机 9 架呼啸来袭。面对日本海军航空兵的狂轰滥炸,掩护着美国美孚石油公司 4 艘商船的美国海军炮艇"班乃岛"号(USS Panay, PR-5)被当场炸沉,舰上水兵 3 人死亡、43 人受伤。

"班乃岛"号沉没之后,落水人员很快便得到了包括英国海军炮舰"瓢虫"号在内的其他英、美船只的救护,因此所谓船上人员爬进岸边的芦苇丛和树丛后,日本海军航空兵战机仍追击扫射,必欲斩尽杀绝的报道有失夸张。但是高悬着"米字旗"和"星条旗"的"瓢虫"号和"班乃岛"号竟然遭到了日本方面如此肆无忌惮的攻击,还是令英、美方面颇为气愤,第一时间向日本方面发表了严正交涉。

面对义正词严的英、美海军官员,日本政府一改面对南京国民政府时的蛮横无理,不仅第一时间赔礼道歉,日本海军次官山本五十六甚至亲自前往美国驻日大使馆进行解释,并最终做出了向美国方面赔偿2214007.36 美元的决定。而为了杜绝类似事件的发生,日本政府还为此推迟了于 12 月 7 日下达的攻占中国华南沿海及附属岛屿的作战命令。

尽管从整体上来看,英、美当时在西太平洋地区并没有足够的进攻兵力,因此很难干涉甚至介入中国抗日战争。但是对于日本而言,与英、美之间的贸易往来,特别是石油、钢铁等战争资源仍有赖于英、美的出口,因此日本政府才不愿过多开罪对方。但是日本鲸吞中国华北和东部沿海发达地区的侵略行径,从根本上触犯了英、美的利益底线,使得伦敦和华盛顿方面不得不日益加大援华力度,而由于迁都武汉的中华民国政府拒绝日本方面所提出的苛刻"媾和"条件,更令日本政府在华北、华东等地加速物色和扶植傀儡政权,骄横地宣布"今后不以国民政府为对手"之余,继续向中日战场前线增兵,试图发动更大规模的攻势,一举摧垮中国军民的抵抗。

在向更为辽阔的中国腹地投入兵力的同时,日本陆军不得不为控制占领区而新组建了 11 个师团。同时为防备苏联方面可能发起的进攻,1938 年 1 月 30 日在日本陆军参谋本部所制定的《以后战争指导计划大纲草案》中,明确表示要以"能适应在 1940 年对苏、中两国进行战争之准备……应建设以 60 个正规师团、30 个临编师团、250 个飞行中队为基干之昭和军制"。

如此庞大的扩军计划，显然超出了日本国力的承受范围。因此仅仅过了10天的时间，日本陆军省方面便将计划修正为"整备25个常备师团（其中7个为下辖3个步兵联队的丙种师团，18个为下辖4个步兵联队的甲种、乙种师团），另外完成约10个临时编成师团和14个特设师团的准备"。尽管按照陆军省的计划，新建师团的总数也达到了49个，但显然还是无法满足参谋本部的胃口。

为了给宛如脱缰之马一般失控的陆军降温，在1938年2月16日举行的大本营"御前会议"之上，天皇裕仁定下了"以暂不扩大战线为一般方针，根据情况可实施所需的局部作战"的基调。秉承上意，日本陆军也的确做出了复员部分到期服役士兵，将第9、第11、第101师团调回国内，将第16、第20师团调回中国东北的决定。但是这些兵力的收缩并不能浇灭日本陆军骄躁的野心之火。利用"御前会议"中所谓"可实施所需的局部作战"的漏洞，以"驱逐当前之敌"等名义继续发动攻势。

正是在这种日本政府和军队之间暧昧不明的气氛之中，从1938年2月开始日本陆军第2军不断沿津浦路向南进击，试图夺取地处交通要冲的中国徐州地区，以打通华北方面军、华中派遣军之间的联系。但也正是在这种犹如投机一般的骄纵氛围之下，日本陆军第10师团草率冒进，在台儿庄地区遭遇中国陆军优势兵力的围攻，最终损兵折将、大败而归。

击退日本陆军后，在台儿庄火车站留影的中国军队指挥官李宗仁

"台儿庄战役"之后，日本陆军方面虽然一再强调己方的损失不大，中国军队完全是为了挽回屡战屡败的面子，才将一场无关痛痒的小战役吹嘘为"大捷"。但从事态的后续发展来看，真正"丢不起人"的恰恰是日本陆军自己。4月7日，日本大本营陆军部下令华北方面军、华中派遣军各自出动"有力之一部"夹击徐州。而在中国陆军方面主动放弃徐州、向西转移之后，日本大本营方面又叫嚣在当年秋天迅速攻占武汉，要将"蒋介石政权"彻底逐出中原。至此所谓"不扩大方针"再次化为了泡影。

但就在日本陆军于中原大地之上狼奔豕突之际，1938年7月9日，日本陆军"朝鲜军"所属之第19师团以苏联红军进入双方有争议的张鼓峰一线驻防为由，向该地区大举增兵。张鼓峰位于中国吉林省珲春市最南段，嵌入朝鲜半岛北部的图们江与苏联远东滨海州之间。在日本方面看来，该地区是苏联军队切断中国东北和朝鲜半岛之间联系的桥头堡。而在苏联方面眼中，张鼓峰却是日本陆军入侵苏联滨海州的突破口。事实上根据日本陆军"朝鲜军"方面所领受的1937年度作战计划，便曾指示一旦日苏爆发全面战争，日本陆军第19师团便将从珲春市东北部山区的土门子（今春化镇）一线突入苏联境内，策应"关东军"第3军攻占海参崴半岛。

正是由于张鼓峰在日苏博弈中占据着战略要冲的地位，故苏联边防部队在进入当地构筑阵地的举动，很快便引起了日本陆军方面的强烈反弹。"朝鲜军"所属之第19师团不断向当地调集兵力。不过天皇裕仁深知此刻日本陆军在中国战场泥潭深陷，无力再与苏联对抗，因此亲自向陆军方面"垂询"现在的情势下万一引起真正的对苏战争如何处置，承受着巨大压力的日本陆军高层，不得不向"朝鲜军"方面指示：务期慎重，严防引起纠纷。

不过此时日本陆军第19师团早已为友军在中国战场所谓的"赫赫军功"所"鼓舞"，更眼见正处于"肃反"时期的苏联，不免产生轻敌冒进的思想。7月29日上午，日本陆军第19师团借口苏联士兵进入张鼓峰附近的沙草峰南方一公里越境修筑工事为由，悍然发动越境突袭，以汹涌的步兵冲击击溃了苏联方面的坦克阻击，于7月30日攻占沙草峰主阵地。眼见"生米已经煮成熟饭"，天皇裕仁也只能表示："事已至

日方宣传下沙草峰附近日本陆军步兵与苏联坦克的肉搏

此，无可奈何。望前线将士坚守边界，切忌越轨行动！"

可惜前线的日本陆军第 19 师团并不愿意就此收手，7 月 31 日夜在炮兵的掩护之下，日本陆军冲上张鼓峰，并准备继续向哈桑湖地区进攻。眼见日本方面得寸进尺，苏联红军随即调集了大批重炮和空军部队进入战场，对以张鼓峰为中心的战区展开猛烈轰击。随后苏联陆军远东军第 32、第 40 步兵师，第 2 机械化步兵旅对张鼓峰一线展开猛攻。在对方地面和空中火力打击之下损失惨重的日本陆军虽然仍不断以夜袭方式与对方反复争夺张鼓峰主阵地，但这种以人命消耗钢铁的战术显然是难以维系的。

日本陆军方面为了保住所谓"皇军不败"的面子，一方面调集大本营直辖的第 104 师团由大连向珲春一线集结，并向张鼓峰前线调集重炮、高射炮、列车炮等重型武器；一方面却积极地与苏联方面展开外交磋商，最终于 8 月 10 日与苏联方面在莫斯科签署停战协议：约定双方于 8 月 11 日 12 时停止一切军事行动。事实上承认了苏联对张鼓峰地区的主权。

鉴于"张鼓峰事件"在军事和外交领域的双重失败，日本方面只能宣称通过此次军事摩擦证明"苏军并无大举出动之意，于是得以消除后顾之忧，实施对华作战……"这些说法看似是日本方面用高超的谋略试探出了苏联在中国抗日战争中的底线，殊不知苏联政府此时面对国内紧张的政治局面和德国在欧洲地区的加速扩张，本身就没有大举介入中国

向武汉挺进的日本陆军

抗日战争的计划。

8月22日，在"张鼓峰事件"落下帷幕之后，日本大本营陆军部正式向华中派遣军和华北方面军下达了与海军配合攻占武汉的命令。不过此时中华民国已经从前期淞沪会战溃败的阴影中走出。来自英、美的经济援助和苏联提供的武器装备，以及苏联空军志愿队的英勇奋战，都令日本陆、海军预想中可以一举彻底解决中国问题的武汉会战进行得异常艰苦。1938年10月末，日本陆、海军虽然先后占领了中国重镇广州、武汉，但仍看不到彻底结束中国抗日战争的希望。

1938年12月6日，在日本陆军省所草拟的《以后的对华处理方略》中，对于中日战局，日本陆军给出了这样的设想："对沦为地方政权的蒋（介石）政权，与其一味以武力深入穷追，莫如保持必要的战力……如单纯立足于作战，寻找敌之弱点进击，或期望局部夺取战略要点，即使多少也有希望，但鉴于此等作战往往得不偿失，故此际应主要以确保占据地区安全为宜……蒋介石政权虽然已被压缩，但如对峙放任，仍将成为严重祸根，招致后患。因此，为促使其崩溃，应适当进行各种工作，故尚须进行部分作战予以支援。"

这些可以说是自相矛盾的所谓"方略"，折射出的其实是日本陆军在中国抗日战争中所面对的尴尬处境。此时日本陆军在中国战场上已经投入了24个师团，除去在中国东北和朝鲜半岛部署了9个师团外，日本本土此时仅有充当"御林军"的近卫师团这一支成建制，再无发动大规模攻势的能力。正是在这种无奈之下，通过政治诱降来瓦解中华民国政府便成了唯一的选择。

1938 年 11 月 30 日，在"御前会议"之上，日本政府通过了所谓的"调整日华关系方针"，简单归纳便是不久前首相近卫文麿所提出的"三原则"："亲善友好、共同防共、经济合作"。在全面发动外交攻势之余，日本政府还不断派出情报人员，拉拢中华民国高层政治人物，最终在 1938 年 12 月成功策动以汪精卫为首的一干汉奸的公开投敌。

但是随着汪精卫傀儡政权在日本占领区粉墨登场，近卫文麿内阁的政治生命却走到了尽头。表面上来看，近卫内阁之所以倒台，是因为迟迟未能结束中国抗日战争，令天皇裕仁和广大日本民众失望。但事实上近卫内阁所面临的问题远非中国抗日战争那么简单。自"九一八事变"以来便逐渐控制日本经济命脉的军队和财阀，在"卢沟桥事变"之后发展更为迅猛。

中国抗日战争全面爆发以来，日本陆、海军除了不断以"临时军费预算"的名义开支动辄上百亿日元的巨额经费，同时还以所谓"物资预算"的方式，从政府各个部门强征物资。如此巨大的财政黑洞自然只能通过连续增税和增发公债来筹集。而这些日本百姓的血汗又被以各种经济整合法令的形式，贴补到日本军工企业、化学工业垄断巨头的腰包之中。三井、三菱、住友等老牌财阀不断通过大量的军需订单榨取利润，更通过金融手段介入日本氮气、日本制碱、日产等新兴财阀的生产经营活动之中。

为了维持血腥的资本增长模式，勾结在一起的日本军队和财阀集团不仅通过不断扩大的侵华战争，从朝鲜半岛和中国大陆以及千千万万日本普通民众身上获得继续发展壮大的养分，更试图将战争规模进一步扩大。近卫内阁之中以陆军大臣坂垣征四郎和内务大臣末次信正为首的所谓"革命派"便基于这种立场，积极主张全面施行总动员法并订立德、日、意军事同盟，以便进一步向苏联发起进攻。而在 1938 年 8 月近卫内阁事实上已经同意了坂垣征四郎与德、意结盟的情况之下，1938 年 12 月坂垣征四郎又宣布将英、法作为假想敌。感觉备受愚弄的近卫文麿试图宣布辞职，却被陆军大臣坂垣征四郎以汪精卫即将叛逃，首相此时辞职有损士气为由，强行留任。至此日本首相彻底沦为了军部的

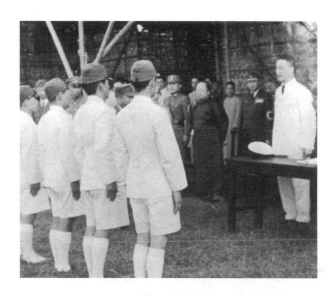

汪精卫向即将派驻伪军部队的日本教官发表讲话

傀儡。

无独有偶，在日本国内军阀和财阀沆瀣一气、左右国家命运之际，1937 年到 1938 年间，以英、美为首的西方世界再度爆发了大规模的经济危机，面对着金融泡沫破灭所引发的全面萧条，英、法被迫进一步以"绥靖政策"向德国让渡战略空间。而美国则全力开动军工产业的生产机器，以通过所谓"民主兵工厂"为全世界反法西斯同盟国提供武器为由，消化着国内的过剩产能。但是无论是"绥靖政策"还是"民主兵工厂"都不可能无限度地持续下去，一场即将波及全世界范围的终极对决，正是在一片萧条之中徐徐拉开了帷幕。

（十）无限扩大——英、日"程锡庚事件"和苏、日诺门坎战役（上）

1939 年 1 月，近卫文麿终于如愿以偿可以宣布辞职了，但在继任首相的人选问题上，日本政府内部却出现了分歧。近卫文麿推举枢密院议长平沼骐一郎继任首相，他这番安排除了平沼骐一郎与其私交不错外，近卫文麿辞职下野之后不仅能继任平沼骐一郎内阁的枢密院议长一

平沼骐一郎内阁全体成员，前排交谈者为平沼骐一郎和近卫文麿

职，还能在新一届内阁中有所作为。

但近卫内阁中的财政大臣池田成彬和内大臣汤浅仓平都主张以海军大臣米内光政上台组阁。这一提案表面上是为了制衡陆军，但事实上池田成彬出身于三井财阀，推举米内光政多少有大力扩充海军以为三井造船谋求更多利益的考虑。而汤浅仓平除了因老友斋藤实在"二二六事件"中遇刺，而长期仇视日本陆军之外，更担心日本陆军继续暴走下去，最终会引发美、日冲突，因此力主由亲英、美立场的米内光政上台组阁。

宦海沉浮多年的米内光政，岂能看不清此刻日本国内陆军一家独大的局势，因此以身体原因而再三推辞。在这样的情况之下，平沼骐一郎便成为了唯一的候选人。不过平沼骐一郎也深知池田成彬和汤浅仓平对自己的反对，分别代表着财阀和皇室的意见，因此在决定上台组阁之前，分别拜会两人，开出了将继续维持现有财政政策和不对英、美采取强硬立场的条件，才最终获得了池田成彬和汤浅仓平的首肯。

1939年1月5日，平沼骐一郎正式上台组阁。除了为近卫文麿预留了"无所任大臣"的空缺之外，还留任陆军大臣坂垣征四郎、海军大臣米内光政、外务大臣有田八郎等七位重要阁僚，摆出了一副"萧规曹随"的架势。不过内务大臣末次信正由于长期持反美立场,这一次为深受天皇裕仁信赖的"维新志士之后"木户幸一所取代。

平沼骐一郎内阁成立后的第一件事情,便是兑现此前近卫内阁时向陆军方面做出的承诺:全面施行总动员法,订立德、日、意军事同盟。全面实施总动员法,对于正身处侵华战争泥潭之中的日本可谓必要。因此平沼骐一郎上台伊始便颁布了《扩充生产力计划要纲》,决定动员日本全社会的人力、物力和财力,扩大军工生产规模,借以维持侵华战争。随之又修改了兵役法,废除短期兵役制,延长国民服兵役的时间,以便把一批又一批青壮年送上战场。

1939 年 3 月,平沼内阁又设立"国民精神总动员委员会",由文部大臣、陆军大将荒木贞夫出任委员长,实施更残暴的警察宪兵统治制度,把全国的人、财、物都集中到统治当局的手中,驱使全体国民无条件地为战争效力,建立起日本军事独裁的法西斯战争体制。

但是对于是否加入"德、日、意军事同盟",平沼骐一郎却是首鼠两端。1939 年 1 月 19 日,由日本陆军驻德武官直升大使的大鸟浩,带回了德、意邀请日本加入三国军事同盟的外交照会。由于其中明确提到了以苏、英、法为假想敌,因此首相平沼骐一郎不敢草率做出决定,只能召开"五相会议"进行商讨。尽管会议之上,由于加入"德、日、意军事同盟"存在直接与英国甚至未来与美国为敌的可能,因此除了陆军大臣坂垣征四郎赞成加入之外,海军大臣米内光政和财政大臣石渡壮太郎均表示反对。外务大臣有田八郎试图通过修改同盟条约,将其引申为"防共协定"的延长,而非军事同盟来从中化解。但陆军出身的驻德大使大鸟浩却拒绝予以传达,反而要求政府重新考虑。

日本陆军与平沼内阁之间在"德、日、意军事同盟"问题的持续对立,令向来喜欢制造既成事实的日本陆军,再度开始了蠢动。1939 年 4 月,日本扶植下的伪北平临时政府储备银行天津分行经理兼海关监督程锡庚在全家看电影的过程中为中华民国"军统"组织的"抗日杀奸团"所刺杀。事情发生之后,日本陆军随即出动大批宪兵闯入据信长期藏匿"军统"特工的天津英租界,在与英国巡捕联合搜查的过程中,逮捕了长期奉命潜伏英租界的 4 名中国"军统"特工。

日本方面连夜提审,获取了 4 人的口供之后,要求英国方面"引

驻守天津英租界的英国装甲车

渡"凶手。英国方面则以证据不足为由拒绝"引渡"。经过一番外交拉锯之后，6月13日日本陆军方面断然宣布，鉴于英国方面拒不配合，决定将对天津英租界展开军事封锁。英国方面也出动驻军在英租界周边构筑防线，双方剑拔弩张，气氛一度十分紧张。日本右翼组织更不断在天津和国内组织大规模的反英游行，煽动国民情绪。

客观地说，程锡庚这样的汉奸在日本政府眼中本就死不足惜，几个潜伏租界之内的中国"军统"特工，也不至于引发英、日之间的全面外交对立，真正令日本陆军如此大动干戈的，除了为加入以英、法为假想敌的"德、日、意军事同盟"而故意制造事端之外，更为重要的是中国抗日战争全面爆发以来，遍布中国上海、广州、天津、武汉等地的英、法租界便成为了日本政府后方的"政治孤岛"和"自由港"，大批抗日物资和重要情报借此传递，为迁往重庆的中华民国政府提供助力。此外，英、美等国际资本也通过租界，继续垄断着中国对外贸易，掌控着中国华北、华东、华南等地的金融和外汇。

就在英国与日本的外交关系由于围绕天津租界地的"程锡庚事件"而陷入冰点之际，日本陆军在中苏边境的"诺门坎"地区又挑起了新的冲突。"诺门坎"在蒙古语中意为"法王"之意，是清政府册封蒙古地区的密宗修行者的尊号之一。而其近代成为了哈拉哈河东岸地区的统称。

在清政府统治时期，哈拉哈河两岸虽然均为中国领土，但分属于喀尔喀蒙古和黑龙江将军辖区。为了解决当地牧民的纷争，雍正年间曾将哈拉哈河东岸约 20 公里的土地划归喀尔喀蒙古管辖。此后随着清政府的垮台，虽然喀尔喀蒙古地方政权几经变迁，但哈拉哈河东岸的边境划分却始终没有改变。直到 1935 年日本成立的殖民机构"关东厅"重新修订所谓的"满蒙边界"，才将当地的国境线向西推进到了哈拉哈河流域的中心位置。日本陆军这么做的法律依据，据说来自于一份出兵西伯利亚时期缴获的沙俄地图。不过这种凭借一张过时的地图便大动干戈地改变敏感地区的国境线显然有着更为深刻的军事图谋。

"九一八事变"后的相当长一段时间里，日本陆军的对苏作战预案都建立在苏联方面主动进攻，关东军依托哈尔滨、长春等中心城市展开内线作战，在配合从本土赶来的援军，消灭苏联红军强大的进攻力量之后再转入反攻这一设想之上。但 1936 年之后随着日本对伪满洲国的殖民统治日益稳固，关东军的兵力和武器装备不断得到强化。日本陆军也逐渐改变过去"防守反击"的既定方针，开始图谋"主动进攻"。

起初日本陆军拟定的进攻重点是东线的黑龙江、乌苏里江流域，但随着关东军不断在当地集结兵力、修筑要塞，苏联红军也有意识地加强了这一方向的防御，形成在正面 500 公里、纵深 200 公里的区域内，平时便集结了 12 个到 13 个步兵师、战时能增至 20 个步兵师的重兵集团。关东军方面自认在机械化装备上弱于对手，且兵力不占优势的情况下并无必胜把握，于是转而考虑在大兴安岭以北先发制人。

在 1938 年秋到 1939 年的日本陆军参谋本部所拟定的"八号作战"计划之中，将以东线为主的进攻计划称为"甲案"，将以北线为主的进攻计划称为"乙案"。在与关东军方面一同综合评价了两个方案之后，日本陆军普遍认为"甲案"需要强大的地、空火力掩护，并筹措十几个师团的渡河装备才能全面展开。而在整个作战过程中，除了正面苏联军队的顽强抵抗之外，从欧洲方面通过西伯利亚大铁路源源不断赶来的苏联陆军也可能会从满洲里一线攻入日本陆军的侧翼，直捣齐齐哈尔、沈阳等地。基于上述考虑，日本陆军参谋本部和关东军方面一致认为，与其执行"甲案"的同时还要在北线维持庞大的兵力用于守备，不如从一开始便采用"乙案"，直接在北线打开局面。

当然，要执行"乙案"，日本陆军还需要再整备3条战时铁路并准备大量汽车用于后勤支援。这一部分的工作对于工业贫弱的日本而言虽然并非易事，但好在从哈尔滨到满洲里有沙俄时期修筑的"中东路"可供使用。而这条战时大动脉的存续自然就成为了关东军能够成功突入贝加尔湖一线的生命线。

"中东路"铁路的北侧是大兴安岭的崇山峻岭，不利于苏联红军机械化兵团的高速推进。但是南线却连接着蒙古人民共和国的高原和荒漠地带，特别是哈拉哈河曲东岸的诺门坎地区，蒙古人民共和国借助着昔日的边境线，形成了一个长达20公里的天然桥头堡，令日本关东军如芒刺在背，自然欲拔除而后快。

1939年5月4日，蒙古人民军边防部队按照惯例，渡过哈拉哈河曲部，进入诺门坎一线放牧。刚刚移防当地的伪满洲国傀儡军"兴安北警备军"第7团第3骑兵连初来乍到、不懂规矩，又兼连长贡布扎布是"兴安北警备军"乌尔金的女婿，急于建功立业，竟主动向渡河的蒙古人民军射击。蒙古人民军方面大举反击，战斗逐步升级。最终面对苏联红军投入的装甲车，仅有轻武器的"兴安北警备军"全线溃退。蒙古人民军趁势进占锡林陶拉盖地区。

日本关东军扶植下的傀儡军队"兴安北警备军"

　　　　　　　　　　　　　　　　太平洋战争全史

锡林陶拉盖方面的战斗本是一起不起眼的边境冲突，但日本关东军方面此刻正对哈拉哈河曲东岸对"乙案"的影响异常关注，因此随即命驻守海拉尔的关东军第 23 师团委派装甲部队前往支援。5 月 13 日夜，东八百藏中佐率第 23 师团搜索队及"兴安北警备军"骑兵第 8 团总计千余人前往诺门坎地区，不过蒙古人民军已经撤过哈拉哈河，因此战斗根本无从展开。

不过就在东八百藏所部撤回海拉尔之后，诺门坎地区又传来了蒙古人民军再度"越境"的消息。为了彻底解决该地区的"边境问题"，日本陆军第 23 师团决定增派步兵第 64 联队第 3 大队及联队炮兵中队总计 1058 人，加上此前出动的东八百藏所部搜索队 220 名骑兵、1 辆"九二式"重型装甲车、340 名辎重兵，配属"兴安北警备军"骑兵 464 人，前往哈拉哈河曲东岸布防。这支混合部队由于最高指挥官为日本陆军步兵第 64 联队长山县光武大佐，而被称为"山县支队"。

在日本陆军方面看来，"山县支队"步、骑、坦、炮混编，又有陆军航空兵飞行第 11 战队提供支援，打击敢于"越境"的蒙古人民军绰绰有余。殊不知此时苏联方面也向哈拉哈河地区增派了精锐的第 11 坦克旅所部 1 个机械化步兵营和 1 个装甲侦察中队，加上驻守当地的蒙古人民军，不仅兵力达到了 2300 人以上，更装备有 BA-6 型装甲车、T-37 轻型坦克、KHT-26 型喷火坦克、M-30 型 122 毫米榴弹炮等重

日本陆军的"九二式"重型装甲车实为轻型坦克

型武器。

由于对敌情严重误判，"山县支队"方面做出了东八百藏所部沿哈拉哈河包抄"越境"苏、蒙军侧后，山县光武自领步兵正面突击的战术安排。如此草率的分兵决定最终导致以骑兵为主的东八百藏所部于 5 月 28 日率先遭到了苏、蒙军装甲部队的围歼。一场鏖战之后，东八百藏以下 9 名军官、97 名士兵当场战死。山县光武抵达战场之后，只能趁着夜色将东八百藏等人的尸体抢回。是为日本方面所称的"第一次诺门坎事件"。

为了粉饰失败，日本陆军关东军方面向参谋本部宣称，东八百藏是在杀入敌阵，截断苏、蒙军退路的情况下，不幸战死的。所部人马虽然几近全灭，但也全歼了"越境之敌"七百余人。根据关东军方面的报告，日本陆军参谋本部认为"第一次诺门坎事件"虽然以己方大胜而告终，同时根据苏联空军大举向远东增兵的情报，认定苏、蒙方面势必展开更大规模的"报复"。于是电报指示关东军方面做好在该方向挫败对手的"入侵企图"的准备。

关东军方面判断，诺门坎前线距离"中东路"铁路末端不过 150 公里到 200 公里，而苏联方面则须远隔约 800 公里参战，故而对形势估计颇为乐观，于 1939 年 6 月向诺门坎地区大举增兵，同时根据"避免陷入长期与敌对峙状况，主要依靠航空部队及地面之机动，给'越

诺门坎前线野战机场的日本陆军航空兵"九七式"战斗机

太平洋战争全史

境'敌军以间歇性重大打击"的战略，开始在诺门坎地区纵深构筑野战机场。

令关东军方面没有想到的是，苏联方面对哈拉哈河一线的形势也颇为敏感。以斯大林为首的苏联国防委员会认定，这一地区的边境冲突是日本主动在远东地区挑起大规模战事的前奏，因此除了向前线调集以朱可夫为首的大批精兵强将之外，更用两个月的时间在蒙古人民共和国东部的荒漠地带，修筑了一条连接西伯利亚大铁路的军用直线，同时完善了哈拉哈河西岸的公路网络。

6月17日，在日本陆军航空兵大举向诺门坎前线机场集结的情况下，苏联空军开始出动I-15Bis型战斗机主动越境对日本陆军野战机场展开袭扰。6月20日，苏军地面部队集中了数十辆装甲车配合200名蒙古人民军骑兵越过哈拉哈河，冲击了日本陆军的前线营区。这一轮新的边境冲突，被日本方面视为所谓"第二次诺门坎事件"的起点。

正在哈拉哈河东岸纵深集结兵力的日本关东军方面，万万没有想到苏、蒙联军会率先动手。为了挽回颜面，关东军司令部决定出动陆军航空兵越境打击苏联方面在该地区的空军枢纽——塔木斯克机场，同时向前线的第23师团增派2个坦克联队及隶属第7师团的1个步兵联队，准备大举越过哈拉哈河，以"惩膺"对手。

苏联红军的I-15Bis型战斗机

6月27日，日本陆军航空兵出动119架战机（侦察机12架、轻型轰炸机6架、重型轰炸机24架、战斗机77架）远程奔袭塔木斯克。事后日本陆军航空兵宣布一举击毁、击伤苏联空军战机149架（完成摧毁98架、重创18架、击伤37架）。消息传来，关东军方面自然是一片欢腾，但陆军参谋本部却颇为反感。参谋本部作战课长稻田正纯甚至公开表示："傻瓜，这算什么战果？"（馬鹿ッ、何が戦果だ）

参谋本部方面如此愤怒，一方面固然是因为关东军独断专行触犯了参谋本部的权威，但更为重要的是，日本陆军此时自感深陷中国战场，尚未做好与苏联全面开战的准备，因此格外担心此番越境轰炸会触怒莫斯科方面，导致战事全面升级。怀着同样的担忧，天皇裕仁也一度对关东军方面颇为不满，责成参谋总长闲院宫载仁亲王对关东军的独断专行做出处分。不过载仁深知关东军早已成为了一个独立的军事集团，参谋本部对其的约束能力相当有限。更何况事情已经发生，再追究责任也毫无意义。只能亡羊补牢似的下达命令，明确了关东军的地面作战范围为贝尔湖以东的"满蒙边境"地带，同时"对敌根据地勿进行空中攻击"。

空袭塔木斯克对于关东军而言，可谓是一场陆军版"偷袭珍珠港"。但面对依旧处于激战状态的中国战场和对苏联强大国力的畏惧，日本政府最终在全面对苏作战的问题上首鼠两端，既希望能够一举解决诺门坎问题，又不敢于正面挑战苏联。在这种游离和犹豫的情绪之下，关东军指示第23师团越过哈拉哈河，进入毫无争议的蒙古人民共和国领土作战。

1939年7月2日，日本陆军第23师团长小松原道太郎亲率步兵第71联队、步兵第72联队第1与第2大队、炮兵第13联队第3大队、工兵第23联队、步兵第26联队、师团直属搜索队，配属9个中队的高射炮兵，总计约7500人通过架设的浮桥从正面渡过哈拉哈河西岸。这支部队加上后续抵达的伪满洲国仆从和通信队、卫生队等非战斗人员，组成了总计16670人的所谓"小松原兵团"。

与此同时，日本陆军第1战车团长安冈正臣统率战车第3与第4联队、步兵第64联队、步兵第28联队第2大队、独立野战炮兵第1联队、炮兵第13联队第1与第2大队、工兵第24联队，配属3个高射炮中队，总计6000余人，组成所谓的"安冈支队"，迂回苏、蒙联军的侧翼。

在日本陆军看来，以精锐步兵为主的"小松原兵团"展开正面强攻，高度机械化的"安冈支队"从侧翼杀出，完全符合《孙子兵法》中"以正合，以奇胜"的战争策略。关东军中甚至出现了"杀鸡用牛刀，焉有不胜之理"的骄狂声音。但战斗全面打响之后，"安冈支队"虽然在7月2日夜突袭蒙古人民军第6师和苏联陆军第36摩托化步兵师的炮兵阵地得手，小有斩获，但随着7月3日苏联装甲部队大举投入战斗，局势便迅速朝着对日本陆军不利的方向发展。

后世大多将"安冈支队"在哈拉哈河流域坦克战中的溃败，归咎于日本陆军所装备的坦克性能远逊于对手。甚至出现了两军坦克交战之时，犹如"野牛冲入羊群"之类的比喻。但事实上日本陆军所装备的"九七式"轻装甲车、"九五式"轻型战车、"八九式"中型战车，在面对苏联陆军大量装备的BT-5型中型坦克时并不完全处于下风，真正导致"安冈支队"一败涂地的原因，主要还是双方的数量对比太过悬殊。按照日本陆军方面的推算，苏、蒙联军在"安冈支队"正面累

日本陆军中少有的高度机械化部队——"安冈支队"

苏联陆军所装备的BT-5中型坦克

计投入坦克、装甲车共计452辆，而"安冈支队"的全部战斗力仅为92辆各型装甲战车，不到对手的五分之一。激战到7月6日，"安冈支队"两个主力战车联队均损伤过半、无力再战，只能撤出战斗。

"安冈支队"被苏、蒙联军逐出战场的同时，展开正面进攻的"小松原兵团"也在苏联装甲部队的冲击下伤亡惨重。起初日本陆军还以"九四式"37毫米速射炮展开反坦克作战，但很快，面对蜂拥而至的苏联坦克，日本陆军便只能以步兵携带燃烧瓶和反坦克地雷展开殊死肉搏了。

按照日本陆军的说法，7月3日当天，"小松原兵团"利用手中的34门"九四式"37毫米速射炮、12门"三八式"野战炮、8门"四一式"山炮和步兵分队，累计摧毁对手87辆各式坦克。但为了挡住这样的钢铁洪流，日本陆军付出的伤亡自然也可想而知。仅仅激战了一天，7月4日"小松原兵团"便不得不全线后撤，重新回到了哈拉哈河曲东岸组织防御。

"小松原兵团"和"安冈支队"先后被击退之后，日本陆军仍不甘心，随即于7月7日再度发动其所擅长的夜袭攻势。借助夜色的掩护，日本陆军以"小松原兵团"的步兵为先导，以"安冈支队"的坦克为火

配备牵引车的日本陆军"九六式"150毫米重炮

力支援，成功地在哈拉哈河西岸建立了一个桥头堡。但也在苏联陆军的重炮和坦克部队的压制之下，无法进一步扩张阵地。在此后的几天里，日本陆军展开夜袭，苏联方面则于白天发动反攻的拉锯战持续进行着。

7月23日，经过一番艰苦的集结和运输，关东军在诺门坎前线组建的炮兵团终于准备完毕，遂向哈拉哈河西岸展开了炮击。日本陆军此番集中各型火炮82门（其中150毫米加农炮6门、150毫米榴弹炮16门、120毫米榴弹炮12门、100毫米加农炮16门），自恃兵强马壮，足以压倒仅有76门火炮的苏联军队，殊不知苏联陆军在诺门坎地区集结了370门火炮，因此炮战打响之后日本陆军丝毫讨不到便宜，仅仅三天便败下阵来。

日本陆军在诺门坎的接连失利，固然有武器、战术与已经完成了工业化的苏联陆军相差甚远的因素，更为重要的是，苏联政府视诺门坎地区的冲突为击败日本在远东扩张野心的必由之路，因此全力给予前线指挥官朱可夫以各种支持。反观日本陆军内部却存在着诸多声音，不仅在是否扩大战事方面颇为犹豫，甚至在能否继续使用陆军航空兵越境攻击上也是顾虑重重，在这样的情况之下，关东军方面最终决定自1939年8月于诺门坎一线转入防御状态。

附表1：诺门坎战役中日本陆军投入的火炮及损失情况

火炮型号	投入总数	损失情况，（ ）内为损毁后自行破坏
"八九式"150毫米加农炮	6	5（4）
"九六式"150毫米榴弹炮	16	11（5）
"九二式"100毫米加农炮	16	11（1）
"三八式"野战炮	24	34（10）
"三八式"120毫米榴弹炮	12	
"九〇式"野战炮	8	2
总计	82	63（20）

附表2：诺门坎战役中苏联陆军投入的火炮及损失情况

火炮型号	投入总数	损失情况
ML-20 型 152 毫米榴弹炮	36	6
M-30 型 122 毫米榴弹炮	84	26
M1910/30 型 107 毫米加农炮	36	4
F-22 型 76 毫米野战炮	52	11
M1927 型 76 毫米步兵炮	162	14
总计	370	61

第三章　南进？北进？

（十一）大战爆发——英、日"程锡庚事件"和苏、日诺门

坎战役（下）

（十二）精神动员——皇历 2600 年庆典和大政翼赞运动

（十三）南进序曲——"对华切断作战"和围绕法属印度支

那的纷争

（十四）未雨绸缪——日、美对立的加剧和双方战争准备

（十五）关东特演——苏、德的战争爆发和日本陆军北进狂想

（十一）大战爆发——英、日"程锡庚事件"和苏、日诺门坎战役（下）

"关东军"在诺门坎地区进退维谷的同时，德、日、意三大法西斯政权建立军事同盟的呼声进一步在日本陆军内部泛滥。显然苏联军队在战场上表现出的强大工业化实力，让日本陆军认为单纯依靠日本一己之力，实难战胜对手。要想在远东地区遏制苏联，唯一可行的办法便是与德国结盟，对苏联形成东、西夹击之势。可惜这番自说自话的主张，很快便被残酷的现实"打肿了脸"。

1939年5月，由于日本海军方面的反对，日本政府强调即便与德国、意大利建立军事同盟，在德、意与英、法作战之时，日本也将保留进入战争状态的权力。由于德、意、日"三国同盟"的谈判陷入了停滞状态，德国政府随即与苏联方面展开接触。而苏联政府则一边继续与英、法商讨建立欧洲集体安全体系的可能性，一边与德国政府展开暗中洽谈。

眼见日、苏在诺门坎地区大打出手，德国政府更是有恃无恐，6月16日德国外交部部长里宾特洛甫向日本驻德大使大岛浩、驻意大使白鸟敏夫明确表示："日本如不从速与德国结成同盟，则德国将与苏联签订互不侵犯条约。"但是面对如此明确的外交压力，在陆、海军两派相左意见之间徘徊的日本政府依旧无法做出决断。

7月22日，在日本方面对中国天津英租界长期的封锁之下，英国政府最终选择了向日本屈服。在日本外务大臣有田八郎与英国驻日大使克莱琪签署《有田—克莱琪协定》中，英国政府明确表示："正在大规模战争状态下之中国实际局势，在此局势继续存在之时，英国知悉在华日军保障其自身安全与维持其统治区治安之目的，应有特殊之要求；同时知悉凡有阻止日军或有利日军敌人之行动与因素，日军均不得不予制止或消灭之；凡有妨害日军达到上述目的之行动，英政府均无意加以赞助。"言下之意便是承认日本在中国侵略行径的合法性，并断绝英国政府对中国军民抗日战争的支持。

显然在欧洲大陆应对加速崛起的纳粹德国已经左支右绌的大英帝国，此时已经无法在东亚再与日本展开对峙甚至是战争了，因此牺牲中国以保全自身的利益便成为了丘吉尔政府的唯一选择。而当 7 月 24 日《有田—克莱琪协定》经由日本和英国同时发布之后，日本自然是一派举国欢腾的景象，甚至有人宣称这是继日俄战争以来日本对西方列强的又一次胜利。英国政府的背信弃义，却引来了中国军民的一致谴责，斥之为"英国的东方慕尼黑方案"。

　　就在日本政府为力压英国而沾沾自喜之际，殊不知《有田—克莱琪协定》已经悄然推动第一块外交领域的多米诺骨牌。7 月 26 日，美国政府正式向日本发出照会，宣布将废除 1911 年签署的《日美通商航海条约》，令日本政府颇为惊讶和惶恐。美国方面此举自然不乏有为英国方面出头的因素，但要说完全是为了支持中国人民的抗日战争，却也不尽然。

　　《日美通商航海条约》发源于 1858 年日本江户幕府与美国政府签署的《日美友好航海条约》。但与单方面要求日本开放神奈川、长崎、新泻、兵库等港口，给予美国商人以领事裁判权和关税优惠的不平等条约《日美友好航海条约》不同的是，《日美通商航海条约》除了是相对互惠互利的通商条约外，还为日本公民移居美国大开了绿灯。美国政府此时突然宣布废除该条约，除了不希望有更多的怀揣着"美国梦"的日本人闯入自己的国门外，更是在日、美之间日益加剧的贸易摩擦之下，保护本国商贾的一种合理措施。但此时日本在石油、钢铁等战争资源上均有赖于美国，有鉴于此，日本政府第一时间试图与美国方面展开外交磋商，以订立一个临时的贸易协定作为补充。

　　就在日本外务省忙于与美国方面商讨贸易协定之际，8 月 2 日夜间德国外交部部长里宾特洛甫会晤苏联驻德大使，正式向苏联方面提出缓解双边关系，建立德、苏友好体制的设想。而在此之前日本驻德大使大岛浩已经多次向外务省发出德国将与苏联签订"互不侵犯条约"的警报，希望日本政府能加快与德、意建立"三国同盟"的谈判。大岛浩的理由是如果日本政府能够加入"三国同盟"，不仅将极大地妨碍苏德互不侵犯条约的签订，更能牵制苏联在诺门坎地区的增兵。可惜身为外务大臣的有田八郎，认定德国与日本曾经订立过"'防共'协定"，与苏

《德苏互不侵犯条约》的正式签署，
令平沼骐一郎内阁被迫总辞职

联在意识形态领域和现实利益领域均存在着不可调和的矛盾，因此非但拒绝重开日本加入"三国同盟"的谈判，更指示日本驻苏大使，应该尽快与苏联方面展开有关诺门坎地区的停战谈判。

有田八郎显然低估了希特勒和斯大林的外交手腕。8月14日苏联政府便正式接受了德国方面的要求，并邀请里宾特洛甫访问莫斯科，以举行《德苏互不侵犯条约》及其《附属秘密协定》的签署仪式。8月21日，在《德苏互不侵犯条约》即将落笔的前夜，里宾特洛甫通过电话告知大岛浩，表明德国维持和加深日、德双边合作的宗旨并无变化，大岛浩虽然以《德苏互不侵犯条约》的签署有违《日、德"防共"协定》的精神而提出抗议。但这种口舌之快，在国际外交领域显然是毫无意义的。

8月23日，《德苏互不侵犯条约》正式在莫斯科签署。消息传来，日本政府上下一边慌乱。身为首相的平沼骐一郎深知《德苏互不侵犯条约》一旦签署，不仅势必导致日本在外交上更趋孤立，更将令诺门坎方面的战事变得难以收拾。因此惶惶于8月28日以一句"欧洲形势复杂离奇"（欧洲の天地は複雑怪奇）而宣布内阁总辞职。

平沼骐一郎溜之大吉，令日本首相的宝座再度空缺。各派势力不得不再度云集于元老西园寺公望的身边，推举新任首相的人选，平沼骐一郎、近卫文麿和内大臣汤浅仓平都属意前任财政大臣池田成彬上台组阁，但陆军方面却力推已经退役的陆军大将阿部信行出任首相一职。考虑到诺门坎战场的局势，池田成彬最终选择了知难而退。阿部信行于8月30日正式宣布就任日本首相，同时兼任外务大臣。而就在日本政府忙着改弦易辙之际，在中蒙边境的草原之上，苏联陆军已经对诺门坎地区的日本守军发起了全线的总攻。

借助着《德苏互不侵犯条约》从谈判到签署过程中有利的外交环境，苏联军队从警戒德国的西部军区调来了大批有着西班牙内战丰富经验的空军飞行员，以及更多的地面部队。而日本陆军方面虽然也不断向诺门坎地区增兵，但前期战机、坦克及重炮等技术装备的损失却始终无法得到补充。此消彼长之下，诺门坎地区的攻守方式转化为苏联机械化兵团与日本陆军步兵之间的对峙。

8月20日清晨，在经过一番周密的准备之后，苏联陆军第1集团军总司令朱可夫下达了全线猛攻的命令。顷刻之间，苏联空军的大批战机呼啸而至，对哈拉哈河曲东岸展开密集的轰炸，随后苏联陆军的重炮也加入了远程打击的行列之中。在日本陆军完全没有还手之力的情况下，苏联陆军地面部队从战线最北侧的日军右翼"富义高地"首先展开进攻。

1939年诺门坎前线的朱可夫

被日本陆军关东军配置于"富义高地"前线的两个伪满洲国骑兵团被迅速打垮，直接导致驻守高地的日本陆军第23师团搜索队陷入了苏、蒙军的合围之下。此时"富义高地"的日本陆军总兵力虽然只有808人，但却配备有"九四式"37毫米速射炮4门、山炮2门、重机枪29挺。依托着修筑多时的工事体系，在苏联陆军第36步兵师第601团及第7、第11坦克旅各一个营兵力的围攻之下，仍坚守了三天之久。

8 月 24 日，在苏联陆军又投入了第 212 空降旅和第 9 坦克旅各一加强营的生力军的情况之下，已经承受了近半数的伤亡、幸存者无不带伤的第 23 师团搜索队，再也坚持不下去了。在各级官兵的一致要求之下，指挥官井置联队长只能下令撤退，最终将残存的 269 人带出了苏联陆军的包围圈。尽管事后苏联方面对于"富义高地"战斗中对手的表现给予了高度的评价，但在日本陆军方面看来井置联队长的行为仍属于不顾大局的"独断撤退"。因此在战后关东军方面组织多名军官对井置联队长展开"规劝"，最终令其在 9 月 16 日举枪自戕了。

"富义高地"的易手令日本陆军在诺门坎防线北侧门户大开。但本该迅速组织力量夺回"富义高地"的关东军方面，却责成第 23 师团长小松原道太郎抽调各联队精锐部队，配属给驻守南线的步兵第 28 联队，命其强渡哈拉哈河，迂回苏、蒙联军的侧翼展开反击。

这一手"寇可来、我亦可往"虽然看起来颇为合理，但事实上却是将诺门坎前线日本陆军中仅存的精锐步兵推向了苏联军队的炮口。8 月 24 日，第 23 师团所调集的步兵第 28、第 72 联队总计 5 个大队的步兵刚刚冲入战壕，便迎面撞上了苏联陆军的南线攻击集群。激战仅仅一天，日本陆军 2 个步兵联队便各自付出了近半数伤亡，被迫全线后撤。[①] 也难怪此次行动被日本史学家称为"诺门坎战役中最拙劣的作战"（ノモンハンでもっとも拙劣な作戦）。

轻松击败了日本陆军的反击之后，苏联军队从南线突破哈拉哈河，并迅速完成了对诺门坎地区的日本陆军之南北合围。8 月 26 日开始，日本陆军第 23 师团主力被困于哈拉哈河曲东岸的狭窄地带，各联队之间更失去了统一指挥，8 月 29 日凌晨步兵第 64 联队擅自率先突围，却在出发后不久便遭遇苏联陆军的伏击，全军覆没。事后日本陆军方面曾对步兵第 64 联队覆灭的区域展开救援和搜索，但此举在战后却被揶揄

[①] 关于 8 月 24 日日本陆军南线进攻的伤亡情况，日本战史中出现了多组颇为矛盾的数字。以步兵第 72 联队为例，日本官方战史认为当天该联队的伤亡情况为战死 324 人、负伤 377 人。而相关联队史则认为步兵第 72 联队参战兵力为 2295 人，当天战死 1823 人、战伤 377 人，伤亡率高达 95%。

哈拉哈河西岸的苏、蒙联军阵地

为试图寻找和夺回可能落入敌手的联队旗。

客观地说，日本陆军虽然极度重视荣誉，有时甚至到了丧心病狂的程度，但也不至于到"友军有难，不动如山"的程度。事实上从诺门坎方面转入相持阶段开始，日本陆军关东军便开始谋划新的攻势，但谁也没有料到苏、蒙联军的攻势会来得如此之快、如此猛烈。因此当苏联陆军发起攻势之后，日本陆军虽然火速向前线增兵，却已是回天无力了。

8月25日，日本陆军第7师团主力抵达海拉尔，依次投入战斗，而第2、第4师团的增援部队则仍在转运的途中。为了避免打成逐次添油的不利战局，日本陆军只能命第7师团在诺门坎南部先行构筑前进据点，收容第23师团的败兵，等待后援部队抵达之后再转入反攻。可惜此时的日本陆军已经被《德苏互不侵犯条约》的签署，完全打乱了步调，遂于8月29日指示关东军方面：大本营之企图在于处于"中国事变"（指中国军民的抗日战争）期间，在"满洲"方面（指中国东北）以帝国军制一部防备苏联，维持北边之平静，为此对诺门坎方面，应力求不扩大作战，设法迅速结束。

这一纸命令对于向来独断专行的关东军而言，自然没有任何效力。

希特勒目送德国陆军进入波兰境内

虽然第 23 师团主力最终于 8 月 31 日从诺门坎前线突围，但关东军方面还是拟定了一个 9 月 9 日集中第 2、第 4 师团及第 1 师团之一部，配合第 7、第 23 师团残部，对哈拉哈河河曲东岸发动更大规模进攻的作战计划。并根据此前失利的种种因素，决定调集关东军所属的全部炮兵和坦克部队，甚至调集陆军航空兵全力参战。

然而就在关东军磨刀霍霍、矢志复仇之际，更大的变故从欧洲方面传来。1939 年 9 月 1 日纳粹德国借口波兰拒绝与德国商讨波兰境内德国侨民安全和两国边境等问题，并在边境地区袭击德国国防军，向波兰方面发动了雷霆万钧的全面进攻。英、法随即援引此前与波兰签署的《安全保证条约》向德国宣战。西方史学界定义下的"第二次世界大战"由此全面展开。

对于欧洲局势的剧变，日本政府虽然在 9 月 4 日以首相阿部信行的名义发布了："值此欧洲战争爆发之际，帝国不予介入，决定专向解决'中国事变'迈进。"但事实上却是蠢蠢欲动，试图利用英、法与德国进入战争状态之机，进一步扩张自身的势力范围。站在亲德的日本陆军角度来看，欧洲战争的全面爆发不仅势必削弱英、法等国对中国抗日战争的支援，更将令其无暇顾及其在远东的殖民地，正是日本帝国南进的良

　　　　　　　　　　　　　　　　太平洋战争全史

机。在这样的情况下，继续与苏联缠斗显然弊大于利。于是9月4日参谋总长闲院宫载仁亲王派人带话给关东军，要求其"务必隐忍持重，以待他日雪耻"。关东军方面虽然以收容第23师团战死者的尸体为由，要求发动进攻以"清扫战场"，但最终得到的不过是通过外交手段便可的答复。

9月9日，日本驻苏大使东乡茂德正式向苏联方面提出了在诺门坎地区停战的要求。此时苏联方面也正急于抽调兵力，以攻入历史上曾为沙俄帝国一部分的波兰东部地区，因此双方的谈判进展颇为顺利，9月15日便在莫斯科达成停战协定。两天之后，苏联陆军便出动两个方面军的兵力大举攻入波兰境内。

客观地说，在诺门坎战役期间，日本虽然在军事和外交领域遭到了全面挫败，但并未就此认输。真正终结这场边境冲突的，完全是外部大环境的剧烈变化，令日本和苏联都急于抽身而出，无心围绕中蒙边境的荒漠再耗费国力，才最终令战事没有继续升级和扩大下去。在苏联方面鲸吞波兰东部的同时，日本陆军也完成了在中国战场上的部队整合，于9月中旬设立了以西尾寿造为司令、坂垣征四郎为参谋长的中国派遣军司令部，准备利用英、法忙于对付德国之机，向退守重庆的中国国民政府发动新的向心突击。

尽管日本陆军对诺门坎战役的善后工作，一直延续到了10月初方告完成，此后接替因为诺门坎战败而被赶入预备役的关东军司令植田谦吉而抵达长春的梅津美治郎也煞有介事地在海拉尔和长春，成立了所谓"研究诺门坎事件委员会"，广泛与参战官兵探讨此番作战之成败。但总体来说，诺门坎战败对于日本陆军而言，不过一首短暂的插曲，很快便淡忘了，只留下第23师团参战士兵自编的《诺门坎战歌》在风中悠扬：

　　对面的山是僧布尔山，脚下的河是哈拉哈河，十个联队的人啊，死的成千上万，天皇在东京眺望，司令官命令我们继续前进，去升天成神……

（十二）精神动员——皇历 2600 年庆典和大政翼赞运动

　　欧洲方面英、法对德宣战，不仅在诺门坎战事方面给了日本关东军一个草草收兵的借口，同时在外交上也令一度四面楚歌的日本政府重新赢来了转机。首先在与苏联的关系方面，日本驻苏大使东乡茂德不仅迅速与苏联政府签署了停战协议，更随即与莫斯科方面就双方长期悬而未决的边境、渔业和"中东路"铁路路权等展开磋商，可谓一夜之间便实现了"日苏关系正常化"。

　　鉴于德国单方面与苏联签署《互不侵犯条约》，一度甚嚣尘上的德、日、意三国同盟暂时处于搁置状态。日本方面随即以不再与德国接近为筹码，向美国告饶。9 月 25 日，曾任日本驻美大使馆海军武官的日本海军退役大将野村吉三郎出任外务大臣，更试图利用自己此前与罗斯福总统的私交与美国方面重修于好。

自诩与罗斯福私交不错的野村吉三郎

　　客观地说，美国此时在远东尚未做好与日本兵戎相见的准备，本不希望过分刺激对手，因此在日本方面主动表示将根据具体事实处理中日战争所引发的日、美之间 600 多件悬案，并向第三国（指美国）开放长江和珠江流域之后，美国驻日大使格鲁也投桃报李地表示：美、日关系不会陷于无条约状态。但是日本的让步和美国的暧昧，最终都无法改变其根本国家利益的冲突。1939 年 10 月

19 日，归国述职后回到日本的格鲁，在日、美关系协会主办的招待晚宴上便直言不讳地表示："美国人民有充分的理由，认定日本为了自己的利益，企图控制亚洲广大的地区，在这个地区建立排他性的经济制度。"这番话被后世普遍认为，是美国方面日后强硬要求日本从中国大陆全面撤军的前奏。

尽管与美国方面的协商还存在着种种障碍，但此时的日本却在忙于对付德国的英、法手中获得了更多的成就。1939 年 10 月到 12 月，英、法从中国大陆撤走了绝大多数的武装力量，并在上海公共租界等涉华利益方面给予日本更多的让利。但这些举措并未获得日本方面的好感，反而令日本认定英、法软弱可欺，决心一旦时机成熟，便可更进一步将英、法的势力驱逐出中国甚至整个亚洲，自己取而代之。

欧洲大陆战争的全面爆发，无形之中还让日本免了一场尴尬。1936 年 7 月 31 日，日本以 36 票对 27 票力压赫尔辛基，成为了第 12 届国际夏季奥林匹克运动会的举办地。由于 1936 年在德国柏林举办的第 11 届夏季奥运会颇为成功，日本方面普遍视此次主办奥运会为凝聚国民士气、提升日本国际形象的一次良好契机。

第 11 届柏林夏季奥运会的现场盛况

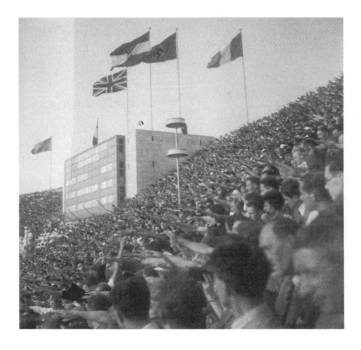

但是此时弥漫日本国内的军国主义气息，本身便与奥林匹克运动会"和平、包容、公平竞争"的宗旨相悖。因此日本政府从申办夏季奥运会开始便各种风波不断，先是1936年前来日本实地考察的国际奥委会代表团抵日前夕，东京爆发"二二六事件"，令日本政府颇为尴尬。而在正式确定日本东京为夏季奥运会举办地之后，1937年7月7日"卢沟桥事变"引发的中国抗日战争，又令日本在国际社会颜面扫地。

1938年7月于开罗举行的国际奥委会上中国代表强烈抗议日本入侵中国破坏世界和平，违背奥林匹克精神，强烈要求撤销日本的夏季奥运会举办权。而此时日本国内以陆军为首的军国主义势力，也纷纷以夏季奥运会场馆建设占有了日本有限的钢铁资源为由要求停办奥运会。面对来自内部和外部的反对声浪，日本政府虽然最终于1938年7月15日正式决定停止主办夏季奥运会的各项工作，但内心显然还有所不甘，好在1939年9月1日"第二次世界大战"全面爆发，接替日本成为夏季奥运会主办地的赫尔辛基也无法再招待来自世界各国的运动员了。

1940年的夏季奥运会虽然不再举办了，但是面对深陷战争泥潭和通货膨胀之中的国民，日本政府还是期盼通过一系列的大型活动来提振士气，于是一场所谓"皇纪2600年"的系列庆祝活动便被提上了日程。所谓"皇纪2600年"指的是日本以神话中日本首任天皇——"神武天皇"彦火火出见即位算起，到1940年恰好2600年而生造出的一个

1940年东京夏季奥运会的宣传海报

太平洋战争全史

纪念活动。尽管日本官方最早提出要举办"皇纪2600年"庆典的概念是在1935年，但最初设想的庆祝活动，其规模远远没有后来那般宏大，更没有想到会几乎贯穿整个1940年的始终。

从1940年1月1日零点始，位于奈良县境内供奉"神武大皇"的橿原神宫的菟田宫司擂响了神殿前的大鼓，宣告新年到来。"皇纪2600年"宏大庆典正式开始。上午九点，包含旅居朝鲜、中国东北地区的全体一亿国民集体向皇居方向遥拜，此后的三天时间里共计有125万人参拜了橿原神宫。随后日本海军联合舰队也驶入东京湾，以声声礼炮向所谓的"神国日本"祝寿。

2月11日作为传说中"神武天皇"的即位之日，日本政府更举办了盛大的"纪元节"庆祝活动，"昭和天皇"裕仁带领皇室成员及全体内阁大臣，齐聚东京皇居外苑，通过日本放送（广播）协会的现场转播，日本国民第一次聆听到了"天皇"的所谓"鹤音"。"昭和天皇"裕仁诏谕全体国民："尔臣民宜驰思神武天皇之创业，思皇图之宏远、皇谟之雄深，和衷戮力，发挥国体之精华，以克服时艰，昂扬国威，回答祖宗之神灵。"

随后的几个月里，本是天皇裕仁接受列国"朝贺"的时间，无奈欧洲诸国此时忙于战事，而日本陆军扶植的汪精卫伪南京国民政府刚刚于1940年3月30日举行"还都"仪式，不免急于向日本方面效忠。因此唯有伪满洲国皇帝溥仪，于4月26日前来祝贺，或许正是因为来访的"重量级嘉宾"实在太少，天皇裕仁在前往迎接溥仪之时完全忘记了摆出"宗主国"的派头，反而显得有些卑躬屈膝。

在"皇纪2600年"系列庆祝活动的推动之下，日本国民逐渐淡忘了从远方中国战场上不断传来的伤亡报告，无视了日益高涨的米价，甚至连内阁之中不断爆出的丑闻也开始充耳不闻起来。正是在这种一连串庆典接二连三举办的遮蔽之下，日本政坛悄然完成了一场"新体制运动"。

1939年12月26日，由于对首相阿部信行长期以来任人唯亲，以及日本政府无力控制国内飞腾物价的不满，日本国会众议院发起了对阿部信行内阁的不信任案。陆军出身的阿部信行本打算借助军队力量以解散国会相抗衡，孰料此时日本陆军同样承受着来自对现实日益不满的国民的巨大的压力，担心一旦解散国会重新选举议员，将导致更大规模的反

天皇裕仁迎接来访的溥仪

战、反军言论的大爆发，因此反而规劝阿部信行做出让步，失去了最大助力的阿部信行只能于 1940 年 1 月 14 日宣布总辞职。

阿部信行内阁倒台之后，日本陆军曾一度力主由畑俊六、杉山元或者寺内寿一等陆军大佬上台组阁，但由于各派政党对日本陆军均没有好感，且陆军内部对究竟推举哪一位大佬还存在分歧，因此最终由陆军人士出任首相的计划胎死腹中。陆军方面转而寻求与公卿阶层的代表近卫文麿结盟，但近卫文麿深知此时日本政坛风云激荡，自己上台组阁势必成为众矢之的，随即以"新内阁必须以财政经济为重点，而自己对处理财政毫无信心"为由坚辞不受。于是，被视为日本军队之中"亲美派"代表的海军大将米内光政便成为出任首相的热门人选。

1940 年 1 月 16 日，米内光政正式出任日本第 37 任首相。但尽管米内光政留用了阿部信行内阁时期的陆军大臣畑俊六、海军大臣吉田善吾等人，但日本军队之中对其长期"亲英美"的立场依旧表现出了强烈的不满，而在 1940 年 2 月国会复会当天，律师出身的"立宪民政党"议员斋藤隆夫发表了针对日本陆军无限扩大战争，要求追究近卫文麿等人决策失误的所谓"反军演讲"。

斋藤隆夫之所以选择此时发难，除了受到日本经济常年为战争所累、民不聊生的刺激之外，很大程度上还是将矛头对准了一手推动中日战争全面爆发，此时又高举所谓"建立东亚新秩序"，反对米内光政与中国媾和、向英美让渡利益的近卫文麿等人："关于

太平洋战争全史

处理事变（指中日战争），近来盛行所谓东亚新秩序的说法，这种说法几年来也出现在欧洲。按其欧洲的含义是：没有资源的国家向有资源的国家要求分割领土，是一种弱肉强食。在欧洲建设新秩序的意义是支离破碎的，那么建设东亚新秩序，又是什么东西呢？……在圣战美名之下，无视国民的牺牲，至今连事变的目的都不敢挑明，只是罗列什么国际正义、共存共荣之类的华丽辞藻，如果贻误国家百年大计，政治家是死有余辜的。"

尽管事后在日本陆军方面的强大压力之下，斋藤隆夫被剥夺议员身份、为"立宪民政党"所开除，更险些引来牢狱之灾，但他的言论显然令近卫文麿和日本陆军方面产生了米内光政内阁执政下可能出现各派政党对自己"反攻倒算"的担忧。要避免这种局面的出现，单纯依靠更换几个首相显然是做不到的，于是近卫文麿等人开始了从根本上摧垮日本政党政治的谋划。

1940 年 6 月 1 日，内大臣汤浅仓平由于身体原因而离职。近卫文麿随即推举了与自己关系莫逆的木户幸一补位。此举从日后来看，可谓是近卫文麿为推行自己谋略而掌握"天皇诏命"的第一步。随后近卫文麿又借助米内光政在国内推行的以鼓励节约、支持生产报国而开展的"物心一体"运动，发起了所谓"万民一体"的"新体制运动"。而随着"新体制运动"的日益壮大，近卫文麿自感上台组阁的时机已经成熟，随即暗中开始部署推倒米内光政内阁的行动。

1940 年 7 月 22 日，在连续躲过了日本陆军"少壮派"多次暗杀之后，米内光政最终在陆军大臣畑俊六单独辞职的情况下，被迫宣布内阁总辞职。陆军方面之所以如此决绝地要求米内光政下台，是因为此时纳粹德国在西欧战场上大获全胜，不仅成功迫使法国投降，更令英国陆军在敦刻尔克大撤退中严重失血。有鉴于此，日本陆军方面建立"德、日、意三国同盟"的心思再度活泛起来，作为"亲美派"代表人物的米内光政自然就成了必须搬除的挡路石。

鉴于近卫文麿此时无可匹敌的政治影响力，推举新任首相的重臣会议只开了 30 分钟便做出了决定。但耐人寻味的是，可以说是一手将近卫文麿培养起来的西园寺公望在此时却并不看好自己的这位"再传弟子"，以"近来不仅疾病缠身，而其对政情生疏，难以做出负责的回答"

为由拒绝发表意见。可惜在此时的政治大环境之下，西园寺公望这位"重臣"的意见也已经不再重要了。

近卫文麿志得意满地准备第二次上台组阁，在海军大臣继续留用吉田善吾的情况下，近卫文麿在陆军大臣的人选上却别出心裁地任用了人望和资历都属于"小字辈"的东条英机。之所以此时将正出任日本陆军航空总监的东条英机推上陆军大臣的高位，一方面固然是因为东条英机在中日战争之中也算是屡立战功、"深孚众望"，但更为重要的是在近卫文麿看来东条英机不仅有着在德国长期工作的经验，对于日本即将加入"德、日、意三国同盟"的相关事宜颇有助力，同时由于东条英机在关东军、日本陆军宪兵等职能部门都曾有过不俗的表现，可以帮助自己更好地掌握陆军。

1940 年 7 月 19 日，近卫文麿在其位于东京杉并区的私宅"荻外庄"，与即将出任陆军大臣的东条英机、被委任为外务大臣的松冈洋右以及海军大臣吉田善吾召开闭门会议，史称"荻窪会谈"。正是在这次会议上，第二次近卫文麿内阁基本确立了其未来的施政方针：在积极与纳粹德国展开接触，建立"德、日、意三国同盟"、仿照德国与苏联签订《互不侵犯条约》的情况之下，在包括英、法、荷兰、葡萄牙殖民地在内的亚洲东部积极推进所谓"东亚新秩序"。可谓是高举起了"南进"的大旗。

7 月 22 日，第二次近卫文麿内阁正式组建。4 天之后近卫文麿发表所谓"基本国策纲

第二次近卫内阁全体合影

要"，以改善长期以来日本国民经济发展不均衡、未来将重视民生为托词，首次提出了建立以日本为中心的所谓"日、'满'、华经济一体化"的理念。这一设想在松冈洋右于 8 月 1 日的一次对外讲话中，被形象地称为建设"大东亚共荣圈"。

在确立了加速对外扩张的基调的同时，近卫文麿在日本国内也开始全面整合各派政党势力。在此前的"新体制运动"中，近卫文麿便以所谓"军政一体化"的名义，整合日本陆、海军内部各派势力。此番正式上台之后，更发动成立了所谓的"大政翼赞会"。

所谓"大政翼赞"，从字面理解就是如羽翼一般赞美和襄助天皇之意。但近卫文麿组建这一政治组织的目的，更多的是为自己的野心服务。在一干御用学者的鼓吹之下，近卫文麿所领导的"大政翼赞运动"将日本陆军迟迟无法击败中国抗日军民、日本国内经济每况愈下、国际形势日益对日本不利等因素统统归咎于日本国内政党林立、内讧不断，提出只要建立所谓的"一元政治"，便可以集中全国之力，轻松解决任何问题。

如此一本正经地胡说八道，却由于近卫文麿摆出纳粹德国和苏联成功的先例，并得到日本军队特别是陆军的保驾护航而大行其道，逐渐演

近卫文麿所成立的"大政翼赞会"总部

变为反对"大政翼赞会"就是反对"天皇"的上纲上线。在这样的情况之下，任何日本国内的政党都无法与"大政翼赞会"正面抗衡，唯有乖乖地宣布解散，并融入其中。

1940年10月12日，伴随"大政翼赞会"正式成为囊括日本国内各派政治势力的大杂烩，日本海军于此前一天在横滨湾展开了一场空前规模的"观舰式"（海上阅兵）。天皇裕仁于当天上午8点15分于东京火车站乘坐皇室专列抵达横滨港站，随后登上被选定为"御召舰"的战列舰"比睿"，以重型巡洋舰"高雄"为前导，在担任"供奉舰"的重型巡洋舰"加古""古鹰"的护航下，离开码头前往"观舰式"海域。

上午10点，乘坐着战列舰"比睿"的天皇裕仁穿行过排成六列的日本海军共计596000吨的92艘各型战舰。与此同时由日本海军航空兵专家小泽治三郎指挥的527架各型战斗机以12架巨大的"九七式"大型水上飞机为前导，在横滨湾上空展开了规模空前的"空中分列式"。上午11点整，在"空中分列式"结束之后，天皇裕仁在"御召舰"上接见了指挥此次海上阅兵的联合舰队司令山本五十六、联合舰队参谋长福留繁及各舰舰长。下午1点半，在裕仁于"比睿"上用过了所谓的"御昼餐"之后，战列舰"比睿"才返回横滨港。

在此次盛大的"观舰式"之中，日本海军几乎亮出了自己的所有家底。除了向日本国民展现所谓"海鹫三千、艨艟八百"的强大国防力量

"皇纪2600年"日本海军"观舰式"的现场

策马检阅陆军的天皇裕仁

之余，自然也是在英、美等潜在敌人面前"大秀肌肉"，为近卫文磨内阁下一阶段的"南进"政策提供武力支持。而在检阅了日本海军之后，1940 年 10 月 21 日，天皇裕仁又在代代木阅兵场亲自驱策爱马"白雪"，检阅了日本陆军近卫师团所部官兵。

11 月 11 日，在皇宫二重桥前举行的庆祝神武天皇即位 2600 周年的大型庆典，最终将这一年的庆祝活动推向了高潮。上午 10 点，全体成员先高唱国歌《君之代》，然后首相近卫文磨致祝词，接着身穿军装的天皇继续向臣民发表训谕，随后东京音乐学校的 400 名男女学生在陆海军军乐队的伴奏下合唱由德国音乐家理查·施特劳斯创作的《颂纪元2600 年之歌》，日本各神社都向神武天皇之灵奉纳了名为《悠久》的奈良朝凤舞蹈。在这种看似举国同庆的氛围之中，几乎没有人会想到，此后等待全体日本国民的，将是一场空前的豪赌和最终坠入深渊般的无边苦难。

（十三）南进序曲——"对华切断作战"和围绕法属印度支那的纷争

在"皇纪2600年"系列庆祝活动前后所营造的"神国日本"宛如泡沫般的浮华盛景之下，欧洲局势发生了天翻地覆般的剧变。自1939年9月1日纳粹德国对波兰宣战，短短一个月的时间之内，号称"欧洲第四陆军强国"的波兰便土崩瓦解。至10月6日，纳粹德国和苏联便完成了对波兰全境的占领，西方史学家所定义的"第二次世界大战"中的"波兰战役"至此结束。

在"波兰战役"全面展开并迅速宣告终结的同时，对德国宣战的英、法却始终在西线保持防守姿态，被西方史学家称之为"静坐战争"或"奇怪的战争"。尽管后世纷纷指责时任英国首相亚瑟·内维尔·张伯伦（Arthur Neville Chamberlain，1869—1940年）和法国总理爱德华·达拉第（Edouard Daladier，1884—1970年），不仅长期推行"绥靖政策"，最终养虎为患，在关键时刻更失去了放手一搏的勇气，白白错失了德国军队主力集结于东线、西线空虚的大好良机。但事实上20世

以"绥靖政策"而闻名的英国首相张伯伦在慕尼黑会见希特勒

纪 30 年代的英、法远没有表面上看起来那么强大，除了饱受第一次世界大战期间国力透支和人口锐减等因素困扰，被席卷全球的"大萧条"经济危机重创之外，英、法在"第二次世界大战"爆发之前，还存在着经济结构严重失衡，以及国内各种政治思潮动荡等不利因素。

英、法长期以来都倚仗于其海外辽阔的殖民体系获取廉价的工业原料和劳动力，同时也形成了以对外倾销快速消费品为主导的外向型经济体系，在这样的经济模式之下，英、法在世界范围内的经济危机中所遭受的打击，远大于纳粹德国。而经济上的持续低迷和疲软，又引发了政治上的严重分歧。

英国国内高举"费边社会主义"①大旗的工党（Labour Party），不仅反对政府在"第一次世界大战"结束之后继续加大军费投入，更在对外事务中秉承理想主义信条，力推集体安全和所谓的"民主原则"。甚至到 1935 年大选时，英国工党还在指责保守党政府重整军备的决定是对"世界和平和本国安全的威胁"。激进的工党议员甚至喊出了"关闭征兵站，解散军队，解除空军的武装"，"废除整个可怕的战争设施"的口号。无奈之下，1935 年 11 月，张伯伦在反驳工党反对重整军备的主张时不得不声称："我们的政策是要防卫（defence）而不是要视若无睹（defiance）。"正是在工党的反对声中，在 1939 年之前的 6 年时间里，英国的军费开支长期仅为德国的三分之一（法国则为不到六分之一）。

与英国国内工党和保守党两派拉锯的局面相比，法国的情况更为混乱不堪。第一次世界大战中击败宿敌德国的亢奋，令法国军队内部产生复辟拿破仑时代帝制和建立类似于德国、意大利法西斯独裁政权的右翼思潮，而俄国"十月革命"的胜利和此后社会主义建设中所取得的辉煌成果，也令曾经产生"巴黎公社"运动的法国共产党人跃跃欲试。在左、右两股思潮持续对立和相互拉锯的过程中，法国国内社会撕裂、人心动荡。甚至在向德国宣战之后，左翼党派"激进党"出身的法国总理达拉第还在忙着打压法国共产党人。

---

① 费边社会主义——又称"渐进式社会主义"，即不主张暴力革命而认为社会改革应循序渐进，因取公元前 3 世纪古罗马共和国主张等待时机、避免决战的战略而著名的将军费边而得名。

"静坐战争"中进入法国境内的英国远征军

被英国海军包围，被迫自沉的德国海军袖珍战列舰"施佩伯爵"号

国力上的孱弱和国内各种政治势力的相互倾轧，令英、法无力向德国主动进攻，只能在法、德边境地带集结军队，以充作外交斡旋的筹码。而向来在外交领域长袖善舞的希特勒，在大举入侵波兰的同时也不断摆出与英、法谋求和平的姿态。正是在这种外交烟雾的掩护之下，德国军队在结束了波兰境内的战事后火速西调，紧锣密鼓转入了对英、法的战争准备之中。

当然英、法地面部队与德国展开对峙的同时，也不断通过自身的海上优势向柏林方面施压。英国皇家海军在世界各地搜捕德国商船，一度逼迫深入南大西洋执行"破交任务"的德国海军袖珍战列舰"施佩伯爵"号（Admiral Graf Spee），自沉于乌拉圭首府蒙得维的亚（Montevideo）港内。

1940 年 1 月 21 日，英国皇家海军轻型巡洋舰"利物浦"号（HMS Liverpool, C11），强行在日本近海拦截了日本客轮"浅间丸"，逮捕了船上的 21 名德国人，引发了日本国内又一轮的反英浪潮，是为"浅间丸事件"。正是担心英国皇家海军会封锁丹麦海峡，甚至深入波罗的海，阻断德国从瑞典获取优质铁矿石，1940 年 4 月 9 日，德国军队发动代号为"威瑟堡演习"的军事行动，鲸吞丹麦并在挪威南部沿海登陆。

英、法虽早已有心在利于发挥己方海军优势的挪威与德国交锋，并一度重创德国海军，但这一次要战场的得利却无法改变英、法与德国在国力上的巨大差距。1940 年 5 月，德国军队发动代号为"黄色方案"的全线进攻，以 B 集团军群迅速瓦解了荷兰和比利时两国的抵抗，引诱英、法联军进入法国与比利时交界地带，随后集结了德国陆军精锐装甲部队的 A 集团军群从阿登山区包抄英、法联军的侧翼，迫使对手退守在港口设施极差的敦刻尔克，英国远征军最终以丢弃几乎所有重型装备和数万法国陆军为代价，狼狈撤回国内。而在比利时边境地带严重失血的法国陆军也无力再阻挡德国军队的兵锋，不得不在 1940 年 6 月 14 日放弃巴黎，并在三天之后宣布投降。

纵观这场被西方史学家称之为"第二次世界大战"之"法国战役"的全过程，与其说英、法是输在"静坐战争"中的妇人之仁，错失良机，不如说是其与德国在国力上的巨大差距直接投射在了战场之上，纳粹德国高举"要大炮不要黄油"的旗号发展起来的武装力量，拥有着英、法难以企及的机动和作战能力。第一次世界大战后期成长起来的新一代"容克军官团"[①]更拥有着英、法那些垂垂老矣的"一战英雄"所不具备的全新战术思维。

英、法在西欧战场的迅速溃败虽然出乎全世界的意料，但作为长期与德国有着结盟意愿的日本陆军，却早在战争爆发之初便按照"德国必胜"的先决条件，展开了一系列战略部署上的调整。当然这一前景预判之中不仅掺杂有一些主观好恶的成分，更是日本国家利益最大化的选择。毕竟在日本看来如果英、法在战争中获胜，势必会进一步扩张其在远东的影响力，逼迫日本陆军从中国大陆全线撤军。而如果德国获胜，日本却可以利用这一有利时机，撬动英、法在远东的殖民体系。

正是基于这样的理念，1939 年 9 月中旬，日本陆军方面便以"切断敌西南补给线"为名，将原本为了应对诺门坎战事而从中国华北战场

---

① 容克军官团——"容克"是普鲁士地区封建小领主的别称。多年以来与外敌和自然环境的争斗，锤炼出了其尚武坚韧的性格品质，普鲁士公国以来所推行的军国主义更令其成为了德国社会的中坚力量。

被德国军队击溃的法国机械化部队

　　抽调至中国东北的第 5 师团转往中国华南地区，配合此前夺占中国海南岛的"台湾混成旅团"，于 1939 年 11 月 15 日，在当时中国广西省北部湾龙门港一带登陆，并迅速向纵深推进，于 11 月 24 日攻占广西省会南宁。

　　日本陆军的此番"对华切断作战"，表面上是为了攻占中国广西南宁至龙州一线，以切断退守重庆的中国重庆政府通过法属滇越铁路和英属缅甸公路获得来自海外的物资和经济援助，但事实上却是"项庄舞剑、意在沛公"。按照日本陆军方面的规划，一旦其在中国广西境内站稳脚跟，不仅将通过政治攻势，策动广西当地的桂系、云南方面的滇系军阀脱离重庆国民政府，更将对法国在东南亚最大的殖民地——法属印度支那 [1] 形成威压之势，此后可视欧洲战局的发展，通过外交手段逼迫法国政府将该地区的利益逐步让渡给日本。

　　可惜日本陆军的如意算盘很快便在中国重庆国民政府的全力反击之下归于破产。从 1939 年 12 月 18 日开始，在中国陆军第 5 军等各部的

---

① 法属印度支那——指 18—19 世纪间法国在东南亚中南半岛东部的一块殖民地，范围大致相当于今越南、老挝、柬埔寨三国面积之和，兼有从大清帝国手中强迫租借的广州湾（今中国湛江市），面积为 747391 平方公里。

围攻之下，据守昆仑关的日本陆军第 5 师团伤亡惨重，被迫后撤。尽管在昆仑关战役之后，中国陆军也一时无力收复南宁，但日本陆军利用所谓的"对华切断作战"，一举策动广西、云南两省"独立"的企图也归于破产。借此机会染指法属印度支那，更是一时无从谈起。

不过日本陆军并不打算就此收手，在继续向中国大陆增兵以应对1939 年 12 月开始对中国军民所发动的"冬季攻势"的同时，日本政府也全力向正在与德国对峙的英、法施加压力，要求其主动切断英属缅甸公路和法属滇越铁路。但这项工作一直到法国战败投降前夕的 1940 年 6 月20 日，才初见成效：接掌法国政府的贝当元帅宣布禁止通过法属印度支那向重庆方面运送援助物资，但英国政府仍拒绝关闭英属缅甸公路。

对于表现得颇为强硬的英国新任首相丘吉尔，日本方面一时倒也无可奈何。但对于颇为恭顺的法国，日本陆军却遏制不住扩张的冲动，开始通过外交途径，向法国方面提出日军陆军通过法属印度支那北部运兵和在该地区驻扎以及法国政府为此提供所需的一切方便等非分要求。

日本陆军方面提出上述要求的理由是法国方面虽然同意禁止对华援助物资过境法属印度支那，且接受日本陆军以少将西原一策为首的日本陆军办事处进驻河内，但仅凭少数派驻机构无法完成监督工作，另外刚刚在昆仑关遭遇重创的日本陆军第 5 师团近期要转运至中国上海地区休整，从交通上来看有必要借道法属印度支那北部地区。

对于日本方面的这番强盗逻辑，法国人自然是无法接受，但此时已经屈从于纳粹德国铁蹄之下的贝当政府却没有拒绝的实力。面对自 1940年 7 月 1 日开始，日本陆军第 5 师团全面进驻中越边境，并着手破坏法属印度支那北部的铁路及公路设施的行径，法国政府只能通过日本陆军派驻河内办事处的西原一策少将，向日本政府表达了以下愿望："如日本政府同意保持法属印度支那的领土完整，法属印度支那即准备与日本签订防守同盟，结成对蒋介石的共同战线。希望速由日本政府提议。如能签订上述同盟，则目前所有问题，自可迎刃而解。"

法国政府的上述提议对日本陆军虽然颇有吸引力，但随着 1940 年7 月 3 日，英国政府为防止法国海军主力舰队落入纳粹德国之手，发动全面攻击和夺取法国海军主力舰的"投石机行动"（Operation Catapult），法国不仅在国力上再遭重创，外交上也更趋孤立。在这样的情况之下，

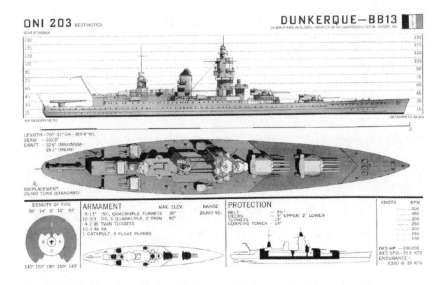

在英国海军发动的"投石机行动"中侥幸没有沉没的法国海军战列舰"黎塞留"号

日本陆军拒绝了法国方面的建议，坚持要入驻法属印度支那北部地区。

　　日本陆军原本以为已经战败的法国最终只能任由自己摆布，孰料法属印度支那总督卡特鲁（Georges Albert Julien Catroux，1877—1969 年）却颇为强势地发表声明称："同意日军进驻法属印度支那以及利用各种军事设施，事实上即是承认其的占领，势将对英、美关系产生种种问题，因此不能同意。"卡特鲁这番话看似是站在法国的立场之上，但日本却还是听出了其弦外之音，显然英、美已经将法属印度支那视为其在东南亚势力范围的桥头堡，日本如果试图染指，势必将引来英、美的联手干预。

　　鉴于法国方面的强硬立场，时任日本首相米内光政一度也无可奈何，但随着近卫文麿的第二次上台组阁，并确立了"南进"的政策方针，日本陆军方面从 1940 年 7 月下旬起，便在法属印度支那北部开始了新一轮的挑衅。7 月 20 日，日本陆军第 5 师团新任师团长中村明人在中越边境会见了西原一策陪同下的法国陆军前线指挥官麦努勒，事后中村明人向日本陆军参谋本部报告称西原一策极端亲法，甚至有媚外之举，要求由自己全权处理法属印度支那问题。

　　不等中村明人的相关报告得到回复，7 月 22 日日本陆军"华南方面军"以运输船"京城丸"搭载一个小队步兵，以押运 1000 吨粮秣为名进入海防港。法国方面随即以拒绝为该船卸货展开对抗。7月24日，法国海军远东舰队司令德库（Jean Decoux，1884—1963年）接替卡特鲁出任法属印度支那总督，更令日本陆军感觉法国方面主动让步的希望渺茫，"华南方面军"随即开始研究以武力强行夺占法属印度支那的可能性。

按照日本陆军"华南方面军"的计划，拟定于1940年8月10日出动第5师团攻入法属印度支那境内，孰料7月30日，西原一策返回东京，游说日本陆军高层，最终令日本政府做出"暂且通过外交谈判处理"的决定。在此后的两个多月时间里，在日本外务大臣松冈洋右与法国驻日本大使安里达成"保证尊重法国的主权和领土完整"的《松冈—安里协议》基础之上，西原一策与法国陆军驻印度支那司令马尔丁之间展开一系列谈判，最终催生出了俗称《西原—马尔丁协定》的《为产生日本、法属印度支那军事协定的基础事项》。

但就在《西原—马尔丁协定》即将签署的9月5日，法国方面突然接到了日本陆军航空兵及驻守中国镇南关的第5师团一个大队越境的消息，马尔丁随即以日本方面言而无信为由拒绝与西原一策签署协议。贼心不死的西原一策在河内盘桓到9月22日，好不容易说服了法国方面同意按此前协定，接纳日本海军进驻海防港，日本陆、海军航空兵可使用谅山等地四处机场。但就在西原一策的电报传到东京之后，不甘人后的日本陆军参谋本部随即命令第5师团于9月23日零点强行从陆路进驻。

日本陆军方面原本以为法国人对于自己的武装进驻毫无办法，殊不知法国陆军边防部队面对大举南下的日本陆军不仅毫无惧色，更在谅山、同登等边境要塞地区展开了火力拦截。第5师团号称日本陆军之中的王牌，岂能忍受这样的屈辱，随即摆出对法国陆军全线进攻的架势。

根据日本陆军第5师团最初的估算，攻占谅山等地的战斗将持续到9月25日左右，不料9月23日下午5点40分，中越边境的法国陆军便全线打出了白旗。而由于日本陆军方面爆发冲突的消息传来，原本准备和平进驻海防的日本海军也改变计划，于9月26日对海防港展开轰炸，并准备强行登陆。好在西原一策及时向陆军参谋本部发出事态已经平息的电报，一场更大规模的战斗才最终消弭于无形。

第5师团强行进驻法属印度支那的军事行动，本是日本陆军长期以来孜孜以求的"南进"行动的序曲，得到了首相近卫文麿、陆军大臣东条英机等人的默许。但出乎日本方面意料的是，就在日本海军航空兵空袭海防的 9 月 26 日当天，美国政府宣布除西半球各国和英国以外，禁止向其他国家输出废铁和钢铁。随后英国也于 10 月 8 日宣布，不再考虑关闭滇缅公路。

美、英方面的对日强硬立场，自然不仅仅是针对日本陆军强行进驻法属印度支那北部的回应，更是对日本政府于 1940 年 9 月 2 日正式加入"德、日、意三国同盟"的反击。但遭到美国"钢铁禁运"打击的日本政府不可能责难近卫文麿加入"三国同盟"的决策有误，只能迁怒于率部越境的第 5 师团长中村明人、被派到当地负责指挥作战的大本营陆军作战部长富永恭次等人。

讽刺的是，由于引发了美国方面的制裁，日本政府对内严密封锁了武装进驻法属印度支那的相关消息，但当被从精锐的第 5 师团调回参谋本部投闲置散的中村明人出现在东京火车站时，还是引来了《读卖新闻》等报刊记者的注意，面对记者的采访，中村明人倒也不怯场，大谈了一番前线官兵含辛茹苦、仰赖天皇圣恩，然后话锋一转，以日本"将棋"为比喻，暗示在中国和法国之外还有更为关键的敌人——"美国"需要打倒，最终以一句"战斗才刚刚开始"结束了访谈。

中村明人的话从某种角度来看，并非全无道理。如果将环太平洋日、美、英三方的对峙化为一个大棋局来看，法属印度支那似乎只是无关紧要的一隅。但其不仅地理上扼守着美国所控制的菲律宾和英属马来亚的交会处，更被美、英视为西方在东南亚的利益前哨站，日本公然染指法属印度支那的举动，就如同"将棋"之中的步兵越过中线，自然会引发一系列的连锁反应。不过对于短视的日本而言，他们仅看到现实的利益，而忽略了背后所隐藏的巨大危机。

（十四）未雨绸缪——日、美对立的加剧和双方战争准备

自"九一八事变"以来，英、美便始终对日本在亚洲大陆的扩张表现出忧虑和不满，各种经济制裁的呼声和举措更是时有发生。但日本政

府却始终我行我素。那么为什么在武装入驻法属印度支那北部，遭遇美国"钢铁禁运"却令日本方面颇为紧张呢？这内在的政治逻辑就不得不从1939年"第二次世界大战"爆发以来的日本经济所陷入的困局说起了。

第一次世界大战时期日本曾利用欧洲各国忙于征战、其资本和产品大举从亚洲退潮而获得了丰厚的经济利益，史称"大战景气"。但是造成那场繁荣的前提是日本并未真正涉足战争之中，而当这一场新的世界大战来临之时，日本却已经在中国断断续续进行了长达8年的战争，期间产生的巨额军费开支，不仅完全透支了日本的国力，更彻底地改变了其产业结构。

从明治、大正年间一直到昭和初年，日本虽然也不断向其重工业特别是军工系统注入巨额资本，但总体来说日本经济依旧以纺织等轻工业为支柱。但随着中日战争的爆发和逐步升级，日本经济发展的重心，开始高速转向军工及与军工相关联的其他产业。起初这种转变得到了日本国内各路财阀的欢迎，在他们看来大量的军队订单涌入，不仅将为"大萧条"以来普遍开工不足的日本经济注入活力，更将带动整体产业升级。但这种天真设想，

日本昭和时代的重工业代表"八幡制铁所"

很快便被无情的现实所粉碎。

尽管经过了明治维新以来漫长的积累和扩张，但日本的总体经济体量相对于其称霸亚洲、瓜分世界的勃勃野心而言，依旧处于"器小溢满"的状态，特别是在其对侵占的朝鲜半岛、中国东北等殖民地掠夺多于给予、破坏多于建设的情况之下，事实上主要依靠日本本土来消化多余的工业产能和金融资本的情况之下，长期为扶植军工产业而不顾经济规律强行注入的大量资本，最终必然引发规模空前的通货膨胀。

根据日本银行的调查，日本国内的物资批发价格连年上涨。1937年为238.2%，1939年为277.5%，到了1940年竟高达311.3%。之所以出现这样的情况，自然是因为战争的加剧令其他与战争相关的物资迅速消耗，直接导致在日本国内销售价格的水涨船高。

为了平抑物价，历届日本政府都采取了相应的措施，但效果却乏善可陈。究其原因，除了垄断日本国民经济的各大财阀不愿意放弃自身的利益之外，更重要的是日本此时的经济结构已经陷入了空前的失衡之中。政府开出巨额"临时军费"采购订单，养肥了以军工系统为首的重工业，使其肆无忌惮地侵占大量的社会资源，严重影响了消费品等轻工业的发展。而大量青壮人口投身于军队及与之相关的各种后勤单位，更令本就劳动效率极其低下的日本本土农业呈现日益凋敝的态势。

畸形的经济结构还带来日本在外交抉择上进退维谷的窘境：一方面为了尽快结束这种军工系统蚕食正常国计民生的局面，日本始终在谋求迅速解决中日战争的可能性。但为了迅速解决中日战争，又不得不继续加大对军工系统的投入和扶植力度。另一方面，在以英、美为首的西方各国加大对重庆国民政府支援的情况下，日本与其矛盾日益激化，向英、美宣战的呼声在国内日益高涨。但与此同时，由于国内基础工业的薄弱，日本在石油、钢铁原材料、机床设备和零件方面又处处仰西方特别是美国的鼻息，不得不始终保持着谨小慎微的态度，唯恐美国方面一怒之下对日本采取贸易管控甚至全面禁运的经济制裁。正是在这种进退维谷之中，日本在因强行进驻法属印度支那北部而遭到美国钢铁禁运之后，才显得格外惶恐不安。

不过美国政府在对日经济制裁方面的态度也并非十分坚决。美国经济在经历了1929年"大萧条"的重创之后，始终复苏乏力。1937年

1936 年赢得总统大选之时的罗斯福

9 月，美国纽约证券交易所的又一轮暴跌，令美国若干工业部门的产量再度降到 1932 年的低谷状态。正是美国经济经历了如此可怕的"断崖式"下跌，令罗斯福不得不在 1937 年 10 月 5 日，于芝加哥发表了著名的"隔离政策"讲话。在讲话中罗斯福虽然强调了"在这个国际信义和安全保障遭到破坏的无秩序的世界里，单纯采取漠不关心的超然态度是无法彻底保证安全的"，但是同时他仍强调"我们正在采取措施，尽量减少卷入他国纠纷的危险"。

罗斯福所奉行的"隔离政策"从一个侧面表现了美国在对外政策中首鼠两端。一方面发动全面侵华战争的日本、入侵埃塞俄比亚的意大利以及正在强化自身军备的德国均对美国的海外利益和本土安全构成了严重的危险，但另一方面美国政府暂时仍无力卷入一场海外战争。因此后世形象地将罗斯福的"隔壁政策"表述为：将"法西斯病毒"隔离在一个远离美国的地方，让其肆意地繁殖、生长。

不过尽管"隔离政策"无法真正地消灭"法西斯病毒"，但却为美国方面赢得了时间。1938 年初罗斯福在《国情咨文》中宣布"今天，美国政府愿意尊重别国的权利，而为了使别国尊重美国的权利，我们必须保持足使自己充分强大的军费"，正式宣告了美国逐步加大军费投入、整军备战的开始。当年 5 月，美国国会通过著名的"鹰派"议员卡尔·文森（Carl Vinson，1883—1981 年）所倡导的《扩充海军方案》（也

建设中的美国海军新一代战列舰"南达科他"号

称《第二次卡尔·文森法案》），投资 10.5 亿美元，打造以 3 艘"南达科他"级战列舰、1 艘"埃塞克斯"级舰队航母以及大量新型巡洋舰、驱逐舰和潜艇组成的新锐舰队。

美国政府加大国防投入、全面强化海军的消息传来，日本政府随即于 1939 年拟定了海军方面的"第四次补充计划"（"丸四计划"），开工建设两艘"大和"级战列舰（一艘为日后改造为航空母舰的"信浓"，另一艘则宣告取消）、1 艘 28500 吨级舰队航母（日后的"大凤"）、4 艘"乙型"巡洋舰（日后的"阿贺野"级轻型巡洋舰）、2 艘"丙型"巡洋舰（日后的"大淀"级轻型巡洋舰）、18 艘"甲型"驱逐舰（日后建成为 4 艘"阳炎"级、11 艘"夕云"级和 1 艘"岛风"级驱逐舰）、6 艘"乙型"驱逐舰（日后建成为 6 艘"秋月"级驱逐舰）、1 艘"甲型"潜艇（日后建成为"伊 9"级潜艇"伊 11"）、15 艘"乙"型潜艇（日后建成为 14 艘"伊 15"级潜艇）、10 艘大型潜艇（日后建成为 10 艘"伊 176"级潜艇），加上其他辅助舰艇的投入，总计预算为 12.0578 亿日元。此外为组建 75 个海军航空队，还需要投入 3.7294 亿日元。

在美、日之间这场耗资巨大的海军军备竞赛之中，尽管双方都不遗余力投入巨资，但得到的效果却截然相反，对于金融资本和工业产能都严重溢出的美国而言，《扩充海军方案》的通过，不仅有效消化了过剩产能，更对美国经济走出"大萧条"以来的持续衰退，提供了巨大的助力。但对本身经济状况已捉襟见肘的日本而言，却无疑是又一次严重的国力透资。

正是缘于双方之间巨大的国力差距，1940 年美国政府以日本方面推进"丸四计划"为由，追加了新的海军扩充计划。1940 年初卡尔·文森又一次提出海军扩充方案，提议建造 2 艘新型的"衣阿华"级新型战列舰的同时，追加 3 艘"埃塞克斯"级舰队航母，史称《第三次卡尔·文森法案》。应该说卡尔·文森的这一计划，多少有些谨慎，完全不符合美国政府财大气粗的胃口，于是提案到了国会之后，很快便在海军的要求之下，将"衣阿华"级新型战列舰的订单，增加到 4 艘。

1940 年 7 月 17 日，美国政府以法国投降为契机，由时任美国海军作战部部长哈罗德·斯塔克向国会提交了海军扩大计划的草案，要求国会提供 40 亿美元，计划在 5 ~ 6 年建立一支两洋舰队，令海军的总规模扩大七成，史称"斯塔克方案"。"斯塔克方案"的核心是为了对抗日本方面研制、建造的"大和"级战列舰，在建造 4 艘"衣阿华"级战列舰的同时，追加 2 艘其改进型——"伊利诺斯"号和"肯塔基"号的建造计划，并开始设计建造 5 艘排水量更大、主炮口径更大的"蒙大拿"级战列舰。尽管"斯塔克方案"中也提议建造 7 艘"埃塞克斯"级舰队航母以应对日本海军航空母舰的威胁，但整体来说，还是一个基于战列舰编队主力决战的方案。

尽管从战术思想来看，"斯塔克方案"稍显落伍，但美国政府对于这一气势如虹的扩军方案颇有好感，随即将其与《第三次卡尔·文森法案》合并，称之为"两洋海军法案"。言下之意，便是要投入巨额资金

美国海军设想中的"蒙大拿"级战列舰

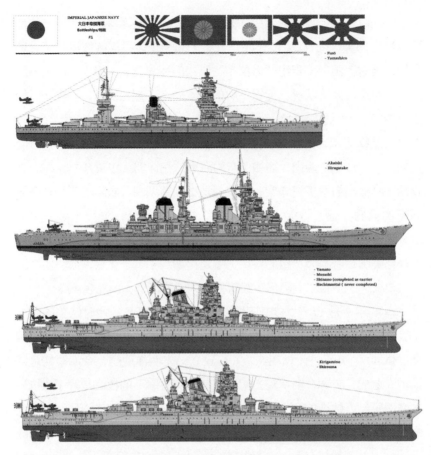

"丸五计划"实现后的日本海军主力舰艇：从上至下分别为："扶桑"级战列舰，超级装甲巡洋舰设计方案之一的"赤石"级、"大和"级、"超级大和"级战列舰

应对日本和纳粹德国同时在太平洋和大西洋对美国本土的威胁。7月18日，美国众议院以316：0的结果全票通过"两洋海军法案"，拨款85.5亿美元以支持海军的扩张。19日，时任众议院海军委员会主席的卡尔·文森以及参议员戴维·沃尔什签署通过了《两洋海军法案》，使其成为了美国历史上耗资最大的海军扩张法案。

有鉴于美国海军仅"斯塔克方案"便将新增135万吨的新型舰艇，而日本海军联合舰队总吨位也不过147万吨。承受了巨大压力的日本政府于1941年决定启动"第五次补充计划"（"丸五计划"），开工建造1艘"大和"级战列舰的改进型、2艘"超大和"的新型战列舰、3艘代号为"G14"的新型航空母舰、2艘被称为"超级装甲巡洋舰"（日本方面简称为"超甲巡")的战列巡洋舰、5 艘改进型"阿贺野"级轻型巡洋舰、4 艘代号为"815 型"的防空巡洋舰,加上其他辅助舰艇,整个"丸五计划"拟新建总吨位 65 万吨的 159 艘各型舰艇。

后世曾有好事者设想过,如果日、美双方各自熬到"丸五计划"和"两洋海军法案"完成的 1946 年再行开战,太平洋战场之上出现日本海军以 4 艘"大和"、1 艘"改大和"、2 艘"超大和"为核心组成的战列舰编队,对阵美国海军 6 艘"衣阿华"级战列舰和 5 艘"蒙大拿"级战列舰时的辉煌景象。但平心而论,即便没有太平洋战争的爆发,战列舰作为一种二维海战时代犹如恐龙一般的大而无当的存在,无论是否会经历实战的检验,最终都会随着时代的变迁,而让位于更为灵活机动的航母、巡洋舰、驱逐舰乃至潜艇。值得注意的,反而是日本海军从"丸三计划"到"丸五计划"的几年间,心态上的转变。

在"丸三计划"提出新建 2 艘"大和"级战列舰之时,日本海军事实上已经悄然改变了过去以战列舰为核心,与敌争雄于海上的设想。占有大量资源的 2 艘"大和"级战列舰,仅仅是在作为海军精神象征的同时,引诱美国方面将更多国力浪费在已经过时的战列舰设计和建造之中。但是在美国方面催动成熟的军事工业不断建造新型战列舰的情况之下,日本方面终于按捺不住,紧跟美国的脚步开始不断建造"大和"级战列舰的后续舰。固然在国力处于完全被压制的情况下,日本海军即便将营造"大和"级系列战列舰的资源,投入到建造航母或其他小型舰艇之上也难以赶超美国,但终究不至于在战争后期处于完全被碾压的状态。

在向海军方面投入巨额军费的同时,美国国会在 1940 年到 1941 年的年度预算之中还向陆军投入约 87 亿美元巨额国防经费。但就在美国的战争机器全面启动并开始逐渐加速之际,美国国内的"反战运动"却开始逐渐抬头。在 1939 年 6 月相关机构展开的民意测验之中,96% 的美国人反对参与战争。"美国人不上战场"("The Yanks are not coming")在各种反战游行中逐渐深入人心。而诸如"停止干预战争保卫美国委员会"之类的民间组织更不断开展"美国和平动员"(A.P.M)等反战运动。

事后美国政府将这些"反战运动",归为纳粹德国在美国国内操控民意的舆论战。这一说法在纳粹思想于美国国内日益猖獗的20世纪30年代的确不无道理。但第二次世界大战全面爆发的1940年，美国国内的"反战运动"很大程度上发轫于左翼政党，他们要求美国保护那些遭到法西斯迫害之难民，但同时也要根除美国国内的种族歧视。他们不反对美国增强国防，但反对由贫民承担战争费用。他们支持美国公民保家卫国，但呼吁要保护每一个公民的正当权益。他们支持给予英国、中国等反法西斯国家以援助，但要求美国停止像德、日、意轴心国那样去奴役拉丁美洲和亚洲的人民，给予波多黎各和菲律宾真正的自由。

对于这些左翼政党掀起的"反战运动"，美国政府虽然出动联邦调查局等国家机器予以镇压，但在压制左翼政党的同时，美国政府也放任美国纳粹党右翼组织的活动，以实现"左、右互搏"的平衡。与此同时，美国政府也不得不遵从民意，在一些对外政策上表现得较为谨慎。特别是在对日施压的过程中，美国政府始终调控着火候，以期望达到既不允许日本称霸东亚大陆，也不令其过分染指西方世界在当地的势力范围。因此美国政府不仅始终适当给予中国以军事援助，同时也不完全切断日本从美国获得战争资源的途径。按照华盛顿的剧本，他们期望最终出现中日双方同时在战争中耗尽气血，然后由自己从中斡旋实现和平的

20 世纪 30 年代的美国国内纳粹党游行

太平洋战争全史

局面，一如日俄战争那样。

但是美国人的如意算盘，很快便被日本紧锣密鼓的"南进"步骤所打乱。在要求武装进驻法属印度支那北部的同时，日本还不断向同样在欧洲战场本土沦丧的荷兰政府施加压力。早在荷兰本土尚未遭到德国入侵的 1940 年 1 月，日本即通告荷兰流亡政府，宣布废除日本与荷兰之间签署的司法、仲裁和引渡条例，一个月之后又向荷兰方面提出"放宽贸易限制，扩大日本人在荷属印度尼西亚经营便利"等条件。由于荷属印度尼西亚地处美国所统治的菲律宾以南地区，当地又富有石油资源，因此美国政府对此事颇为敏感，但鉴于此时日本的要求尚不过分，因此美国也仅仅口头表示反对和谴责。

1940 年 5 月 10 日，德国军队正式攻入荷兰境内。5 月 18 日，日本政府正式向荷属印度尼西亚政府提出要求，希望荷属印度尼西亚向日本出口数量更多的矾土、石油等资源。美国政府随即介入，于 5 月 30 日由驻日大使格鲁向日本方面暗示德国的胜利对日本毫无帮助，美国可以与日本签署一个更为合理的贸易协定，希望日本方面能放弃对荷属印度尼西亚的干涉，但此时日本方面自认荷兰政府已经流亡，无法抵抗日本的压力，因此对美国方面的交涉并没有太大的兴趣。在日本方面受挫的美国政府，随即决定向荷属印度尼西亚出口更多的武器。

得到美国支持的荷属印度尼西亚方面，在与日本交涉过程中表现得颇为强硬。作为日本特使的小林　三在当地活动了三个月，最后只是争取到了日本与荷兰方面发表所谓"三国同盟并不妨碍日本与荷兰间友好关系"的联合声明。小林一三的无功而返，令日本政府颇为不满。随即于 10 月 29 日向荷属印度尼西亚方面发出通牒，要求荷兰方面向日本让渡婆罗洲、苏拉威西岛等广大区域的"开放权"。

为了迫使荷兰方面做出让步，日本政府在强势发出通牒的同时，也积极与美国展开交涉。1941 年 2 月 11 日，与罗斯福颇有私交的日本海军退役大将野村吉三郎以新任驻美大使的身份抵达华盛顿，并于三天之后的 2 月 14 日向美国总统递交国书，表示"日本对荷属印度尼西亚的要求，完全是经济层面的"。美国方面也虚与委蛇，与以野村吉三郎为首的一干日本朝野人士不断展开磋商。但可惜的是国际局势的发展和变化，令日、美之间这种暧昧的关系很快便难以继续维系了。

（十五）关东特演——苏、德的战争爆发和日本陆军北进狂想

　　为了能够顺利迫使法国、荷兰在亚洲的殖民地向自己屈服，实现"南进"的宏大战略，日本在积极与美国方面展开交涉的同时，还尝试着与苏联方面改善关系。此时随着第二次世界大战在欧洲的全面爆发，令日本与苏联之间原先围绕中国东北、中蒙边境等地区的利益之争趋于淡化。在日本忙于"南进"的同时，苏联政府也将注意力转向了西线。

　　1939 年 11 月 30 日，苏联因与芬兰的边境问题而发生战争，史称"苏芬战争"或"冬季战争"（The Winter War）。此后在 1940 年 6 月、7 月间，苏联政府又凭借强大的实力，促使拉脱维亚、爱沙尼亚和立陶宛三国加入苏联，成为其辖下的苏维埃自治共和国。

　　正是由于在西线的迅速扩张，使得莫斯科方面不得不将更多的注意力投放于欧洲，在远东地区暂时采取守势。而日本方面既有此前"诺门坎战役"惨败的教训，又有德、苏之间签署《互不侵犯条约》的羁绊，因此在欧洲战场各方势力大打出手之际，也最终选择了"南进"。

　　经过一段时间的酝酿之后，1940 年 10 月日本驻苏大使建川美次向

苏芬战争中的苏联装甲部队

苏联外交人民委员莫洛托夫正式提出签署《日苏互不侵犯条约》的建议。苏联方面经过考虑之后表示欢迎。但此时欧洲局势已经发生了新的逆转。在以"闪电战"击溃法国，并对英国本土展开持续的空中打击之后，希特勒的目光重新开始转向东线。由于苏、德之间的所有缓冲地带都已失去，而在立陶宛等地苏、德之间也逐渐因为一些有争议领土的归属而出现问题。

在意识形态、经济利益等方面存在本质冲突的苏、德逐渐由合作转向了对立的同时，日本与苏联展开接触，并试图签署《互不侵犯条约》的消息传来，令德国方面颇为不满，因此不断通过各种外交途径向日本发出苏、德关系随时有可能破裂的暗示。但此时日本出于自身国家利益的考虑，对德国方面的劝阻视若无睹。

后世的史学家大多认为日本方面在 1940 年主动与苏联展开接触，是一种非常不明智的举措。有人将此归咎于主政日本的首相近卫文麿本身就带有浓郁的左翼属性，因此政治立场与苏联更为接近。也有人认为日本在明知道苏、德战争一触即发的情况下，仍与苏联方面签署《互不侵犯条约》，是对德国在诺门坎战役期间与苏联签署《互不侵犯条约》的一种报复，属于"意气之争"。但事实上日本政府做出与苏联修好的决定，恰恰是经过周密的计算的。

根据日本陆军方面的推算，至 1941 年日本陆军总计可以动员 230 万兵力、51 个师团，其中可用于对苏作战的约为 34 个师团，包括"关东军"、"朝鲜军"总计 14 个师团（第 1、第 8、第 9、第 10、第 11、第 12、第 14、第 19、第 20、第 23、第 24、第 25、第 28、第 29 师团），从日本本土增派 6 个师团（第 2、第 51、第 52、第 55、第 56、第 57 师团）以及从中国战场转用的 14 个师团（第 3、第 4、第 6、第 13、第 17、第 27、第 33、第 34、第 38、第 39、第 40、第 104、第 110、第 116 师团）。

根据上述的计划，不难发现日本陆军在 1941 年可用于"北进"对苏作战的兵力基本达到了此前动员 28 个师团的设想。但是此时动员 34 个师团的前提是，中国战场的兵力将削减至 12 个师团（近卫、第 5、第 15、第 18、第 21、第 22、第 26、第 32、第 35、第 36、第 37、第 41 师团），而包括中国台湾在内的所谓日本本土仅剩下 5 个师团（第 7、第 16、第 47、第 53、第 54 师团）。而在调集几乎是倾国之兵的情况下，日本陆军在"北进"对苏作战的过程中也很难占据优势。

根据日本陆军参谋本部的评估，苏联陆军在滨海州和乌苏里州方向总兵力约为 11 个步兵师、2 个骑兵师和 4 个坦克旅。在从哈巴罗夫斯克到阿穆尔州方面，则有 8 个到 10 个步兵师的兵力和 2 个坦克旅。在外贝加尔方面，则为 8 个步兵师、2 个骑兵师、4 个坦克旅。此外在蒙古人民共和国境内，苏联陆军驻守着 3 个步兵师、6 个坦克旅和 1 个骑兵旅。因此在远东地区，苏联陆军有 29 个到 32 个步兵师、4 个骑兵师、12 个坦克旅的兵力。

从这个角度来看，尽管在投入 34 个师团的情况下，日本陆军在远东战场上在步兵部队方面占据优势，但在装甲部队等技术兵种上却极大地落后于对手。更何况在远东地区苏联空军还部署了 2800 余架各型战机，对仅有 600 余架战机的日本陆军航空兵形成了 4 倍以上的兵力优势。因此一旦战争打响，日本陆军很可能重蹈诺门坎战役中不得不以步兵对抗战斗机、重炮和装甲部队立体、机械化进攻的困境。而与此同时，由于在对苏作战中投入了巨大的兵力，日本陆军非但无力趁势"南进"，更可能在中国战场也不得不全线收缩。

除了日本陆军在对苏作战中很可能会出现劳而无功的情况之外，另一个重要因素在于，如果大举"北进"，日本海军也将不得不大举出动，与苏联红旗太平洋舰队交战。尽管从双方的舰艇吨位上来看，日本海军联合舰队具有着压倒性的优势。但面对依托拥有坚固岸防工事的海参崴等军港，采用布雷和海上伏击等战术的苏联潜艇部队，向来反潜能力孱弱的日本海军，为了掩护海军陆战队等地面部队的登陆行动而不得不长期滞留于海上，也将可能遭遇不必要的战损。

正是鉴于对苏开战，日本陆、海军都可能会陷入劳而无功的困境，且在国力有限的情况下，将完全失去"南进"的可能性，日本政府最终决定不顾德国方面的劝阻，全力推进与苏联方面修好的相关工作。1941 年 2 月 3 日，大本营内阁联席会议通过了外务大臣松冈洋右所提出的"对德、意、苏交涉纲要"，并拟定了与苏联缔结条约的具体方案。根据这一方案，松冈洋右于 3 月 24 日以访问德国的名义"路过"莫斯科，再度向苏联方面提出签署《日苏互不侵犯条约》的提议。苏联外交人民委

20 世纪 30 年代苏联海军大量建造的 L 型潜艇

员莫洛托夫不予置评，但暗示日、苏双方之间可以签署一个中立条约。

有些失望的松冈洋右于 3 月 26 日抵达柏林，面见德国元首希特勒和外交部长里宾特洛甫。在后世日本方面的很多记述之中，都宣称德国方面向松冈洋右暗示了对苏宣战的准备。但从政治逻辑上来说，德国方面似乎不可能在这样关键的时刻向并不可靠的盟友日本透露如此关键的信息。

事实上，松冈洋右与德国高层会谈的中心议题，恰恰并非日本是否应该大举"北进"配合德国对苏联的进攻，而是日本应该迅速"南进"，参与到德国与英国之间的战争中去。德国方面不仅要求日本应该尽快攻占新加坡等英国在远东的重要据点，更提出在目前英、美已经事实上结为同盟的情况之下，日本完全可以主动向美国发动进攻。

希特勒的表态令松冈洋右颇为震惊，毕竟站在日本的角度上看，英、美虽然已经成为了日本"南进"政策最大的绊脚石，但日本方面仍不希望与之发生正面冲突，而即便必须使用武力，日本政府也希望能够将英、美进行切割，在尽量不将美国卷入战争的情况下，先集中兵力击败英国。正是怀揣着这种可谓天真的设想，4 月 13 日，松冈洋右在再度"路过"莫斯科之际，不仅与莫洛托夫共同签署了《日苏中立条约》，

《日、苏中立条约》的签署现场

更与美国驻苏大使斯塔哈特商谈了日、美交涉的最新进展情况。

在外务大臣松冈洋右看来，自己此行出访德国，不仅成功地与希特勒、里宾特洛甫会商了日、德瓜分世界的大计，更利用两次"路过"莫斯科的机会，与苏联方面签署了彼此"中立"的条约，还顺便通过美国驻苏大使向华盛顿方面传递了善意，可谓是日本的"外交明星"。不料4月22日松冈洋右抵达东京之时，却没有受到日本朝野的热烈欢迎，反而受到了来自外务省上下的白眼。之所以出现如此尴尬的场面，完全是因为与松冈洋右同一天抵达日本的，还有美国方面提出的"日、美谅解方案"。

"日、美谅解方案"由日本驻美大使野村吉三郎与美国国务卿科德尔·赫尔（Cordell Hull，1871—1955年）经过反复磋商而成。表面上这一方案是基于美国方面所提出的"尊重领土完整和主权、不干涉内政、通商机会均等、不承认通过武力打破现状"的所谓"赫尔四原则"之下调和美、日矛盾的产物，但事实上却是日、美之间就共同关心的中日战争、日本"南进"等问题达成的政治交易。

由于美、日关系在日本外交中所占据的特殊地位以及"日、美谅解方案"中涉及日本退出"德、日、意三国同盟"等内容，因此身为外务

太平洋战争全史

大臣的松冈洋右来不及向天皇裕仁汇报此次访德之行的成果，便托词身患感冒，躲在家中对"日、美谅解方案"的相关细则展开了一番研究。

在松冈洋右看来，"日、美谅解方案"虽然由七项内容组成，但第一项日、美两国所怀抱的国际观念和国家观念以及第二项两国对于欧洲战争的态度，不过是各自表示立场的外交辞令，并无太大意义。日、美两国真正关心的是后五项内容，即：两国政府在中日战争问题上的关系，太平洋上的海军兵力、航空兵力及海运关系，两国间的通商及财政合作，两国在西南太平洋方面的经济活动以及两国关于实现太平洋地区政治稳定的方针。而这五项内容归纳起来，也不过是中日战争、日美贸易以及太平洋政治局势三个方面而已。

根据"日、美谅解方案"的设想，美国方面是以承认伪满洲国为条件，换取日本从中国战场的全面撤军；以给予日本信用贷款和保障其石油、橡胶、稀有金属的进口，来换取日本停止"南进"。在日本同意上述两方面内容的前提下，美国方面可酌情考虑在《日美通商条约》废止之后，再与日本缔结新的通商条约的可能性。此外美国方面还提出了一个附加的秘密协定：日本方面如果退出"德、日、意三国同盟"，那么美国将在日本受到苏联攻击时，向其提供军事援助。

应该说美国方面的条件虽然苛刻，但不失为日本摆脱目前困境的良策。但松冈洋右对自己身为外务大臣，却对如此重要的外交活动一无所知而愤愤不平。因此在自己家中谋划数日之后，终于在 5 月 3 日提出了一个有关"日、美谅解方案"的修改方案。在松冈洋右的修改方案之中，美国方面承诺的好处，日本照单全收，但是在如何结束中日战争的问题上，日本强

美国国务卿科德尔·赫尔

调将由自己来决定媾和条件。与此同时日本将继续推进"南进"政策，且宣布"万一遇到外部'挑衅'，日本将不得不诉诸武力"。最后为了表明"德、日、意三国同盟"的牢不可破，松冈洋右还在自己的修改方案中重申了"德、日、意三国同盟"的军事属性，强调"缔约国之一未曾受到挑衅即遭到缔约国以外的第三国进攻时，其他缔约国立即就提供军事援助问题进行协商"。暗示美国如果介入英、德之间的战争，日本将不会坐视。

或许是为了给美国方面进一步施压，也可能是为了给越俎代庖的野村吉三郎以难堪，在要求野村吉三郎正式将自己的修改方案提交给美国国务卿赫尔之前，松冈洋右还发表了一份关于德、意必胜的口头声明。眼见日本方面秉持这样的态度，美国国务卿赫尔以"从这个提案中几乎看不到一点曙光"表达了自己的失望。但此时美国海军已经在为英国商船护航的行动中击沉了德国海军的潜艇，事实上介入了英国与德国之间所展开的"大西洋战役"。为了避免日本援引"德、日、意三国同盟"的相关内容不宣而战，赫尔还是表示可以就日本方面所提出的修改方案与野村吉三郎继续磋商。

表面上看松冈洋右完全是为了一己之私搅黄了本来颇有可行性的"日、美谅解方案"，但事实上在拒绝美国方面所提出条件的问题上，松冈洋右并不是一个人在战斗，其背后站立着的是不愿放弃在中国大陆既得利益的日本陆军"少壮派"以及摩拳擦掌准备大举"南进"的日本海军。而身为首相的近卫文麿也不敢担负从中国撤军或导致日、美关系破裂的政治责任，于是放任松冈洋右在国际外交舞台上恣意妄为。

就在松冈洋右为自己"联苏拒美、盟德谋英"的国际大战略自鸣得意之际，1941年6月22日，德国对苏联宣战，并随即裹挟意大利、芬兰、罗马尼亚、匈牙利、保加利亚等国仆从军，在辽阔的苏、德边境地带发动了代号为"巴巴罗萨"行动的全线猛攻。

由于战前进行了周密的部署和安排，以德国为首的"轴心国"军队在苏联境内狼奔豕突、高速推进，不断击溃苏联陆军在边境及纵深地带部署的重兵集团。消息传到日本，日本陆军中的"少壮派"既为盟友的高歌猛进击节叫好，同时也对松冈洋右此前访问德国未能洞察先机而表示不满。因为在明确将与苏联修好的前提之前，日本陆军于1941年

2月到5月间，抽调了"华南方面军"43个大队、"中国派遣军"21个大队，累计64个大队相当于7个师团的兵力，在中国东南沿海的广东、福建和浙江沿海登陆，尽管此番作战损失不大、收获颇丰，且检验了日本陆、海军跨海协同作战的能力，为未来的南下作战积累作战经验，但在日本陆军看来却是白白浪费了与德国陆军夹击苏联的良机，此刻要转向"北进"，需要更多的准备时间。

6月23日上午，日本陆军省方面召开相关的部、局级会议，会上第二部长冈本清福做了"苏联政府很可能在几个月之内便迅速崩溃"的形势预判。有鉴于此，在当天下午与海军方面召开的协调会议之上，日本陆军由第一部长田中新一发表了所谓"南北准备阵"的提案，认为在当前的形势下，日本陆军应毅然转向"北进"，而由海军方面继续承担向英、美施压的任务。

对于日本陆军方面的转向企图，海军方面颇为不满，认为一旦日本陆军介入苏、德战争，势必将引发美、英的敌意，并对日本采取贸易禁运制裁措施，届时海军方面将单独承受来自英、美的压力。而陆军则反唇相讥，指出海军根本就没有"南进"并"不惜对美英开战"的决心，因此"诚恐北方对策因受如此南方施策的牵掣，有坐失良机之虞"。

尽管与海军方面的协调会最终不欢而散，但日本陆军方面坚持"北进"的决心却没有受到太大的影响，6月24日关东军作战参谋武居住清太郎来到参谋本部，带来了关东军方面对介入苏、德战争的相关意见："对苏使用武力需要一些准备时间。急切间难以实施。"

考虑到此时为了准备"南进"作战，日本陆军已经抽调了10个师团的兵力，对苏作战的可用兵力下降为25个师团，因此日本陆军内部普遍对"北进"作战并不看好。但在陆军大臣东条英机的主导之下，6月25日第一部长田中新一还是草拟了一个"对苏作战"的相关方案。

按照田中新一的设想，为了完成"对苏作战"第一阶段任务，日本陆军需要在两个月之内完成对"关东军"所属16个师团的相关动员工作，同时抽调驻守朝鲜半岛的第19、第20师团，驻守日本本土的第51、第57师团前往中国东北。另一方面已经驻守库页岛南部的混成旅团和第7师团也需完成进攻准备。

不过即便上述准备工作一切顺利，由于进攻兵力进一步压缩到22

个师团，因此日本陆军认为"对苏作战"的前提，是苏、德战局进一步朝着对苏联不利的方向发展，导致远东苏军地面兵力中步兵师的数量从30个减少为15个，其他技术兵种减少为三分之一，方能获得绝对的优势。果然到6月28日，日本前线的情报网络便收到了苏联陆军3个步兵师、1个机械化军陆续西调的消息。受到这一情报的鼓舞，日本陆军省和参谋本部一片欢腾，认为"北进"的有利时机即将成熟，而作战区域所属的高纬度地区在10月便将入冬，因此力主"早打、大打"。

受到这些消息的鼓动，从7月1日开始，日本陆军首先对各地防空部队展开动员，随后是驻守中国东北、朝鲜半岛、库页岛、千岛群岛等地要塞的守备部队。7月7日，日本陆军省正式以"关东特种演习"（简称"关特演"）的名义，下达第一次动员令，将日本本土300多个陆军后方直属机关和航空部队，以及"关东军""朝鲜军"的后方补充兵分批次运往中国东北地区。7月16日，日本陆军又将第51、第57师团运往中国东北，按照相关计划，两次动员完成之后，日本陆军在中国东北所集结的兵力将扩充至70万人。

日本陆军以"关特演"的名义向中国东北集结兵力的行动，自然引起了方方面面的关注。7月2日，首相近卫文麿为推卸对苏宣战的政治责任，提议召开"御前会议"。在会议上近卫文麿虽然以"消除北部边境的忧患，适应世界形势，尤其是适应德苏战争的演变。这无论在帝国国防上或是在东亚全局的安定上都是极为重要的"，力主对苏宣战。但同时也强调"我国国策的基础是建设大东亚共荣圈，进而为确立世界和平作出贡献。因此，本国策不应该因为世界形势的演变而有丝毫的改变"，算是打了一手太极拳。

近卫文麿身为首相尚且如此首鼠两端，主持日本陆、海军作战规划的参谋总长杉山元和军令部部长永野修身自然也不会强行挑头，于是杉山元以"对德苏战争，固应根据三国轴心的精神行动，但因帝国目前正在忙于处理'中国事变'，而且同英美之间的关系处于微妙阶段，所以，以暂不介入为宜。但是，在德苏战争的演变对帝国有利的情况下，使用武力解决北方问题，确保北部边境的安定，也是帝国确实应该采取的重要措施"左右逢源。永野修身更是表示"英、美、荷等国压迫日本的态势越来越加强，因此可以预料，万一英美等国继续坚持阻碍日本的行

动，而帝国又没有打开难局的途径时，势将对英美开战。因此当前最重要的是以不惜对英美一战的决心完成作战准备"，强调"南进"作战的必要性。

倒是列席会议的枢密院议长原嘉道力主对苏开战，甚至表示："因为有日苏中立条约，也许有人会说，日本打苏联是背信弃义。……日本打苏联不应被人说成是不守信义。我但愿打苏联的良机早日到来！"不过此公并无实际决策权。因此在日本陆、海军一干大佬都议而不决的情况之下，最终"御前会议"的决定也不过是进一步加强对苏战备，而具体如何决断，完全取决于德苏战争的演变情况。

1941年6月到8月间，以德国为首的"轴心国"军队兵分三路，在苏联境内各自推进了300公里到600公里，北线突破列宁格勒的门户——普斯科夫，中路夺取了重镇明斯克，南线则夺占日托米尔、进逼基辅。但是与此同时，苏联陆军在远东的驻军却并未出现明显的减少。之所以出现这样的情况，是因为苏联政府在远东地区也展开了大规模的战备动员，大批退役老兵和应征入伍的新兵被组织起来，编组为8个步兵师和1个骑兵师，基本填补了苏联政府从当地抽调8个步兵师和3个坦克师的空缺。与此同时，苏联政府还在边境地区加固国防工事，并在沿海地带布设水雷。

除了苏联方面枕戈待旦的高度戒备之外，英、美出于各自的国家利益也对日本施加压力，阻止其与德国夹击苏联。7月4日，美国总统罗斯福委托驻日大使格鲁向近卫文麿投递了一封亲笔信，奉劝日本不要介入苏、德战争，近卫文麿对这封来信非常重视，但又不愿承担"向美国低头"的政治风险，于是责成外务大臣松冈洋右给予答复，松冈洋右同样不愿向美国人表示软弱，因此拖了4天之后才递交给格鲁一封指责美国军队于7月7日进驻冰岛，是意欲卷入欧洲战事的回信。

松冈洋右的这一态度固然令美国方面颇为失望，但同时也令近卫文麿对其的不满日益加深。7月17日，在松冈洋右再度傲慢地拒绝美国国务卿赫尔的谈判要求，并将日本方面的外交底牌秘密透露给德国的情况下，近卫文麿不得不采取先宣布总辞职，然后再接受天皇裕仁诏命重新组阁的方式，强行撤了松冈洋右的外务大臣之职。而之所以要采取如此麻烦的手段，将松冈洋右赶出内阁，无非是因为此时的松冈洋右已经成为了日本国内反美情绪的代言人，如果只是将其撤换，近卫文麿担心会引来更为剧烈的反弹。

7月18日，近卫文麿第三次上台组阁，任用与日本驻美大使野村吉三郎同为海军退役大将的丰田贞次郎为外务大臣，希望能够尽可能挽回日、美关系。殊不知此时由于苏德战争的爆发，英、美已经自然而然地选择了与苏联结盟。尽管英、美在意识形态领域对苏联均抱有敌意，但其同样深知一旦苏联被德国击败，英国在欧洲大陆将陷入孤掌难鸣的困境。因此正如英国首相丘吉尔在英国国会的演讲中所说，"即便希特勒进攻地狱，我们也将支援撒旦"，此时面对纳粹德国这个共同的敌人，英、美、苏唯有同舟共济。

与此同时，迟迟不愿意做出脱离"德、日、意三国同盟"姿态的日本，此刻也自然站到了美、英的对立面。7月25日美国正式宣布冻结日本政府在美国境内的全部资产，英国、荷属印度尼西亚随即跟进。8月1日，美国更进一步宣布对日本实施石油禁运。至此日本"北进"的道路被彻底封死，留给他们的唯有全面向美国屈服，或者大举"南进"，夺取荷属印度尼西亚的油田。

第四章 最后冲刺

（十六）泰法战争——泰国在中南半岛的扩张与日军进驻法
属印度支那南部

（十七）左、右回旋——日本陆、海军的南进战略之争

（十八）白纸还原——"天皇"裕仁的权谋之道和近卫内阁
的倒台

（十九）改弦易辙——从"九段攻击"到"偷袭珍珠港"的
日本海军战略变迁

（二十）兵棋图演——鲜为人知的日本陆、海军战前演算行
动和最终结果

（十六）泰法战争——泰国在中南半岛的扩张与日军进驻法属印度支那南部

英、美之所以如此决绝地切断与日本之间的经济往来，除了苏、德战争全面爆发的因素之外，更是对日本在法属印度支那地区得寸进尺的有力还击。在 1940 年 9 月末，日本陆军武力进驻法属印度支那北部地区之后，鉴于英、美方面的强硬立场，日本陆军一度有所收敛，摆出一副尊重英、美在东南亚地区的特殊利益和维护法属印度支那现状不变的姿态。但正所谓"树欲静而风不止"，日本政府虽然暂停了对法属印度支那的蚕食，可其常年在东南亚扶植的"小弟"——暹罗王国却不甘心放过这一洗刷屈辱、光复故土的战略机遇期。

广义上的暹罗王国出现在 1238 年，由带有神话色彩的泰部族领袖帕峦王，推翻高棉王朝在当地的统治，于曼谷以北 300 公里的素可泰地区所建立，史称"素可泰王朝"。一个世纪之后，从属于"素可泰王朝"的阿瑜陀耶城邦日益崛起，最终脱离"素可泰王朝"宣布独立，并逐渐成为了曼谷平原的霸主，建立起了暹罗历史上最为辉煌的"大城王朝"，直到 1767 年在缅甸的连年入侵中灭亡。

在"大城王朝"崩溃的过程之中，被封为侯王的中国侨民郑昭（泰国名：披耶达信，因此也被称为郑信）集结各方势力，以曼谷平原的东南沿海为根据地，展开了对抗缅甸侵略军的"复国之战"，并最终收复阿瑜陀耶城，定都吞武里，因此其所建立的王朝又称"郑氏暹罗"或"吞武里王朝"。

尽管后世给予了郑昭和"吞武里王朝"以高度的正面评价，但作为一个来自中国潮汕的移民，郑昭在以泰族人为主的暹罗王国内部依旧被视为一个异类。1782 年 4 月 7 日，郑昭在一次宫廷政变中遇刺，在随后一系列的政治博弈中，统率"吞武里王朝"军队主力远征柬埔寨的昭披耶却克里掌握了政权，由于其不久之后便迁都曼谷，因此也被称为"却克里王朝"或"曼谷王朝"。不过鉴于却克里家族至今仍是这个国家的君王，因此狭义上的暹罗王国也便指 1782 年建立的"曼谷王朝"。

昭披耶却克里家族因以军队为后盾夺取政权，故而立国之后更是大行攻伐之道。除了向西继续抗击缅甸的入侵，夺回了"大城王朝"时代的暹罗王国故土之外，更向南扩张，将马来半岛的吉打、北大年、丁加奴等地收入版图。但昭披耶却克里家族的扩张势头很快便迎头撞上了不断东进的欧洲殖民浪潮。1824年第一次英缅战争爆发，目睹了长期被视为强敌的缅甸在英国军队面前迅速溃败的惨状，暹罗王国不得不于1826年与英国方面签署条约，允许英国商人在暹罗境内自由经商。

英国人在暹罗摄取的商业利益，很快便引来美、法等国的跟进。暹罗政府在中英第一次鸦片战争之后，虽然也对这些大举涌入国内的西方商业资本有所警惕，但最终却也是无力回天。1851年继承王位的拉玛四世蒙固，不仅与英、法、美、德等国签署了一系列的不平等条约，更引入大批西方技术人员充当暹罗王室的顾问，其中最为著名的莫过于拉玛四世的私人英语教师——安娜·列奥诺温斯（Anna Harriette Leonowens，1831—1915年）。通过晚年所撰写的自传体小说《国王与我》（*The king and I*），安娜·列奥诺温斯向西方世界展现了一个保守与开放并存、软弱又不失倔强的暹罗国王形象。

但随着英国在缅甸和马来亚半岛的殖民体系日益稳固，法国逐步吞并越南王国之后，暹罗也不可避免地成为了西方殖民者的下一个目标。

被改编为舞台剧的《国王与我》

从 1867 年开始，法、英便不断蚕食暹罗王国的领土。其中 1893 年法国军队更为了吞并老挝地区，而与暹罗王国大打出手。无力抵抗的暹罗王国在一败涂地之余，只能割地求和。

尽管在英、法双方都不愿对方独吞的情况之下，暹罗王国还勉强以"缓冲地带"的身份，在西方殖民者面前维持着自身政治上的独立，但这种局面显然难以长期持续。为了避免陷入邻国缅甸和越南那般亡国灭种的窘境，拉玛四世之子朱拉隆功在 1868 年即位为拉玛五世之后，便逐步开始了暹罗王国的内部改革。通过废除奴隶制、建立王室内阁、整顿财政、加强地方基础建设和吸收中国移民等举措，暹罗的国力逐渐增强。到 1909 年暹罗财政收入已经达 6000 万铢（约合 480 万英镑，相当于当时清朝收入的 39%），并拥有了一支以征兵制为基础的国家常备军。

但是随着军队力量的逐渐壮大，其也开始逐渐左右暹罗国家的政治走向。1932 年随着西方世界"大萧条"的影响波及暹罗，本就对一干王室贵胄和重臣把持朝政颇为不满的暹罗陆军"少壮派"于 6 月 24 日发动军事政变，宣布在暹罗推行"君主立宪制"。此后尽管暹罗王室不断组织力量进行反击，试图继续维持国王拉玛七世巴差提朴的政治主导地位，但在暹罗陆军的武力威慑之下，一系列复辟的闹剧最终以拉玛七世被迫宣布退位而告终。其年仅 9 岁的侄子阿南塔·玛希敦被推上了王座。国家实际权力掌握在陆军司令銮披汶·颂堪的手中。

1932 年发动政变的暹罗陆军

太平洋战争全史

祖籍中国潮州、出身于暖武里府一户农民家庭的銮披汶·颂堪，深知自己的权力完全建立在暹罗陆军的武力之上，因此不仅在暹罗政府内部不断安插军官进入政府高层，更在国际上与同样逐渐转入军国主义的日本接近，通过从日本手中购买新型武器装备来提高军队形象。

　　1939 年 6 月 24 日，首相銮披汶·颂堪操纵暹罗国民议会，宣布将国名由"暹罗"改为"泰国"，英文国名由"Siam"改为"Thailand"。按照銮披汶·颂堪的解释，"泰"在泰语中是"自由""独立"的意思，"暹罗"一名则来自梵语，意为"黄金"。但废弃这一使用了 13 个世纪的古老国名，其实还是与銮披汶·颂堪所推行的沙文主义和民族主义有关。在銮披汶·颂堪的安排之下，泰国国内的民族主义者提出了"大泰国"的口号，认为老挝人、越南的孟族、中国的傣族、缅甸的掸族都属于"人种学上的泰族"，因此要把"3000 万有泰族血统的人"全都联合在"大泰国"之内，在中南半岛建立一个强大帝国。

　　尽管后世多将泰国这一时期的民族主义抬头归咎于日本的煽动，但从其所提出的口号和实际动作上来看，曾经留学欧洲三年之久的銮披汶·颂堪，似乎其政治主张与希特勒领导下的纳粹德国更为接近。而在一年多时间的厉兵秣马之后，銮披汶·颂堪便在并未与日本方面进行沟通的情况下，于 1940 年 11 月 23 日，向法属印度支那发起了进攻。

　　泰国军队的攻势完全仿照了纳粹德国在欧洲所推行的"闪电战"。在战争爆发的当天，泰国皇家空军便出动 6 架美制 B-10 中型轰炸机对法属印度支那境内的军用机场展开空袭，成功摧毁了多架法国空军的 Potez 540 型轰炸机。可惜泰国空军的实力并不足以一举摧毁对方的空中力量，很快在法国空军出动的 M.S.406 型战斗机的追击之下，泰国空军视为珍宝的 2 架 B-10 中型轰炸机被击落。当天夜间法国空军出动 4 架 F.222 型、6 架 Potez 540 型轰炸机对泰国方面还以颜色，但在泰国方面地面炮火和美制霍克—75N 型战斗机的拦截之下，也有一架 F.222 重型轰炸机被击落，双方第一回合的空战可谓打了个平手。

　　与双方空中部队高频率的攻守交换相比，泰、法两国地面部队却相对行动迟缓。由于地形和气候等因素的制约，直到 1941 年 1 月 6 日，泰国陆军才在 1893 年为法国方面夺占的老挝琅勃拉邦地区发动进攻。由于投入了从英国进口的"维克斯—6 吨级"坦克，泰国陆军很快便在

泰国陆军的"维克斯—6 吨级"坦克

缺乏重型武器的对手正面撕开了一道突破口。直到法国方面投入装备了25 毫米反坦克和 75 毫米山炮的外籍兵团才最终稳定了战线，双方随即进入了拉锯状态。

在空军和陆军均遭到泰国方面压制的情况下，法属印度支那总督、法国海军远东舰队司令德库决定投入自己的舰队以挽回颓势。不过此时法国海军的主力不是为昔日盟友英国所劫持或重创，便是被德国所扣押。在远东地区仅有 1 艘轻型巡洋舰"拉蒙—皮盖特"号（Lamotte-Picquet）可担重任。

好不容易以"拉蒙—皮盖特"号和 4 艘老式炮艇拼凑出了一支舰队，法国海军又在金兰湾进行了半个多月的战术合练，最终于 1 月 15 日晚拔锚起航。起初法国海军并没有明确的战略计划，只是试图在泰国沿海进行袭扰以牵制对手。但随着承担侦察任务的法国海军"罗尔130"型（Loire 130）水上飞机传来了泰国海军主力集结于大象岛一线的情报，法国海军最终决定对该地区展开突袭。

此时在大象岛方面，泰国海军集结了 2 艘 1938 年 8 月 5 日刚刚从日本川崎重工神户造船厂竣工归国的"吞武里"级海防舰和 6 艘鱼雷艇。单纯从火力上来考量，装备着 2 座两联装日制"三年式"203 毫米主炮、4 座日制"四一式"76.2 毫米高平两用副炮的 2 艘"吞武里"级海防舰（"吞武里"号和"阿育陀耶"号），与装备 4 座两联装 155 毫米

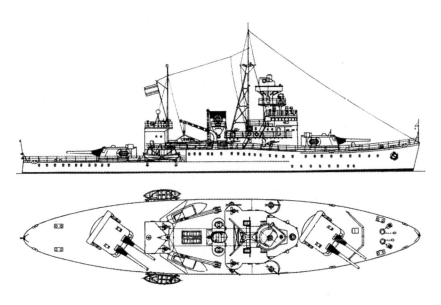

主炮、4 座单管 75 毫米副炮的法国海军"拉蒙—皮盖特"号轻型巡洋舰可谓势均力敌。但是泰国海军缺乏远洋作战的能力，2 艘"吞武里"级海防舰所担负的任务也不过是轮流进入大象岛附近海域游弋，充当海上炮台掩护鱼雷艇部队击退法国海军可能的进攻。

法国海军抵达大象岛之际，泰国海军正在进行一次换防。表面上看，泰国海军在大象岛一线兵力似乎有所增强，但事实上已经准备返回母港的"阿育陀耶"号上，大多数的官兵早已身心疲惫，迫切希望尽快返航，而刚刚抵达战场的"吞武里"号则尚未进入状态。在这种疲沓倦怠的状态之下，法国海军于 1 月 17 日清晨 6 点左右突然杀到，2 艘"吞武里"级海防舰上下自然是一阵大乱。

法国海军"拉蒙—皮盖特"号轻型巡洋舰首先以猛烈的火力摧毁了 2 艘泰国海军从意大利购买的鱼雷艇，随即又在几艘老式炮艇的掩护之下，与泰国海军的 2 艘"吞武里"级海防舰展开了激烈炮战。客观地说，此时的泰国海军虽然失去了先机，但如果能够利用大象岛附近水深较浅，法国海军"拉蒙—皮盖特"号轻型巡洋舰无法驶入的优势，交替掩护与对手周旋的话，仍有机会击退对手。但是在海上执勤多日的"阿育陀耶"号兵无战心，率先落荒而逃。结果慌不择路，最终搁浅。而"吞武里"号虽然以猛烈的炮火展开还击，但命中率却不尽人意，且在应该优先打击距离较远的法国海军"拉蒙—皮盖特"号轻型巡洋舰，还是步步紧逼的敌方老旧炮艇问题上犹豫不决。最终在尾部炮塔被法国海军"拉蒙—皮盖特"号轻型巡洋舰击毁，全舰燃烧大火的情况下，不得不抢滩搁浅。

在水面舰艇一败涂地的情况下，泰国空军虽然出动多架战机对法国海军舰艇展开轰炸，但仅有汕拉·蒙巴瑟上尉驾驶的战机投下的1枚50公斤炸弹命中法国海军的"拉蒙—皮盖特"号轻型巡洋舰，且炸弹最终也未爆炸。因此从结果上来看，在"大象岛海战"之中，法国海军以微弱的损失成功重创了泰国海军的2艘海防舰、击沉了2艘鱼雷艇，可谓大获全胜。而对于泰国方面而言，被视为海军主力的2艘"吞武里"级海防舰在此战之后，"吞武里"号彻底报废，只能原地拆解，而搁浅的"阿育陀耶"号也孤掌难鸣。泰国的近海再度处于有海无防的危险状态。

"大象岛海战"之后，泰国陆军被迫暂缓对法属印度支那的地面进攻。双方虽然还陆续爆发了一些空战，但并不具有决定性的意义。而就在战局陷入僵持状态之际，1941年1月28日，日本政府以驻泰国大使

战后被拆卸下来作为泰国海军学校纪念建筑的"吞武里"号的前炮塔和舰桥

太平洋战争全史

二见甚乡接受泰国方面的请求为名，正式介入泰法战争，居中调停。

事实上日本陆军早在泰法战争全面爆发之初便已经派出参谋本部第八课长臼井茂树前往泰法边境展开调查，并做出了相对悲观的预期。在日本陆军看来，泰国无力对抗法国，一旦战争全面升级，泰国军队将在战场全线崩溃，届时不仅法国人可能一鼓作气杀入泰国境内，英国也可能趁火打劫，攻入泰国南部。而如果日本依据此前秘密签署的《日泰联合作战协定》，派遣地面部队攻入法属印度支那南部，或直接入驻泰国境内，则可能招致英、美、法等国的联合抵制。因此主张外务省积极介入。但此时主持日本外交工作的外务大臣松冈洋右，却始终不见动作。

1941 年 1 月，泰国地面部队全线攻入法属印度支那境内，战事一度呈现对泰国有利的局面。因此日本陆军随即决定向"华南方面军"增派航空部队，打算利用泰国方面的攻势，继续鲸吞法属印度支那南部地区。可惜不久之后便传来"大象岛海战"泰国海军一败涂地的消息。顿感形势不妙的日本陆军再度在大本营会议之上要求日本政府以外交手段介入泰法战争，但却遭到了松冈洋右"为了驱逐英国势力，是否有攻占新加坡的决心"的刁难。就在日本陆军左右为难之际，日本海军也高调要求日本政府对泰法战争尽快外交介入。日本海军之所以如此积极，无非是因为泰国海军的 2 艘"吞武里"级海防舰为日本制造，却因"大象岛海战"轻易损失，泰国方面难免对日本心怀不满。如果日本政府继续装聋作哑，则泰国极有可能会向英国寻求帮助。

在日本陆、海军于 1941 年 1 月 19 日联合提交《关于调停泰国、法属印度支那纠纷紧急处理纲要》之后，外务大臣松冈洋右不得不正式向泰、法两国提出外交调停的提议。而与此同时，日本陆军也作出向法属印度支那北部增派近卫步兵第 2 联队、步兵第 170 联队以及飞行第 90 战队的决定。日本海军也向中国海南岛地区调集大批作战舰艇，做出将在必需的情况下，配合正在当地进行热带作战训练的日本陆军第 48 师团，在法属印度支那南部沿海展开登陆作战的姿态。

1 月 22 日，日本海军第 2 遣华舰队，派遣重型巡洋舰"足柄"率领第 22 驱逐舰队的 4 艘驱逐舰（"皋月""文月""水无月""长月"）及水上飞机母舰"瑞穗"驶往法属印度支那南部海域炫耀武力，1 月 27

日本海军驱逐舰"文月"

日更派遣驱逐舰"文月"驶入曼谷港以显示日本海军协防泰国沿海地区的决心和能力。

正是在日本方面的威压之下，法属印度支那政府被迫迅速于 1 月 31 日与泰国方面签署了停战协议。泰、法双方随即从 2 月 7 日开始在日本东京开展关于解决双方边境争议问题的谈判。表面上看，日本外交介入泰法战争是维护地区和平、弭兵于无形的"善举"，但在英、美看来，这一行径的背后却是日本进一步从政治上操控泰国、压迫法属印度支那、染指东南亚的勃勃野心。

因此就在日本陆、海军以威压的姿态向法属印度支那周边地区集结之际，2 月 5 日，英国政府做出了"不久的将来，日本有可能对荷属印度尼西亚开始行动"的战略预判。并在一周之后，决定由印度向马来亚方向增兵，在增派印度第 9 步兵师的基础之上再追加 4 个步兵营和 1 个炮兵营，以及轰炸机和战斗机各一个中队的兵力。

2 月 22 日，英国远东驻军总司令波法姆（Arthur E. Popham，1889—1970 年）在新加坡召开军事会议，正式拟定英国与印度、澳大利亚等英联邦国家以及荷兰在远东协同防御的作战计划。其中明确提出，日本下一阶段可能经法属印度支那和泰国向新加坡展开向心攻击，或攻击荷属印度尼西亚。但此时英国方面对日本国力仍有所低估，认为日本没有足够的兵力同时向马来亚和荷属印度尼西亚发动进攻。

就在英国对美国是否会参战仍心存怀疑的同时，1 月 16 日美国

太平洋战争全史

总统罗斯福召集美国陆、海军部部长、参谋长及国务卿参与的联席会议。此次会议在批准了由海军部长斯塔克所提出的协防英国的"猎犬计划"的同时，明确了美国海军太平洋舰队将以夏威夷为基地，采取防御态势。

1月29日，英、美两国在华盛顿正式召开名为"ABC-1"的军事协调会议。在历时两个月的磋商之后，英、美在正式明确两国将联手对抗纳粹德国的同时，也决定在远东地区暂时采取战略守势，通过经济制裁等手段迫使日本放弃在东南亚地区的扩张计划。

事实证明，英、美认为通过经济和外交手段便可以迫使日本退让的设想还是太过于天真了。随着1941年5月9日，泰、法两国正式签订《东京条约》，在日本的压力之下，法国被迫向泰国割让湄公河西岸以及与泰国接壤的马德望和暹粒两省（今均属于柬埔寨）的大片土地。这一结果不仅令长期受到西方列强欺压的泰国民众欢欣鼓舞，也令日本产生了西方列强日薄西山的错觉。在成功压迫法国政府就范，但荷兰方面却依旧拒绝日本摄取荷属印度尼西亚石油等资源的情况下，1941年6月11日，大本营陆海军部草拟了所谓《关于促进南方施策的方案》提交审议。

这一方案明确提出："鉴于目前各种形势，根据既定方针，促进对法属印度支那和泰国的施策，尤其与召回派驻荷属东印度的代表问题相关联，迅速与法属印度支那建立以保卫东亚安定为目的的日本、法属印度支那军事合作关系。为达成上述目的，应进行必要的外交谈判，并应迅速开始进驻准备。在已完成进驻准备而法属印度支那仍不接受我方要求时，应开始进驻。届时法属印度支那如进行抵抗，我方当即行使武力。在推行本施策过程中，如遭到美、英、荷的阻碍而又无法打开局面，日本为了自存自卫达到忍无可忍的地步时，则不惜孤注一掷地对美英开战。"

当然日本海军方面所谓的"不惜孤注一掷地对美英开战"，不过是一种政治姿态。在其所提交的方案之中，核心内容还是希望日本政府进一步向法国施压，允许日本陆、海军进驻法属印度支那南部，如此一来，日本海军便能有效地利用法属印度支那南部的金兰湾等港口，有效地对荷属印度尼西亚形成战略威慑。

对于进驻法属印度支那南部的决定，日本陆军方面自然举双手赞成，但对于本就对调停泰法战争心怀不满的日本外务省而言，此举却无疑是进一步挑衅英、美，势必导致更为强硬的反弹。可惜在日本陆、海军的鼓噪之下，外务大臣松冈洋右并未坚持太久，最终不得不于6月22日当天做出了同意海军相关方案的表示。

尽管此后苏、德战争的爆发，一度令松冈洋右产生了鼓动日本陆军"北进"，从而延期或者干脆取消进驻法属印度支那南部的设想。但很快日本外务省便发现，如果介入苏、德战争，日本将同样触怒美、英，怀着"两害相权取其轻"的宗旨，日本外务省开始积极与法国政府进行磋商，试图令进驻法属印度支那南部的行动更为低调和隐蔽。

由于中途发生了首相近卫文麿以内阁总辞职后重新组阁的方式，撤换了外务大臣松冈洋右，日本与法国之间的谈判一直延续到了7月21日方才结束。日本以所谓与法国建立防守同盟的形式，武装进驻法属印度支那南部地区。大本营陆军部于7月23日收到相关报告后，随后向以近卫师团和独立混成第21旅团为骨干，于中国海南岛组建的第25军司令部，发出向法属印度支那南部进驻的命令。

7月25日下午5点起，在日本海军舰艇的护航之下，日本陆军第25军乘坐50艘各型陆军运输船，从中国三亚启航南下。7月28日，日本陆军先遣部队进驻芽庄。7月30日上午，第25军主力部队进入西

进驻法属印度支那南部的日本陆军

贡（今越南胡志明市），由此完成了对法属印度支那南部的所谓"和平进驻"。

尽管日本方面在 7 月 25 日便责令驻美大使野村吉三郎，要求其将日本进驻法属印度支那的"正式意图"直接通知给罗斯福总统，并希望野村吉三郎在说明进驻理由的同时，强调日本将始终努力改善正在谈判的日美邦交。然而美国方面并不为所动，依旧做出了冻结日本资产和石油禁运的决定。

根据日本方面的说法，罗斯福在下令冻结日本资产的前夕，曾发表演说称："先不说日本帝国此时是否怀有向南方扩张的侵略目的，反正他们在北方是没有一点点他们所想要的石油的。所以，如果我们不挺身而出，日本也许一年前就已经侵占了荷属印度尼西亚了。现在我们也必须坚守这一底线，并不惜一战。"

（十七）左、右回旋——日本陆、海军的南进战略之争

美国方面如此决绝的强硬态度，令日本方面措手不及。根据日本陆军省在 8 月 6 日做出的相关评估，在美国做出冻结日本资产，导致日本政府与日元区以外所有国家贸易断绝的情况下，日本完全丧失了获得液体燃料的途径，即使停下充实军备和扩充其他生产部门，全力以赴地增产人造石油，毕竟也满足不了需要。虽然曾经考虑开发库页岛北半部的油田或从伊朗和秘鲁等地进口石油，但这统统不过是溺者攀草求存而已。

按照最为悲观的预期，日本海军大约不过两年就将完全丧失活动能力，而以液体燃料为基础的重要产业不用一年也将陷入瘫痪状态。面对如此可怕的远景，日本政府尝试着从外交途径打破僵局，日本外务省通过驻美大使野村吉三郎尝试着向美国提出了以法属印度支那为中心的局部地区的解决方案。

日本方面试图以"除进驻法属印度支那外，日本不向西南太平洋其他地区扩张；而且'中国事变'一经解决，立即撤退在法属印度支那的日本军队"，"日本保证菲律宾的中立"，"日本对美国生产和取得必要的

天然资源予以合作"等等来换取"美国停止在西南太平洋地区可能威胁日本的军事措施，并劝告英、荷两国采取同样措施"，"美国对日本在西南太平洋地区，特别在荷属东印度生产和取得日本所需要的天然资源以及解决日荷间悬案问题予以协助"，"美国迅速采取必要措施，恢复日美之间的正常通商关系"以及"为了解决'中国事变'，美国对日本和蒋政权开始直接谈判进行斡旋"。

客观地说，日本方面的这一所谓"局部解决方案"，无非是希望在保住已经到手的既得利益的前提下，用几句空洞的承诺换取美国方面解除对自己的制裁。美国方面自然是不会答应的。因此在接到日本驻美大使野村吉三郎所提交的相关方案之后，美国国务卿赫尔只是颇为冷淡地表示："只要日本不停止武力征服，就没有谈判的余地。"

美国方面的答复令日本政府的外交努力几乎陷入了僵局。心有不甘的首相近卫文麿随即表示要亲自前往华盛顿，与罗斯福面谈。这一表示与4年前石原莞尔力主近卫文麿前往南京与蒋介石"促膝长谈"一样，不过是寄希望于政治家个人威望的一种妄想而已。近卫文麿并没有能力改变美国政府的对日政策，即便其华盛顿之旅能够成行，最终也不过是代表日本作屈辱的"城下之盟"而已。因此近卫文麿尚未动身，日本陆军内部便有"少壮派"图谋对其展开暗杀，以阻止其"出访卖国"。然而，近卫文麿即便有心"卖国"，美国方面也不愿接受。当日本驻美大使野村吉三郎于8月8日再度拜会美国国务卿赫尔，表示日本首相有意访美之时，赫尔只是淡然地表示罗斯福总统并不在华盛顿。

事后日本方面才得知，8月9日罗斯福乘坐美国海军重型巡洋舰"奥古斯塔"号（USS Augusta CA-31），前往大西洋北部纽芬兰阿金夏海湾，于8月13日与乘坐战列舰"威尔士亲王"号（HMS Prince of Wales）赶来的英国首相丘吉尔展开会谈，并于次日发表了以反对法西斯主义和武力并吞他国领土为主旨的《大西洋宪章》。

8月17日，罗斯福回到华盛顿，虽然随即便接见了野村吉三郎，但一见面就丢出了一份谴责日本在东南亚地区武力扩张的备忘录。而对于日本方面提出的安排两国首脑峰会的建议，罗斯福虽然表示欢迎，但要求日本方面应先发表一份诠释自身态度和未来计划的声明，作为自己与近卫文麿会谈的基础。

《大西洋宪章》的发表，预示着英、美正式结成反法西斯同盟

　　日本方面经过一番紧张的磋商之后，认为以政府名义发表声明并不妥当，最终决定只以首相近卫文麿的个人名义向罗斯福写一封信。8 月 28 日，近卫文麿的书信再度由野村吉三郎提交于罗斯福，罗斯福虽然表示非常满意，但 9 月 3 日还是通过自己的秘书向野村吉三郎表示，鉴于日、美国内的舆论，举行两国首脑会议也无法改变现状，不如在此前野村吉三郎与赫尔草拟的《日、美谅解方案》的基础上重开谈判。

　　在与美国积极磋商之余，日本也尝试着从英国方面打开缺口。从 8 月 11 日开始，日本外务大臣丰田贞次郎和英国驻日大使克莱琪多次展开非正式会谈，试图以"不向泰国提出任何军事性建议，不搞武力扩张"和"对泰国以外的法属印度支那邻近地区（中国除外）也不搞武力扩张"为条件，换取英国方面"立即采取善意措施，使缅甸、马来亚、英属婆罗洲、印度、澳大利亚、新西兰以及其他属于英国势力范围的西南太平洋地区国家向日本充分供应帝国生存上所必需的物资，并使帝国同上述各地区之间的通商贸易正常化"和"停止援蒋活动（包括关闭通过缅甸的援蒋公路）"。

　　丰田贞次郎所开出的条件对英国政府而言，同样没有任何吸引力。但此时英国政府正在部署对泰国的"预防性占领"，因此秉承战略欺骗的态度，保持着与日本方面的外交接触。根据英国远东军队总司令波法姆所拟定的代号为"斗牛犬行动"（Operation Matador，最初名为"伊顿公学行动"）的作战计划，英国陆军计划在开战之初，迅速控制马来亚与泰国接壤的克拉克地峡及其周边区域。不过考虑到国际影响，英国政府对于这一计划，始终持保留态度。

就在日本于外交领域被美、英牵着鼻子走的同时，日本陆、海军也在紧张谋划着"南进"作战的相关方案。事实上在"南进"的具体策略之上，日本陆、海军之间的矛盾丝毫不小于美、日两国之间的外交分歧。早在1940年的秋天，日本陆、海军便分别以攻占荷属印度尼西亚为目标，各自提交了军事行动的预案。结果日本陆军方面主张借道法属印度支那、泰国，先行攻占英国控制下的马来半岛和新加坡，再于荷属印度尼西亚登陆。而海军则主张先攻占美国控制下的菲律宾，随后跃进至婆罗洲等地。双方争执不下，只好各自作罢。

表面上来看，这一时期日本陆、海军的分歧点不过是进军路线的不同，似乎并非没有调和的可能。但事实上正是由于进军路线涉及日本陆、海军的切身利益甚至国家命运，才使得双方的立场泾渭分明、针尖麦芒。在日本陆军看来，从法属印度支那到泰国一线，对日本陆军而言几乎均为不设防区域。马来半岛之上的英国陆军兵力有限，也可以迅速予以击破。日本海军仅需在封锁马六甲海峡阻止英国海军主力东进之余，扫荡英、荷两国的远东舰队，便可帮助日本陆军顺利渡海夺占荷属印度尼西亚了。而这一系列的军事行动，自然是以日本陆军为主力，海军仅需承担辅助任务。

但在日本海军看来，陆军方面仅仅将英、荷视为假想敌的设想过于天真。一旦日本陆、海军大举南下，势必会引发美国的参战。而如果不夺取美国控制下的菲律宾群岛，那么美国太平洋舰队以及从大西洋赶来的支援兵力，将沿着昔日"大白舰队"的航线迅速抵达菲律宾，将南下荷属印度尼西亚的日本军队与本土之间的联系拦腰斩断。因此在英、美密不可分的情况之下，与其按照陆军的设想从中南半岛、马来半岛一线缓慢推进，不如先行攻占菲律宾，然后以菲律宾为基地，向南攻略荷属印度尼西亚。而鉴于马来半岛之上英国在新加坡等地设有完备的国防工事群，海军方面并不主张对英属马来亚发动进攻。如此一来，按照日本海军的设想，"南进"便成为日本陆军跟随海军舰队的一系列登陆作战，其作用仅相当于海军陆战队。

此后虽然由于泰法战争的爆发、日本陆军成功进驻法属印度支那南部，令日本陆军离自己所规划的进军路线似乎更近了一步，但美、日关系的急转直下，却又令对美作战显得更加紧迫起来。日本陆、海军虽然也做出了同时进攻英属马来亚和菲律宾的妥协，但以哪个方向为重点，彼此之间依旧存在着巨大的分歧。

日本陆军主张按照此前的主张，先行集中陆、海军精锐部队，一举扫荡马来半岛、攻占新加坡，将有利于切断英、美之间的联系，然后再回师攻略菲律宾。这一以英国为前期作战目标、后期再与美国决战的方案，被形象地称为"左回旋"。而海军方面则主张在开战之初便将联合舰队主力用于突袭夏威夷，由于剩余的舰艇和航空兵部队不足以与英国皇家海军交锋，因此主张先攻占菲律宾，然后用兵于马来亚。这一方案依照地图上方向，被称为"右回旋"。

8月9日，在日、美关系已经几近破裂，日本陷入石油紧缺的危机之中，日本陆、海军不得不再度展开会商，各自做出妥协。日本陆军首先宣布放弃介入苏、德战争的"北进"计划，在保留16个师团于中国东北一线执行警戒任务的同时，最大限度地抽调精锐部队及陆军船舶用于"南进"作战。具体计划是于1941年9月中旬开始集结所需兵力，11月末以前完成在法属印度支那南部、中国海南岛、中国台湾、小笠原群岛一线地区展开。

日本陆军将发动全线进攻的日期定为1941年12月末，届时日本陆军将六路并进，以"华南派遣军"所属之第38师团攻占英国统治下的香港；以由3个步兵大队、1个炮兵大队为基干组成的"南海支队"，从小笠原群岛出击，配合海军攻占关岛；以由近卫、第5、第18师团为基干组成的"丁作战军"，在马来半岛的宋卡及哥打巴鲁等地登陆，向新加坡展开突击；以由第16、第48师团为基干组成的"丙作战军"在菲律宾群岛的吕宋岛南北两线同时登陆，迅速攻占马尼拉。随后将第48师团转用于"戊作战军"配合第2师团攻占荷属印度尼西亚的核心地带——爪哇岛；此外还将从第18师团内抽调3个步兵大队、1个炮兵中队用于攻占英属婆罗洲地区（即今天的马来西亚东部地区）。

日本陆军的这一作战计划，看似面面俱到，同时兼顾了马来亚和菲律宾两个方向，但仔细分析却不难发现，其中真正用于菲律宾作战的仅

厉兵秣马准备南下的日本陆军

有 2 个师团，且第 48 师团还属于"路过"的性质，在攻占马尼拉之后便将移作他用。对于陆军方面具体的用兵韬略，海军虽然无从置喙，但还是站在其自身的立场之上，希望陆军能够再抽调部分兵力派往俾斯麦群岛和帝汶岛，以切断澳大利亚与菲律宾之间的联系。但陆军方面却认定向远海孤岛派遣少量步兵，指挥、补给都极为困难。海军方面如感到确有必要，大可用海军陆战队充任。

尽管在俾斯麦群岛和帝汶岛的用兵问题上，日本陆、海军之间还存在着分歧，但基本上陆军方面的这一计划得到了海军的认可。基于此从 1941 年 8 月开始，日本陆军便马不停蹄地开始了相应的战略部署。8 月 15 日，正在攻占中国福州的日本陆军第 48 师团由第 23 军调入"台湾军"作战序列。

同时鉴于大批部队将转用于"南进"，日本陆军参谋本部授意"中国派遣军"方面于 1941 年夏、秋之际在中国长沙地区再发动一轮大规模攻势。不过由于此时美国已经加强了与重庆国民政府的军事合作，大量的军事援助物资经由英国控制下的缅甸运入中国境内。日本陆军不得不开始关注起具有重大战略意义的缅甸方向了。

8 月 16 日，在日本陆、海军部、局级会议上，日本海军方面首次提出了《帝国国策实施方针》。其主要内容为：以 10 月下旬为限，战争准备和外交交涉同时并进；至 10 月中旬，外交交涉仍不能取得妥协时，就动用武力。日本海军的这一主张虽然颇为决绝，但仍受到陆军方面的质疑，认为海军方面仍寄希望于外交斡旋，属于"不下定决心而要进行准备"的敷衍之举。

站在外人的角度，似乎很难理解日本陆军的逻辑。既然海军方面已经多次表示了"不惜与英、美一战"的态度，又何来的"不下定决心"一说呢？要厘清其中的政治逻辑，不妨先看看日本陆军发出这一指责的时间点——日本陆军方面发表上述言论，是在 1941 年 8 月 15 日。当天大本营海军部突然向陆军部发出：截至 10 月 15 日以前完成对英美的战争准备；"8 月和 9 月再分别征用船只 30 万吨；9 月 20 日实施陆海军作战协定；9 月上旬从中国抽调陆战队三个大队；预定从 9 月中旬开始再征用船只 50 万吨"的相关通知。此举令大本营陆军部大为震惊。

大本营陆军部之所以表示震惊，除了觉得海军方面给出的动员时间过短、规模不足之外，更重要的是向来自诩大日本帝国"中流砥柱"的日本陆军，无法接受被海军如此呼来喝去。而其随即对海军方面大加指责背后的政治逻辑，除了颜面之争外，还涉及"战争责任"和"战争主导权"的问题。

在日本陆军看来，日本对英、美的战争一旦打响，势必将是一场旷日持久的拉锯战。一旦战败，日本陆、海军将佐自然免不了成为英、美阶下囚。而即便侥幸取胜，也要面对付出了巨大代价的日本国民的问责，因此日本陆军有意规避着挑起战争的责任。但另一方面，日本陆军又不希望失去对这场战争的主导权，故而才对海军方面横加指责，更宣布"根据历来的经验，在外交决裂的最后关头，海军有可能不下决心开战而中途退出，陆军对此十分担心"，并借此表示"现在先下定对美英一战的决心，在这个决心之下同时进行战争准备和外交工作，外交谈判一旦决裂就决心开战"。

对日本陆军的算计，海军方面自然也是洞若观火。出于相同的考量，在 9 月 3 日的日本政府高层闭门会议上，军令部长永野修身代表海军发表了自己的意见。永野修身称"日本在各方面都有困难，特别是物资正在减少，也就是说正在走向瘦弱，与此相反，敌方却逐渐强大起来。随着时间的推移将越发瘦弱下去。通过外交来搞，只好能忍则忍之，但必须在适当的时机做出估计。如果外交上终于没有希望，就必须快点干。如果现在就打，确信还有胜利的机会，但我担心这种机会会随时间而消失"，力主先发制人。

随后永野修身又分析日本的优劣势："对战争的估计，海军有短期和长期两种看法。我想大概会演成长期战，因此必须有长期战的思想准备。敌人要想速战速决是我们所希望的，如果那样，在我近海搞决战，估计战胜有相当把握。不过，我想战争不会就此结束，可能演成长期战。即使出现这种情况，如果利用胜利战果来对付长期战，那也是有利的。反之，如果没有进行一场决战就转入了长期战，那将是痛苦的。特别是因为物资缺乏，如果得不到物资，长期战争就无法进行。所以十分重要的是，要通过取得物资和夺取战略要地来做好准备，以便立于不败之地。敌人没有将死我们的招数，即使有将死的招数，但随着国际形势的演变，还会有可以争取的手段。总之，战争必须在陷入绝境之前打响，必须由我方决定开战时机，要紧的是要先发制人，依此勇往直前，此外别无其他办法。"

永野修身虽然一口一个"先发制人"，言之凿凿称"立于不败之地"，但身为首相的近卫文麿却依旧心中没底。而同样是出于规避战争责任的考虑，近卫文麿决定将这一问题上奏天皇裕仁，以求通过"御前会议"和"圣断天裁"的方式最终一锤定音。但近卫文麿显然忽视了一个关键性的问题，那就是天皇裕仁本人也并不愿意为主动进攻美、英一事"背锅"。

（十八）白纸还原——天皇裕仁的权谋之道和近卫内阁的倒台

9 月 5 日晚间，近卫文麿带着海军方面所草拟并经内阁会议审议通过的《帝国国策实施要领》入宫觐见。近卫文麿的本意，是试图通过这种方式，在翌日召开"御前会议"之前，先与天皇裕仁达成共识。不料很少对国家政治直接发表意见的裕仁，在听取了近卫文麿的汇报之后竟然对以战争准备为主、外交准备为辅的提案深表不满，并当面提出了有关战争准备和具体用兵韬略的许多具体问题。从未涉足军事领域的近卫文麿一时语塞，只能连夜邀请参谋总长杉山元和军令部部长永野修身入宫解释。

但在代表陆、海军实际军事指挥权的两位大将先后抵达皇宫之后，裕仁并没有第一时间询问具体战略部署，而是直接发出了"要以外交为主，不要战备和外交同时并进"的训示。面对天皇裕仁颇为决绝的态度，杉山元和永野修身只能表示长期以来的主导思想就是努力通过外交途径来打开局面，战争准备是为了应付凭外交途径无法打开局面时才采取的。近卫文麿也只能跟风说："直到最后用尽一切和平外交手段，只有在万不得已时才诉诸武力，在这方面，我和两位统帅部长的意见是完全一致的。"

这段对话被后世不断引用为天皇裕仁反对战争（其实只是反对向美国宣战）的证据。但事实上从后续事态的发展来看，裕仁此时也深知对美外交已经走入了死胡同，日本唯有全面屈服或主动进攻两个选项。但从日本最高统治者的角度出发，裕仁既不愿意背负相关的战争责任，更不满近卫文麿在这个时候把皮球踢到自己的脚下，于是才故作姿态，拿捏近卫文麿和杉山元、永野修身。

在唱了一段以和平外交为主的高调之后，天皇裕仁才对南方作战的计划、登陆作战的难易、船只的损失以及胜败的归宿等一一细问。代表陆军的杉山元不敢据实相告，只能乐观地表示"进攻南方重要地区的初期作战，估计五个月就可以结束"。不想裕仁直接反驳说："杉山总长你在担任陆相时对中国事变就估计错了，不要过于乐观。"眼见天皇裕仁如此"英明"，杉山元和永野修身只能相继表示："不敢说一定能打赢，但临到最后关头，必须趁国力还有机动性时，为突破国难而迈进。"

9月6日，决定日本命运的"御前会议"在皇宫宫东一厅如期举行。由于关系重大，除了日本陆、海军方面的首脑、外务大臣、枢密院议长等人之外，近卫文麿还邀请了企划院总裁铃木贞一、内务大臣田边治通和财政大臣小仓正恒列席会议。近卫文麿之所以邀请这三位加入讨

尽管风评不佳，但裕仁对杉山元还是颇为信任的

论，主要是因为此三人不仅是自己的心腹，更分别掌管着日本的战争动员、国内治安和财政大权。如果天皇裕仁执意反对宣战的话，铃木贞一、田边治通、小仓正恒也将分别代表企划院、内务省和财政省发表必须一战的主张。

会议开始之后，近卫文麿首先发言，在强调了一番"围绕帝国的国际形势日趋紧迫，特别是美、英、荷等国正以一切手段对抗帝国……照此发展下去，帝国必将逐步丧失国力的机动性，以致同美英等国相比，国力的差距也将越来越大"之余，还是给出了"仍必须尽一切外交手段，努力预防战祸于未然。上述外交措施万一在一定期间内不能奏效，到时候采取自卫上的最后手段也是不得已的"这种模棱两可的回答。

随后永野修身和杉山元相继陈述自己的意见。由于昨天晚上被天皇裕仁训诫过"不宜太过乐观"，因此两人代表海、陆军给出的战局预测也是颇为飘忽的。永野修身虽然宣称："欧洲战争正在继续，英国能派往远东的海军兵力势将受到相当限制。因此，如果在我预定的决战海面截击英美联合海军，再考虑到有效运用飞机等因素，确信我方胜利有很大把握"，但话锋一转又颇为悲观地表示："不过，帝国即使在这场决战中取胜，也不会导致战争的结束。估计此后他们必将倚仗其未受侵犯的地理位置、工业力量和物资力量上的优势转入长期战。"

当然为了破解所谓"长期战"对资源疲弱的日本所将造成的不利影响，永野修身强调："为使长期战能够坚持下去的首要条件是在开战之初就迅速占领敌方军事要地和资源丰富地区，妥善地调整好作战部署，与此同时，从其势力范围内获得必要的资材。假如第一阶段作战能够圆满完成，即使美国军备按预定计划得到加强，由于帝国已经确保了西南太平洋地区的战略要地，保持了不容侵犯的态势，就能够确立长期作战的基础。"言下之意便是将采取"以战养战"的策略，利用从东南亚等地所收集的自然资源，强化日本的战争机器，与英、美展开长期拉锯的态势。

力主对美开战的永野修身

根据上述理由，永野修身总结称："由此可见，第一阶段作战的成败，对长期作战的成败关系极大。为使第一阶段的作战有较大成功把握，下述三点是非常重要的：第一，鉴于敌我战斗力的实际状况，应迅速决定开战；第二，不要让对方抢先下手，而要由我方先发制人；第三，为使作战顺利进行，必须考虑作战地区的气候条件。"暗示要"早打、大打、主动出击"。不过考虑到昨晚天皇裕仁的态度，永野修身同时还强调："当然，作战准备要充分考虑外交工作进展的情况，慎重进行。"

此后按照明治维新以来，日本军队"言必谈战国"的"军学传统"，永野修身还补充道："还想补充一点，就是必须始终坚持力求和平地打开现在难局，从而获得帝国发展和安定的途径。决不是说本来可以避免的战争也非打不可。但是，为了皇国的百年大计，也绝不应当像'大阪冬之阵'的故事，那样，虽然暂时获得了和平，但到第二年夏季又不得不在手足无措的不利形势下被迫应战。"

永野修身口中的"大阪冬之阵"指的是 1614 年冬，为了一举荡平丰臣秀吉所建立的霸权残余，德川家康故意制造事端，纠集数十万大军围攻丰臣家的核心据点——大阪城。但由于丰臣秀吉生前积累下巨额的财富和日本朝野的反德川势力的帮助，德川家康一度无法取胜。只能采取外交手段假意媾和，并诱使丰臣家拆除大阪城外围工事、遣散所招募的"浪人"（民间雇佣军），最终于 1615 年夏天再度展开进攻，并在所谓的"大阪夏之阵"中一战成功。永野修身此刻举这个例子，无疑是为了表示对美国方面的不信任，认为即便在外交中做出让步，美国方面也会得寸进尺，日本所面对的局面将更为不利。

永野修身代表海军的发言，显然给了陆军参谋总长杉山元以莫大的鼓励，其紧随其后发言称："在紧迫的事态面前，如果拖延时日，落入美英的圈套，则恐怕帝国国防的机动性将逐渐削弱，而美英的军备将逐渐加强，我方作战将日益困难，以致最后我们很可能将面临丧失排除美英阻碍之机的事态。因此，为了在还有信心对美（英）进行战争的时候发动战争，并考虑到预定战场的气象情况和动员部队，征用和改装船只，以及通过长途海上运输完成在战略要地上展开兵力等因素，才将完成战争准备的时机定在10月下旬……考虑到这些军队的行动，我想有必要最迟在10月上旬就下定开战的决心。"按照杉山元给出的这个时间表，留给日本政府的外交时间事实上被压缩到了不足一个月。

在海、陆军方面都表明了必须尽快下定宣战决心的基础之上，企划院总裁铃木贞一出马发表了日本尽管目前国力有限，但如果迅速"南进"仍有希望扭转局面的发言："如果我方能在三四个月内牢固占据南方各重要地区，则经过六个月左右就有可能获得石油、铝原料、镍、生胶、锡等物资。从第二年起就完全可以考虑有效地运用这些物资。"

按照"御前会议"的惯例，身为枢密院议长的原嘉道将代表天皇发出质疑。不过老于世故的原嘉道最终抛出了颇有倾向性的发问："通览整个议案，觉得似乎是以战争为主、外交为辅。不过，战争准备应该是为应付外交失败时采用的，现在要始终凭外交手段打开局面，外交上办不到时再进行战争。这样理解这个议案怎样？"

据说在现场杉山元本想起身作答，但最终却是海军大臣及川古志郎抢先说道："草拟议案的意旨同原枢密院议长的看法完全一致，第一项的战争准备与第二项的外交工作并没有轻重之分，而第三项的开战决心还需要在最高会议上奏请天皇批准。"如此一来，皮球又回到了天皇裕仁的脚下。在无法给出正面回答的情况之下，裕仁只能站起身来背诵了其祖父明治天皇睦仁所作的和歌《四海》："四海之内皆兄弟，奈何风雨乱人间［四方（よも）の海（うみ）、みな同胞（はらから）と、思（おも）ふ世（よ）に、などあだ波（なみ）の、（た）ち騒］。"随后表

示："朕平素甚爱此诗，矢志不忘明治大帝的和平胸襟。而如今，事态终至于此，至感遗憾。"

关于天皇裕仁的这一表现，后世给出了诸多不同的解读。日本史学家大多以和歌《四海》所表达的内在含义，宣称天皇裕仁内心热爱和平，但在当时的形势之下，战争却已是无法避免。在无法正面表示反对的情况之下，只能"歌以咏志"。而渴望追究裕仁战争责任的其他参战国方面的学者，则认为明治天皇睦仁的这首和歌创作于"日俄战争"前夕，本身便是一首鼓励日本军民奋起与强大沙俄帝国正面对决的战歌。因此天皇裕仁此时在"御前会议"上当场背诵，正是希望能够重现"日俄战争"中以弱胜强的奇迹，属于一种暧昧表达唯有一战的"腹艺"[①]。

但从更为客观和中立的角度来看，裕仁此时的表现更多不过是其尴尬处境之下一种无奈和敷衍的表示。显然站在一个亚洲强国元首的立场之上，他深知在强弱失衡的情况之下，所谓的外交斡旋最终换来的不过是屈辱和让步，而且在当时的国际环境之下，一旦日本选择了向美、英屈服，不仅其在法属印度支那、中国大陆所摄取的经济、政治利益将迅速被剥离，甚至会进一步影响到日本在中国东北、中国台湾和朝鲜半岛的殖民统治。但如果冒险一战，其结果也可能是一败涂地。在这种两难的抉择之下，裕仁自然而然地想起了自己的祖父——明治天皇睦仁时代的辉煌。尽管日俄战争也是一场豪赌，但毕竟当时的日本背后有英、美的支持，即便不幸战败仍有机会保有本土。而今天的裕仁却要面对的是一场一旦失败便将血本无归且胜率极小的对决。

在不愿意做出明确表态，却又不得不表态的情况下，天皇裕仁才最终以一首和歌《四海》相对。此举应该不是他"平素甚爱此诗"的有感而发，而是经过精心准备的一种政治姿态。因为挑选这首和歌，如果日本在此后对美、英的战争中辉煌大胜，自然可以被诠释为裕仁效仿"明治大帝"的丰功伟绩，而如果失败也能说这位天皇其实内心向往和平，

①腹艺——所谓腹艺，是日本特有的一种说话者因不能、不敢、不便或不愿明说，而利用暗示、象征、隐喻等修辞手段或实际行动，隐晦曲折地表示真实意图的言语或行为技巧。

无非是形势所迫、为重臣所胁迫。从这个角度来看，后世盯着这样一首和歌来分析天皇裕仁的所谓"心境"，恰恰是坠入了其精密的算计之中。

至于天皇裕仁所谓"至感遗憾"的表态，很大程度上也并非单指日本陷入的困局，同时也是对以近卫文麿为首的一干朝堂重臣，远没有明治时代伊藤博文、山县有朋、大山岩等人有魄力，始终"议而不决"，只会不断推卸战争责任的揶揄。因此在9月6日的这场"御前会议"结束之时，天皇裕仁可能已经做出"换相"的准备。

由于"天皇"裕仁没有做出"是战是和"的最终决断，因此近卫文麿内阁不得不按照此前的设想，继续采取一方面做外交斡旋的最后努力，一方面强化作战准备的两手策略。9月6日晚间，近卫文麿在极其机密的情况下，会见了美国驻日大使格鲁，向对方表达了尽快安排两国首脑的会谈是争取妥协的最后机会。但此时罗斯福已经在9月3日函复称："如果对重要的原则问题没有事先达成协议，则势难同意会谈。"同时美国政府提出了一份备忘录，指出要以国务卿赫尔此前声明的"四项原则"作为会谈前提条件，也就是说日本必须接受从中国撤军以及事实退出"德、日、意三国同盟"。在自身权限范围几乎没有操作空间的情况之下，格鲁虽然深知日本已经磨刀霍霍，但也只能向美国政府发出一份危险警报。

眼见美国方面始终没有答复，日本方面不得不继续放低身段，于9月25日提出日本可以接受的《日、美谅解方案》的最终修订版。在这个版本的提案之中，日本基本上已经放弃了对"德、日、意三国同盟"的坚持，提出"在世界和平得到恢复以前，两国政府对各种事态的发展应从自卫和防御的观点出发采取行动。在美国参加欧洲战争时，日本对日本、德意志及意大利之间三国条约的解释和由此履行所承担的义务，应完全独立自主地行事"。

但是日方在中日战争的问题上却态度依旧，只是提出"美国政府对日本国政府解决中国事变的努力和诚意予以谅解；为促其实现从中调停，将敦促重庆政权为结束战斗行为和恢复和平而迅速与日本政府进行谈判；对日本国政府解决中国事变的措施与努力，特不采取任何妨碍的措施和行动"。而在作为附件提交给美国的《中日和平条约》之中，日本虽然表示"所有因'中国事变'派到中国的军队，一俟'中国事变'结束，一律撤退"，但前提却是"为维护治安，日中两国实行合作。日本国军队及舰队在所需期间内在一定地区驻扎"。

而在美、英所关心的法属印度支那问题上，日本希望以"在确立起太平洋地区的公正和平的情况下，将撤退现在派到法属印度支那的日本军队"的口头承诺，换取美国方面"削减在西南太平洋地区的军事措施。并声明，在菲律宾完成独立，准备缔结一项关于该群岛中立化的协定。合众国政府对菲律宾群岛上的日本人应保证给以无差别待遇"。

日本方面自认做出了上述让步之后，便可以令美国停止经济制裁，因此一口气罗列了多项要求："作为前项措施的第一步，两国政府应立即撤销目前正在实施中的相互冻结资产的措施，并应保证相互供给两国中的一方能够供给而又为对方所必需的物资"；"日、美两国应按通商手续，相互协助，创造国际通商及国际投资条件，以保证有合理机会获得两国各自为保卫和发展本国经济所必需的商品及物资手段，这种通商和投资条件应是两国政府关于石油、橡胶、镍、锡等特种物资的生产和供给问题，应在平等待遇的基础上，与有关各国缔结和执行协定，相互友好合作"。

就在近卫文麿等人自以为日本所做出的"牺牲"能够换来美国的谅解之际，美国政府于 10 月 2 日以备忘录的形式对日本从前的提案做了明确的答复。其主要内容除了婉拒日本方面翘首以盼的所谓"首脑会谈"之外，同时还明确了美国方面的底线：1. 确认作为国家间基本原则的前述四项原则。2. 从中国和法属印度支那全面撤军。3. 放弃中日间所有的特殊密切关系。4. 放弃三国条约的实质性部分。

美国方面的答复对于日本政府而言可谓一盆冷水当头浇来。在此之前的几天里，近卫文麿还信心满满地与日本陆、海军首脑以及企划院总裁铃木贞一等人不断进行会商，甚至以疗养为名前往东京附近的镰仓海滨，与海军大臣及川古志郎私下密谈，了解日本陆、海军的内部动向。眼见近卫文麿有可能与海军达成对美妥协的政治同盟，日本陆军内部格外焦虑，毕竟无论是从中国和法属印度支那撤军还是退出"德、日、意三国同盟"，都将极大损害日本陆军的利益。因此当美国方面的备忘录送达日本国内时，陆军大臣东条英机第一时间鼓噪而起，宣称"美国方面的真意显然想迫使日本屈服"。

随后日本陆、海军分头对美国方面的要求进行了内部商讨，基本达成了外交谈判已无希望，必须迅速奏请召开关于开战决心的"御前会议"的意见。但此时近卫文麿却已经产生了动摇。10月5日晚6点，近卫文麿邀请陆军大臣东条英机和外务大臣丰田贞次郎在自己的私邸"荻外庄"会晤，表达了希望陆军方面能够接受美国方面的条件从中国大陆和法属印度支那撤军的意愿，而东条英机则以此事须由"御前会议"决定相搪塞。

10月6日开始，日本陆军方面以陆军大臣东条英机和参谋总长杉山元为首的一干大佬开始不断与海军方面接触，鼓动海军方面一同拒绝日、美继续谈判，全力推动"南进"作战。而海军方面则形成了海军部长及川古志郎主和、军令部长永野修身主战的对立态势。为了引导内阁中的各方势力，接受美国方面的条件，近卫文麿也不断进行串联，并在10月7日的内阁会议上授意前任"大阪商船"副社长出身的邮政大臣村田省藏发表日本保有之商船不堪征调的言论。言下之意，自然是暗示要放弃"南进"。东条英机见状当场便予以驳斥，宣称"现在是必须战胜的时代，下定决心是首要问题"。

内阁会议不欢而散之后，当天晚上东条英机再度前往"荻外庄"，向近卫文麿表示"关于驻军问题，即便是原则上先全部撤军而后驻军的形式，陆军方面也坚决不同意"，并要求近卫文麿继续以强硬立场与美国方面进行谈判，但必须以10月15日为期限。如果10月15日之前没有任何实质性的突破，那么唯有与美、英兵戎相见。面对颇为跋扈的东条英机，近卫文麿公卿贵族的虚弱本质暴露无遗，每每只能以"有重新研究的必要"相搪塞，但却被东条英机以"研究的意义何在"，"在国家存亡关头，有时也不得不闭上眼睛往下跳"给顶了回去。而在东条英机不断向近卫文麿施压的同时，杉山元也绕过海军大臣及川古志郎，直接与军令部部长永野修身达成了10月15日左右完成战备，尽快对英、美宣战的协定。

10月12日星期日，进退维谷的近卫文麿以自己50岁生日为由，在私邸"荻外庄"召集陆军大臣东条英机、海军大臣及川古志郎、外务大臣丰田贞次郎和企划院总裁铃木贞一会议，试图联合各方势力向陆军施压。但东条英机仍坚持"陆军根据御前会议的决定已经动员了兵力"。近卫文麿无奈之下，只能将自己的担忧和盘托出："战争打一二年还有把握，但若打三四年可没有信心……对于战争我没有信心，我负不了责任。"不料东条英机反唇相讥："对战争有无信心，是应当在前次御前会议上讨论的问题。御前会议决定，一旦外交上行不通就开战，当时首相也在座，表示了同意，而现在却说对战争负不了责任，这令人难以理解。"

东条英机的话虽然有强词夺理的嫌疑，但却切中了近卫文麿的要害，无论是战、是和，他都不敢负责。最终这场打着"庆生会"名义的"五相会议"为东条英机所主导。东条英机代表陆军要求近卫文麿以"不得变更驻军问题以及以此为中心的主要政策，不得损害中国事变所取得的成果"为前提与美国方面尽快达成协议。如若不能便向美、英宣战。

近卫文麿深知东条英机给出的条件，美国方面根本不可能接受，于是在10月14日的内阁会议上，再度试图说服对方。近卫文麿表示："对美谈判没有进展的主要事项有三，即：在华驻兵问题；三国同盟的自卫权问题；日华间的特殊密切关系问题。关于从中国及法属印度支那撤兵的问题，美方要求我方做出明确答复，另外还谈到我方在法属印度支那北部的军事行动问题。重点是撤兵，如果能撤兵，谈判就有达成妥协的希望。"

东条英机则回应称："如果完全顺从美国的主张，'中国事变'的成果就将化为乌有，进而危及'满洲国'的存在，甚至动摇对朝鲜的统治。'事变'（指中日战争）爆发以来，日本已经有了几十万伤亡和几倍于此的遗族，几百万军队和一亿国民在前后方艰苦奋斗，并且已耗费了几百亿元的军事开支。必须依靠驻兵来巩固事变的成果，不能屈服于美国那种巧妙的扼制手段。"

面对两人针尖麦芒般的激烈冲突，其他内阁成员只能保持沉默。最终东条英机主动提出"如果不能按9月6日御前会议通过的决定执行国策，那么参与这项决定的政府就应该引咎辞职，另由新的政府来负责重新制定国策"。近卫文麿自感无力应对这样的压力，当天晚间便做出了辞职的决定。由于担心会触怒公卿阶层，东条英机便委托同为陆军出身的企划院总裁铃木贞一前往慰问，并传话说："海军似乎不愿战争。既然如此，海军大臣如何不对我明言，及川古志郎如果对我说清，我也不能不重新考虑，然而海军方面却把责任推给首相，实属遗憾。"

近卫文麿虽然深知东条英机这番话不过是"马后炮"，但也深知自己此刻对局势已经失去了掌控，随即于10月16日宣布内阁总辞职，至此"第三次近卫内阁"宣布终结。而按照惯例，次日以历任首相组成的所谓"重臣"会议，商讨继任首相人选。在近卫文麿托病不起的情况下，各方势力试图推举宇垣一成或皇室成员上台组阁。但均遭到了内大臣木户幸一的反对。而木户幸一提名的人选正是东条英机。

1941年10月17日下午4点35分，东条英机奉召入宫，拜受组阁大命。天皇裕仁在随后又召见了海军大臣及川古志郎，面谕陆、海军应协力合作之后，通过内大臣木户幸一传达了"有关基本国策之决定，不必拘泥于9月6日'御前会议'决定，应更广泛、深入审度内外形势，慎重予以考虑"的诏书。是为"白纸还原的谕旨"。

关于裕仁此时宣布"白纸还原"究竟是何用意，日本史学界颇多争论。比较常见的说法，无非援引近卫文麿等一干公卿重臣的说法，认为木户幸一代表天皇裕仁推举东条英机上台组阁，是为了"以毒攻毒"，让身处首相之位的东条英机来压制日本陆军，最终实现对美妥协。但从结果上来看，掌握了全权的东条英机最终悍然向美、英主动进攻，挑起

东条英机内阁的"全家福"

了战争，这种可能难道天皇裕仁和木户幸一就没有考虑过吗？或许在天皇裕仁看来，尽管这场战争未必有必胜的把握，但东条英机至少是一个敢于承担战争责任的人，远胜于只会把皮球踢给自己的公卿——近卫文麿。

（十九）改弦易辙——从"九段攻击"到"偷袭珍珠港"的日本海军战略变迁

10月18日，东条英机内阁正式成立。因为时局紧迫，日本陆军方面经过简单的商议便同意了由东条英机以首相身份兼任陆军大臣，列为现役。而在海军方面，鉴于及川古志郎此前首鼠两端的做派，东条英机任命横须贺镇守府司令岛田繁太郎出任海军大臣。基于同样的理由，前任外务大臣丰田贞次郎也不宜留任，改由职业外交官东乡茂德接掌外务省。

10月20日，接任外务大臣的东乡茂德通过广播宣布日本的外交政策：日本外交的目的在于维护和增进世界和平，但若情况威胁到日本的生存，或涉及日本的国际威望时，则一定坚决以毅然决然的态度来捍卫它，以图完成日本的光辉历史使命。次日，东乡茂德致电驻美大使野村吉三郎，表示新内阁在公正的基础上调整日美邦交的热情无异于前内阁。

东乡茂德的这一表态在后世多被认为是日本方面为掩盖其军事行动所释放的和平烟雾。但平心而论，在接掌首相的最初几天里，东条英机及其主要阁僚，的确曾认真考虑过继续与美国展开外交斡旋的问题。10月23日，新内阁和大本营之间召开了首次联席会议，东条英机抛出了11个问题，即：

一、如何估计欧洲战局？

二、在对美、英、荷的战争中，对初期及数年后的作战前景如何估计？在上述情况下，对美英利用中国非占领区的军事措施应做何判断？

三、如果今秋对南方开战，北方会出现哪些连锁反应？

四、对美、英、荷开战后三年内的船只征用量及消耗量做何估计？

五、联系上述情况，对国内民用船只运输力及主要物资的供应如何估计？

六、对美、英、荷开战后，对帝国的预算规模及金融的持久力应如何判断？

七、对美、英、荷开战，能使德意承担何种程度的援助？

八、能否将战争对手只限于荷兰一国或英荷两国？

九、如果明年 3 月左右发动战争，则对外关系上的利害问题，主要物资的供应问题，作战上的利害问题如何估计？考虑到上述各项后，应把开战时期规定在什么时候？联系上述情况，如果放弃对美、英、荷的战争企图，依靠增产人造石油等，能否维持现状？对其利害关系又将如何判断？

十、继续同美国谈判，有无希望在最短时间内满足 9 月 6 日御前会议决定的我方最低要求？我方最低要求降到何种程度才有达成妥协的希望？这种情况帝国能否容忍下去？如果全面接受 10 月 2 日美国备忘录，帝国的国际地位，特别是对华地位，与事变前相比会有怎样的变化？

十一、与美、英、荷开战，对重庆方面的抗战决心会有什么影响？

东条英机之所以提出这样一系列问题，固然有《孙子兵法》中"夫未战而庙算胜者，得算多也；未战而庙算不胜者，得算少也"的意味，但更为重要的却是希望通过对这些问题的讨论，能更为清晰地理顺日本在战与和之间的抉择利弊。可惜的是，日本陆、海军此刻已经失去了讨论具体问题的时间和兴趣。永野修身直接表示："海军每小时就消耗 400 吨石油"，强调时间紧迫。

话虽如此，但从 10 月 24 日起至 10 月 30 日止，其间除了 10 月 26 日首相东条英机和海军大臣岛田繁太郎因为要参拜伊势神宫而暂时离开东京之外，内阁与大本营之间的联席会议几乎是连续召开。对此连长期支持东条英机的参谋总长杉山元都倍感不满，"从统帅的角度看来，时间万分紧迫，因而希望赶快研究"，但东条英机则回复称"十分了解统帅部的急切心情，不过，政府是要充分加以研究之后负起责任来，所以请予以谅解"。

东条英机的这番说辞倒也不全是推托，毕竟身为陆军大臣之时他只需考虑日本陆军的利益，此刻身为首相则需要从政府的立场做出抉择。何况新内阁之中出任外交大臣的东乡茂德和财政大臣贺屋兴宣也需要充分了解日本此时的内外部局势才能做出正确的判断。如 10 月 28 日就讨论了关于用增产人造石油的办法能否维持现状的问题。会上，企划院总裁铃木贞一阐述了如下见解：企划院曾制定 400 万公升的生产计划，但结果是仅设备便需要钢铁 100 万吨、煤 2500 万吨、经费 21 亿元，工厂建设需要三年才能完成。海军方面由此表示："如果按这个人造石油增产计划的话，海军的军备扩充计划就将推迟一半。无视国际形势这么干是不行的。"

10 月 29 日，东条英机内阁又与大本营方面商讨了能否与美国讨价还价的问题，试图以"关于和中国通商的平等待遇问题，只要附加上'当平等原则适用于全世界时'这个条件就可以承认"，"关于在中国驻兵及由中国撤兵问题，坚持原来立场。关于驻兵所需时间问题，大致可答应以 25 年为期"作为条件对美妥协。并就此于 11 月 1 日拟定了"极力避免战争，卧薪尝胆"、"立即下决心开战，并将政略和战略上的各种施策都集中到这一方针上来"和"在决心开战的前提下，一方面完成作战准备，另一方面继续采取外交措施，努力达成妥协"三个方案。

第三个方案一望即知不过是此前近卫文麿内阁政策的延续，因此东条英机内阁和大本营方面集中讨论的无非是采取"卧薪尝胆"还是"决心开战"的问题。但是对于所谓的"卧薪尝胆"一说，军令部部长永野修身嗤之以鼻，认为"这是最下策。美国将日益加强军备，加强包围圈，加强援蒋援苏活动。而日本却越来越软弱下去。和战的主动权总是掌握在美国手里，日本的国防危险万分。目前想特别请大家现解和认识的根本问题是，日本对美战争的时机就在眼前，失去这个机会，战争的主动权就将任凭美国来掌握，而不再归我掌握"。

而对于财政大臣贺屋兴宣所谓"对南方开战的时机虽在我们手里，但决战时机却仍然掌握在美国手中。因为美国主力舰队可以退避远方，等待时机。当然，那时南方的战略要地全已经归我占有，但两年以后，即美国发动决战时，我方就将在军需和其他方面遭受许多困难，所以我认为没有确实的把握"的见解，永野修身也予以驳斥。

永野修身认为："如果敌人企图打短期战争，这是我们最希望的。我方截击敌人，确信可以取胜。但是战争不会就此结束，十有八九将会变成长期战争。在打长期战时，战争的第一年和第二年，由于确立了打长期战态势的基础，这一期间有胜利把握。三年以后，将根据海军力量的保持和增强，国家整个有形无形的军事力量以及世界形势的演变等条件来决定胜负，所以无法预测。"言下之意是短期作战日本占据优势，而长期作战也存在着获胜的可能。

永野修身对"长期作战"的设想得到了东条英机内阁的普遍赞同，认为由于太平洋上的战略要地终归全部控制在日本手中，所以尽管兵力处于劣势，仍可施展各种作战方案，这比不动手无所事事地度过两年还是有利的。甚至参谋总长杉山元提出"通过南方作战占领菲律宾、荷属印度尼西亚、新加坡、缅甸等地，其结果，一向依靠英、美支援继续抗战的中国，受援路一被切断，很有可能被迫放弃抗战的念头"。

不过外务大臣东乡茂德也提出："美国正在进行备战，但军需生产尚未得到扩充，所以美国不致先挑起战争。至于欧洲战争结束后各国会联合起来对日施加压力的说法，不过是庸人自扰，并不足取。因此我认为，如果日本卧薪尝胆不先动手，美国不会立即进攻日本。"但永野修身也提出"如果再过三年，美、英在南方的防御力量就将日益增强，而且其军备也将更加雄厚起来"，因此"机不可失，时不再来"，应该立即对美、英宣战。但东乡茂德还是认为应该再给外交留出一部分的时间，至 12 月 1 日零时以前，外交工作继续进行，如在此期间外交工作获得成功，则停止发动进攻。

客观地说，东条英机内阁和大本营方面召开的这一系列联席会议，虽然最终做出的决定并未超出此前近卫文麿内阁的设想，但通过连日讨论，内阁与大本营之间基本确定了战争是破解当前困局的唯一良策，同时在主动进攻的情况下，"短期作战"可操全胜，而即便在转入"长期作战"的情况下，通过掌握东南亚的战略资源，日本仍有可能立于不败之地。这可谓是一场政治和外交上的战略推演。

在东条英机内阁与日本陆、海军统帅部通过这种设想未来的方式，来寻求使本集团乃至日本国家利益最大化的选择之前，日本陆、海军也采用兵棋推演和实兵演习的方式来寻找着克敌制胜的良策。而由于预设战场多为东南亚的半岛或群岛地带，因此日本海军的预定战略更成为对美、英宣战能否成功的重中之重。

事实上早在"日俄战争"之后，由于日、美在地缘政治和双边贸易上的冲突加剧，日本海军便将美国作为首要的"假想敌"。而面对浩浩荡荡横渡太平洋的美国海军"大白舰队"，日本海军虽然自知力不能敌，但也试图复制昔日"偷袭旅顺口"围困沙俄帝国太平洋舰队，吸引沙俄帝国主力千里驰援，最终于对马海峡展开邀击，一举击溃对于的辉煌战绩。

从明治末年到昭和初期的近20年时间里，日本海军长期以来均设想如果日、美矛盾迅速激化，日本海军将第一时间配合陆军对美国在西太平洋的主要据点——菲律宾展开围攻。由于美国海军太平洋舰队驻守菲律宾的兵力有限，因此日本海军方面计划仅由以轻巡洋舰为主的第三舰队配合陆军夺取菲律宾的马尼拉湾等战略要冲。而日本海军主力则以小笠原群岛为前哨，在辽阔的太平洋对得到美国海军大西洋舰队增援后的太平洋舰队主力展开别名"九段攻击"的"渐减邀击作战"。

所谓"渐减邀击作战"，顾名思义便是设想通过一系列非对称的特种攻击，如抽丝剥茧般削弱敌舰队的兵力优势，最终在双方兵力基本接近的情况之下，再投入己方主力展开正面对决的一种既定战术。而之所以被称为"九段攻击"，则是因为日本海军有意识地将从发现对手、到展开逐次削弱、再到最终展开主力决战的过程分为了九个阶段。

"九段攻击"的前身，是"日俄海战"时期由号称"联合舰队智囊"

美国海军数量庞大的战列舰编队曾是日本海军挥之不去的噩梦

的参谋秋山真之所设计的"七段作战"。秋山真之认为在日本海军与沙俄海军展开决战的前夜，便应先发动驱逐舰和鱼雷艇队展开夜袭，是为"第一段作战"，然后发动主力舰队决战，是为"第二段作战"，如果"第二段作战"未能击垮对手，则于当夜再度发动夜袭，是为"第三、第四段作战"，次日黎明，面对相信已经被日本海军主力舰的远程炮击和驱逐舰、鱼雷艇的突袭搞得筋疲力尽的对手，日本海军主力舰队将展开扫荡和追击残敌，是为"第五、第六段作战"。最终如果对手还有漏网之鱼，则全部赶进事先布设好的水雷区一举歼灭，是为"第七段作战"。

尽管所谓"七段作战"听起来似乎很唬人，但事实证明无非是一种建立在信息单向透明之下的想当然而已。在"日俄战争"中具有决定性意义的对马海战之中，由于日本海军情报传递上的失误，直接导致秋山真之所构想的"七段作战"中"第一段作战"的夜袭便无从展开。日本海军几乎没有机会削弱对手，便迎来了兵力劣势下的"第二段作战"中的主力对决，好在沙俄海军此时师劳兵疲、士气低迷，最终才被日本海军打得一败涂地。

"对马海战"的胜利虽然辉煌，但日本海军深知下一个对手——美国海军太平洋舰队不仅在数量上占据着更大的优势，战备和训练水准更令沙俄帝国海军望尘莫及。更为关键的是，沙俄帝国海军在旅顺口失守之后，唯有穿越日本近海，才能抵达海参崴展开长期作战，因此日本海军才可以在对马海峡设伏以待。而美国海军从本土驰援菲律宾却可以选择多条航线，甚至分进合击，令日本海军顾此失彼。为此日本海军设想一旦与美国方面发生冲突，必须从夏威夷甚至美国西海岸开始便对美国海军太平洋舰队展开严密的监视并寻找机会发动进攻。

日本海军的计划是在开战后 72 小时之内，将各水面舰艇部队集结到加罗林群岛的特鲁克，并以此处为前进据点，等待决战的机会。与此同时派出远洋潜艇编队进抵美国海军太平洋舰队在夏威夷的主要基地——珍珠港，伺机潜入港区展开攻击，是为"九段攻击"的"第一段作战"。

在通过"第一段作战"削弱美国海军兵力之后，日本海军前出的远洋潜艇编队将继续尾随出港的敌太平洋舰队，配合在夏威夷附近海域设伏的其他日本海军潜艇部队，寻机展开"集群雷击"战术，利用日暮

或黎明时分以美国海军的主力舰为目标施放大量的鱼雷，进一步打击对手，是为 "第二段作战"。

应该说 "九段攻击" 的第一、第二段作战，本身与 "甲午中日战争" 末期日本海军以鱼雷艇潜入威海卫，重创清帝国北洋水师的 "定远" "镇远" 两艘主力舰，以及 "日俄战争" 初期以驱逐舰编队突入旅顺，对沙俄帝国太平洋舰队的主力展开鱼雷攻击的设想并没有本质上的差异，无非是鉴于军事科技的进度、水面侦察手段的日益完备，将鱼雷艇和驱逐舰替换为在水下机动、更为隐蔽的远洋潜艇而已。当然对于第一次世界大战前后才被当作一种成熟的武器投入独立作战的远洋潜艇，日本海军对其作战效能也心存疑虑，因此并不对 "九段攻击" 中的第一、第二段作战抱太大的希望。认为其对美国海军难以造成巨大的损伤，真正的战场仍将在日本控制下的 "内南洋地区" 展开。

所谓 "内南洋"，指的是第一次世界大战中日本从德国手中夺取的德属太平洋殖民地中的马里亚纳群岛、马绍尔群岛和加罗林群岛等地。由于该地区恰处在夏威夷和菲律宾之间，日本方面认为在美国海军太平洋舰队主力西进的过程中，势必会对 "内南洋" 诸岛展开压制。因此 "九段攻击" 中的 "第三段作战"，便是在美国海军抵达 "南洋诸岛" 前夜，利用当地所部署的小型近海潜艇再度出击，削弱对手的进攻兵力。

在"第三段作战"结束之后，日本海军"远海邀击"的手段便基本施展完毕了。接下来所要做的便是投入主力舰队与美国海军正面对决。因此日本海军设想"九段攻击"中的"第四段作战"便是以主力舰队于"内南洋"外围对敌展开前哨战。

在《华盛顿条约》签署之前，日本海军设想之中，这场"前哨战"将投入己方的相当于2个"八八舰队"（8艘战列舰、8艘战列巡洋舰）的兵力，其中以战列舰"长门""陆奥""加贺""土佐""纪伊""尾张""骏河"（实际未建成，造舰计划称第11号舰）、"近江"（实际未建成，造舰计划称第12号舰）；战列巡洋舰"天城""赤城""爱宕"（实际未建成，舰名后用于重型巡洋舰）、"高雄"（实际未建成，舰名后用于重型巡洋舰）；4艘"第13号型"战列巡洋舰"伊吹""穗高""鞍马""户隐"（实际未建成，因为舰名未推测），作为第一编队首先与美国海军交火，视情况再投入以战列舰"伊势""日向""扶桑""山城""金刚""比睿""榛名""雾岛"及诸多老式战舰组成的第二编队。而2个巡洋舰战队（每个战队8艘二等巡洋舰）以及3个水雷战队（每个战队12艘驱逐舰）则执行掩护任务。

尽管日本海军当时对以8艘新锐战列舰和8艘新锐战列巡洋舰组成的"八八舰队"寄予了厚望，但能否在这场堪称"东方日德兰海战"的残酷较量中占据上风，同样心里没底。何况秉承着"料敌从宽"的宗旨，日本海军设想之中美国海军将以超过30艘战列舰和战列巡洋舰规模的超大舰队正面突入。因此日本海军方面预判，这场"前哨战"最好的结果可能是己方"第一编队"在承受一定伤亡的情况下，凭借着长期严格训练下的技战术水平重创对手前锋。随后以牺牲"第二编队"中诸多老式战列舰为代价，退出战场，转入特鲁克等"内南洋"军港进行敌前维修和整补。

"第四段作战"结束之后，日本海军设想美国太平洋舰队将进一步深入"内南洋"海域，对日本控制之下的"南洋诸岛"展开压制和登陆。此时依托部署于马里亚纳群岛、马绍尔群岛和加罗林群岛等地的日本海军陆基航空兵配合岸防炮、鱼雷艇、近海潜艇等近海防御手段，迟滞对手的进攻，是为"九段攻击"中的"第五、第六、第七段作战"。其中"第五段"为"内南洋潜艇作战"，指以部署在"南洋诸岛"的近

日本海军曾设想在"内南洋"与美国太平洋舰队展开一场"东方日德兰"那样的战列舰决战

海潜艇攻击突入的美国舰队;"第六段"为"内南洋航空攻击",指以海军陆基航空兵全力攻击敌舰队,争取给予敌舰队最大之杀伤;"第七段"为"内南洋水雷强袭战",日本海军出动以巡洋舰、驱逐舰乃至鱼雷艇组成的夜战部队,对美国海军发动夜间鱼雷攻击。

"九段攻击"中"第五、第六、第七段作战"可谓是日本海军真正的杀招,其战术的核心思想便是利用要塞化的南洋诸岛和美国海军主力舰队展开消耗战。不过根据日本海军的预测,即便"第五、第六、第七段作战"取得成功,事前部署在"南洋诸岛"的所有近海潜艇、海军陆基航空兵和鱼雷艇等小型舰艇也将消耗殆尽。因此"第八段作战"将出动以逸待劳的航空母舰对美国海军以展开攻击为名进行侦察,以评估战果。在形势对日本海军有利的情况之下,再度投入在特鲁克等地整补完毕的日本海军主力舰队与美国方面展开"最后总决战"。日本方面推测此时美国海军的主力舰应该已经锐减至 15 艘以下,且多数带伤。日本海军此时再投入经过整补的精锐"八八舰队"应该可以战而胜之。

可惜世界局势的发展,很快便令日本海军倍感郁闷,1922 年《华盛顿条约》签署之后,不仅日本被迫停止了新型主力舰的建设,原本预

20 世纪 20 年代正在一起做训练航行的美国海军"佛罗里达"号、"特拉华"号和"北达科他"号战列舰

想之中 2 个"八八舰队"的庞大决战兵力，被削减到仅有"长门""陆奥""伊势""日向""扶桑""山城""金刚""比睿""榛名""雾岛"总计 10 艘战列舰，美、英方面更对日本夺取"内南洋"地区之后在上述岛屿实施军事化和要塞化的动作保持着密切关注，并不断通过外交手段予以施压。而日本自身有限的国力也无力承担如此远距离之外的国防工事建设。因此"九段攻击"的设想在日本代表团于《华盛顿条约》签字的一刹那便已归于破产。

不过日本海军并未就此死心，一方面其利用《华盛顿条约》未对巡洋舰、驱逐舰和潜艇等辅助舰艇做出限制的漏洞，大力扩展上述舰艇的性能和数量。另一方面抓住第一次世界大战后海军舰载航空兵高速发展的有利契机，在航母和舰载机的建造工艺和战术使用上狠下苦功，并逐渐以航母战斗群替代被削减的"八八舰队"，纳入"九段攻击"之中。

在 1930 年《伦敦海军条约》签署之前，日本海军由于迷信自身巡洋舰和驱逐舰的鱼雷攻击能力，因此仅将航母战斗群作为侦察手段，其主要运用于"第二段作战"和"第三段作战"之间，配合潜艇部队提前发现美国太平洋舰队的主力航行方向，引导己方主力舰队提前展开部署，并在"第四段作战"和"第九段作战"的主力舰决战中为己方提供战列舰的目标参数和弹着点修正。但是随着《伦敦海军条约》的落笔，日本海军在巡洋舰和驱逐舰方面的优势也受到了打压，不得不进一步重视航空母舰和舰载战机的作用。

根据1934年改定的日本海军《海战要务令》，日本海军航母战斗群的位置不再是前出至主力舰队之前，而是被部署于以战列舰组成的"主力舰队"和由负责对敌展开鱼雷攻击的巡洋舰、驱逐舰组成的"夜战部队"之间。其作战使命也从以侦察为主、袭扰为辅转化为削弱对手的重要手段之一。

根据1938年日本海军推出的新版"九段攻击"，"第四段作战"中的"内南洋"前哨战将主要由以二到四艘高速航母（即"翔鹤""瑞鹤""大凤"及其后续舰）和二到四艘"超级战列舰"（即"大和""武藏"及其后续舰）组成的"机动部队"担任。目标是第一时间以舰载航空兵和大口径舰炮攻击敌航母战斗群，在取得一定的战果之后主动后撤。而"第八段作战"之中日本海军的航母也不再只是展开侦察，而将配合日本海军研制的所谓"甲标的"特种潜艇，对遭遇日本海军"夜战部队"鱼雷突袭的敌主力舰队展开全力猛攻。

在"第九段作战"的"总决战"之中，所有日本海军航母也将派出其所有的舰载机，在出动舰载战斗机掩护己方主力舰队所在空域的同时，以舰载轰炸机、舰载鱼雷攻击机攻击敌残存舰艇，力图一举拉平双方在舰艇数量上的差距，保障"决战决胜"。

可以说"九段攻击"在加入航母和舰载机这一战术要素之后，显得更为完整和灵活。正是因为常年以来对"九段攻击"的迷信，才令永野修身等海军大佬发出了"短期作战日本海军颇有把握"和"邀击作战日本必胜"的狂言。但总体来看，日本海军所设想的"九段攻击"依旧是一种通过预设战场建设、非对称作战逐渐消耗对手、最后投入主力舰队进行决战的想当然，其最大的理想状态就是预设了一个美国海军太平洋舰队必然会不顾伤亡地强行驰援其菲律宾群岛。而如果对手始终按兵不动，或在遭遇一定的挫折后便撤回珍珠港，那么一切的设想便将化为泡影。正因如此，长期以来日本海军的有识之士，一直都在苦苦寻觅一种更为完备的作战模式。在这样的大背景之下，1941 年初时任日本海军联合舰队司令山本五十六提出了一个颇为大胆的设想——"偷袭珍珠港"。

（二十）兵棋图演——鲜为人知的日本陆、海军战前演算行动和最终结果

珍珠港，地处瓦胡岛南岸的科劳山脉和怀阿奈山脉之间平原的最低处，与唯一的深水港火奴鲁鲁港相邻，港区呈鸟足状展向内陆，只有一条深为 13.7 米的疏浚水道可供出入，对于海军而言可谓是自然条件得天独厚的天然军港。美国于 1898 年兼并夏威夷以来，并在珍珠港修建了舰艇修理厂、干船坞、燃料供应站、码头和必要的海军设施。

美国海军在珍珠港的军事存在，很快便引起了同样对夏威夷群岛怀有野心的日本方面的关注。因此在美国方面于珍珠港地区大兴土木，营造港口设施和海岸炮台的同时，日本海军便不断派出情报人员伪装成劳工混入其中。在 1908 年美国方面的工程结束之时，刚刚从日本海军大学毕业的山本英辅便向海军大臣斋藤实递交了一份详细的珍珠港布防图。根据图上作业，日本海军得出了不使用大口径战列舰炮火压制瓦胡岛上的美国陆、海军炮台，便不可能对该岛展开登陆的结论，日本陆、海军关于将珍珠港变成第二个旅顺的设想由此破产。

1919 年和 1922 年美国方面又先后在珍珠港周边建设了潜艇基地和陆、海军航空兵机场，使得这座美国在北太平洋之上最大的军事据点，防御体系更趋完备。尽管日本方面宣称 1928 年山本五十六便提出过利用舰载机攻击珍珠港的计划，但当时仅任航空母舰"赤城"舰长的山本五十六还没有全盘的计划，可能仅仅是出于珍珠港入口较窄，设想将美国海军封锁在港内，采取空中打击的模式予以消灭而已。

一般认为，山本五十六正式提出"偷袭珍珠港"设想的时间，不会早于 1940 年末。因为在 1940 年 11 月，山本五十六与其同届的吉田善吾、岛田繁太郎同时晋升为海军大将之时，其仍在率联合舰队进行进攻荷属印度尼西亚的图上推演。虽然在推演过程中，山本五十六认定如果

对荷属印度尼西亚动手，美、英是不会袖手旁观的。但此时无论是山本五十六本人，还是联合舰队司令部的其他成员，都尚未明确提出要主动向美、英发动进攻，更不用说"偷袭珍珠港"了。

不过也就是在进军荷属印度尼西亚的图上推演之后，山本五十六在写给好友堀悌吉的一封信中称："如果发动对荷属印度尼西亚的军事行动，很有可能导致与美国过早交战，并因为英国和荷兰将和美国站在一边，我们对荷属印度尼西亚的军事行动可能在完成一半之前，便将几乎确定无疑地发展成与美国、英国和荷兰作战，因此从制定战略方针的角度来看，不管对哪个国家动手，必须从一开始就制定一个对三国作战的切实可行的方案。而在执行这一方案时，日本海军的大部分兵力一旦投入资源丰富的南方地区，其侧腹就暴露给了强大的美国海军。只要美国舰队主力向日本进攻，日本海军届时就不得不匆忙从南方作战中调回决战兵力。如果到了这个地步，日本海军的命运就惨了。"

正是鉴于如此黯淡的前景，山本五十六开始认识到日本海军与其将全部的兵力用于"南进"，不如先行击溃美、英。正是怀着这样的设想，11月下旬，山本五十六亲至东京向海军大臣及川古志郎口头汇报了自己的想法。关于及川古志郎究竟给了山本五十六怎样的答复，日本史学界莫衷一是，从向来喜欢暧昧不明的日本文化出发，及川古志郎虽然在政治立场上倾向于外交上对美妥协，但面对山本五十六以联合舰队司令名义提出的建议，也只能在鼓励之余请对方抽空将自己的想法落于文字，以便"自己好好研究研究"。

可能由于无法假手于参谋人员，也可能是为了深思熟虑、炼字成句，山本五十六直到1941年1月7日，才在停泊于广岛湾柱岛的联合舰队旗舰"长门"之上，用了整整九页海军格纸，给及川古志郎写了一封《关于战备的意见》的长信。在这封信中山本五十六第一次完整提出了自己内心酝酿已久的关于夏威夷战役的设想。

山本五十六在信的开头这样写道："尽管任何人对紧张的国际形势的发展都无法正确预测，但是，海军，特别是联合舰队，应该以对美、英必战的决心，进入认真备战并制定作战计划的时期，这是毋庸置疑的。"随后山本五十六又代表联合舰队否定了此前日本海军奉为金科玉律的"九段攻击"作战："关于历来作战方针的研究，总是把堂堂正正

晋升为海军大将的山本五十六

的以迎击为主的作战方式作为对象。然而从过去多次举行的图上演习的结果来看，采取迎击战法，使用主舰队决战，帝国海军尚未取得一次大胜，而且，每次总因为这样下去会削弱日本海军的实力而不得不中止演习。如果是为了决定战争如何发展，这样做尚称可以，但一旦开战，为了战则必胜，这样的作战断断不可。"

当然必须指出的是，山本五十六这里所谓的"帝国海军尚未取得一次大胜"，并非是说每一次图上推演"九段攻击"都是"惨败"，而是说每一次的图上推演都是以日本海军付出巨大的伤亡才最终击退甚至全歼美国海军而告终，因此只能算是"削弱了日本海军实力"的"惨胜"，而无法归入以微弱伤亡重创对手的"大胜"范畴。

山本五十六随后规划了他眼中日本海军的"取胜之道"，必须完全摒弃在西太平洋迎击美国舰队的进攻，以舰队决战歼灭美国舰队的这一传统战略思想，转而寻求"开战之初，就猛攻并击沉敌人主力舰队，挫伤美国海军及美国国民的士气，使之达到无可挽救的程度"。而为了达到这一目标，就必须"在战争爆发之际，我们应该竭尽全力，要有决胜败于第一天的决心"。具体举措是"在敌主力舰大部分泊于珍珠港内时，以飞机队彻底击溃之，并封锁该港"；"在敌主力舰艇泊于珍珠港外的情况下，按照第一种情况处理"；"在敌主力舰艇首先从夏威夷出击并发动进攻的情况下，派决战部队迎击，并一举歼灭之"。

在具体用兵方略上，山本五十六提出：使用第1航空战队（航空母舰"赤城""加贺"）和第2航空战队（航空母舰"苍龙""飞龙"）待月夜或黎明，以全部航空兵力对敌人发动强袭，以期全歼。同时派遣1个"水雷战队"的兵力，负责搭救因不能避免敌机反击而沉没的航空母舰上的官兵。再以1个"潜水战队"，逼近珍珠港，迎击狼狈出动之敌。如可能，于珍珠港入口处断然击沉敌舰，利用敌舰封锁港凵。最后编组1个"补给部队"，以数艘加油船为长途奔袭的部队补充燃料即可。

尽管一口气几乎要投入日本海军所有的航母战斗群，但在山本五十六看来，只要"偷袭珍珠港"得手，日本海军的"南进"作战便毫无阻力，因为"夏威夷作战要和菲律宾、新加坡方面的作战同一天实施。但只要击灭了美主力舰队，菲律宾以南的杂牌部队就会丧失士气，不敢逞能"。当然对于长途奔袭可能会遭到损失，山本五十六也做好了心理准备，在写给及川古志郎的信中，山本五十六信心十足地表示："虽然此次作战之成功并非容易，但有关将士若能上下一体，坚定以死奉公之决心，可期天佑成功。"

山本五十六的这番说辞是否打动了及川古志郎，世人不得而知。但身为联合舰队司令的他，即便没有海军大臣的支持也可以独立推进相关计划的准备工作。1月14日山本五十六又写信给日本海军航空兵专家、第11航空舰队参谋大西泷次郎，将自己的计划和盘托出。大西

山本五十六设想中以舰载机"偷袭珍珠港"

泷次郎深受鼓舞，随即于 1 月 26 日、27 日两天亲自赶往联合舰队旗舰"长门"与山本五十六面谈。大西泷次郎对于山本五十六"偷袭珍珠港"的设想举双手赞成，并提出采用舰载鱼雷攻击机对停泊于珍珠港内的美国太平洋舰队战列舰展开攻击的设想。

但是这一计划在大西泷次郎返回其所在的日本海军鹿屋航空兵基地之后，很快便遭到了部下前田孝成的反对。前田孝成提出珍珠港水深仅 12 米，空投鱼雷很可能会直接落入海底的淤泥之中，而失去攻击能力。要从空中打击美国海军的主力舰，似乎只剩下了投弹轰炸这一个方案了。但日本海军航空兵既缺乏俯冲轰炸敌方主力舰的经验，也没有可以击沉敌装甲防护的重型炸弹。高空轰炸又存在命中率过低的问题，因此"偷袭珍珠港"的方案眼看便要胎死腹中。

值得一提的是，日本海军之所以执着于采用鱼雷攻击珍珠港内的美国海军主力舰，除了对自身所列装的"九一式"航空鱼雷的作战性能颇为自信之外，很大程度上还在于 1940 年 11 月 11 日，英国皇家海军刚刚使用区区 24 架"剑鱼"型（Fairey Swordfish）舰载鱼雷攻击机，于塔兰托军港（Taranto）重创了试图称霸地中海的意大利海军。

在 1940 年 6 月正式向英、法宣战之际，意大利海军拥有 2 艘装备有 10 门 305 毫米主炮的"安德烈亚·多利亚"级（Andrea Doria class）战列舰："安德烈亚·多利亚"号和"卡伊奥·杜里奥"号，2 艘装备有 10 门 320 毫米主炮的"加富尔伯爵"级（Conte di Cavour class）战列舰："加富尔"号和"朱利安·恺撒"号。另有 2 艘装备有 9 门 381 毫米主炮的"维托里奥·维内托"级（Littorio class）战列舰："维托里奥·维内托"号、"利多里奥"号（后改名"意大利"号），其后续舰"罗马"号和"帝国"号正在建造之中。

单纯从数量上来看，满打满算仅有 8 艘战列舰的意大利海军似乎很难对英国方面造成威胁。但考虑到意大利海军还有 19 艘各型巡洋舰，61 艘大型驱逐舰，69 艘小型驱逐舰和鱼雷艇，105 艘潜艇以及众多艘扫雷舰、巡逻艇和鱼雷快艇，加上其国土深入地中海的地理优势，仍对英国海军在地中海的行动造成了极大的威胁，特别是在英国皇家海军主力仍需集中于北大西洋对抗纳粹德国的情况下。

为了削弱意大利海军的战力，英国皇家海军地中海舰队司令安德

鲁·布朗·坎宁安（Andrew Browne
Cunningham, 1883—1963年），听取
地中海航母部队司令利斯特少将的
建议，以航母舰载机对位于意大利
靴形半岛后跟部的塔兰托军港展开
突袭。尽管英国皇家海军在出击的
过程中状态不断，原定出击的2艘
航母之中最终只有"光辉"号一艘
抵达攻击位置（另一艘"鹰"号因
为战损而不得不回国大修），可使
用的舰载机也降至24架，但仍以
损失2架舰载机的微弱代价，取得
了以鱼雷击沉意大利战列舰"卡伊
奥·杜里奥"号，重创战列舰"加
富尔"号、"利多里奥"号以及意
大利巡洋舰及辅助舰各2艘的辉煌
战绩。正所谓"他山之石，可以攻
玉"，自认海军航空兵组织和训练均
强于英国的日本海军，有意在珍珠
港复制塔兰托的辉煌。

意大利海军的战列舰编队

　　现实的困境并没有令大西泷次
郎就此作罢，1941年2月初，他邀
请同为日本海军航空兵专家的第1
航空舰队参谋源田实前来鹿屋航空
兵基地密议"偷袭珍珠港"的相关
细节。日本海军航空兵第一批舰载
机飞行员出身的源田实，除了专长
于俯冲轰炸之外，还对空中进攻作
战的组织颇为内行。听取了大西泷
次郎的相关方案之后，源田实不仅
表示珍珠港水浅的问题可以通过对

英国皇家海军空袭塔兰托

航空鱼雷的改进来克服，更废寝忘食地用了两周的时间草拟了一个完整的进攻计划。当其信心满满地将草案交给大西泷次郎之时，宣称："只要如数精选人员和指派兵力，可望成功。"

1941 年 4 月，山本五十六依照大西泷次郎和源田实两人拟订的计划，与第 1 航空舰队司令南云忠一、第 2 航空舰队司令山口多闻展开会谈。在得到上述两位一线指挥官的赞同之后，日本海军联合舰队从各部队抽调精兵强将开始展开针对性训练。其中担任空袭珍珠港飞行队总指挥官的，便是刚刚从岩国航空基地调来的渊田美津雄少佐。

按照联合舰队的统一安排，预定参与"偷袭珍珠港"行动的各飞行队各自进驻九州岛南部的训练基地。其中舰载攻击队的向导机和鱼雷机队的大部分在鹿儿岛基地，水平轰炸机队的其余战机则在八代海岸的出水基地，俯冲轰炸机队在鹿屋附近的笠野原和日向滩的富高基地，全部战斗机队在佐伯湾的佐伯基地分别展开训练。

其中针对珍珠港水位较浅的特点，日本海军航空兵要求将投弹高度降至 20 米。在具体的训练过程中，常常是从樱岛半山腰突入甲突川峡谷。各机之间距离 500 米。在峡谷曲折穿行的时候，飞行高度下降至50 米，然后由川崎谷飞到鹿儿岛市上空，这时的飞行高度更进一步下降至 40 米。从战机左侧看见山形屋百货公司后，就把飞行高度进一步下降到 20 米，以前方 500 米海面上的浮标为在泊敌舰。机头角度保持零度，以时速 160 节（约 296 公里／小时）的高速发射鱼雷。 投鱼雷后，马上升高，从右侧旋回，脱离敌舰，然后返航。到此，一次训练才算结束。

与此同时，根据日本海军方面提出的要求，日本海军军工系统也紧急对"九一式"航空鱼雷展开了技术改造。1941 年春天，春之空技术工厂的工人家田和海军技师野间先后研发出了"九一式"航空鱼雷的尾部稳定翼和攻击水深的控制装置，并于 1941 年夏季制成第一批训练用弹用于部队训练，并根据训练情况不断进行改进。而从 1941 年 8 月到 11月 5 日，海军省所属之三菱长崎兵器制作所，加班加点，终于完成了全部 100 枚改进型"九一式"航空鱼雷的生产任务。在此后于鹿儿岛训练场进行的实弹射击中，3 枚鱼雷之中 1 枚扎进了海底，但剩下另 2 枚鱼雷却成功命中了目标。

值得一提的是，美国方面似乎长期都没有搞清楚日本海军航空兵可以在水深如此之浅的珍珠港内展开航空鱼雷攻击的真正原因。甚至在2001 年好莱坞的电影《珍珠港》中仍认为"九一式"航空鱼雷能够在浅水中避免沉底，是因为日本海军在"九一式"航空鱼雷上加装了木制稳定框架。但这种木制稳定框架在 1936 年便已经出现，事实证明其并不能帮助鱼雷降低攻击深度。

尽管"偷袭珍珠港"在战术层面的问题正在得到逐一解决，但其在战略层面却依旧存在许多障碍。在 1941 年 8 月 7 日军令部通过的对美、英、荷三国作战草案之中，"偷袭珍珠港"的相关计划并未被采纳。除了珍珠港内水文条件不利于航空鱼雷攻击，俯冲轰炸机所使用的炸弹较小，无法对敌主力战舰造成致命打击之外，军令部还给出了其他三个理由：

1. 此项作战之成败关键在于隐蔽意图，而由于需投入大量兵力、海上航行需要近两周的时间，由于外交关系的紧张，美国方面很可能采取

"九一式"航空鱼雷

更为严密的空中巡逻等警戒措施以及其他可能提前爆发冲突等原因，保密工作相当困难。

2. 日本海军深入夏威夷海域存在着诸多风险，如出于隐秘意图，日本海军必须选择冬季波涛汹涌的北方航线，海上难以加油；敌方舰队频繁出动，很可能出现偷袭时敌舰队主力不在港内的情况，届时很可能遭到敌军舰队和陆基航空部队的协同打击；空袭当天也可能出现战机无法升空的恶劣天气等情况。

3. 在"南进"作战中，由于前线机场有限，大部分日本陆、海军的战机飞行距离较短，因此该方向更迫切需要航母战斗群的支援。

总之，"偷袭珍珠港"作战有其冒险性，成功把握甚微。而一旦失慎，即便没有损失大量精锐部队，也会导致在战争开始阶段将重兵集团用于无谓的远征，致使"南进"作战受挫。而如果不采取这一行动，美国海军固然会攻击"南进"的日本海军侧翼，但即便如此其行动也需要一段时间的准备，届时日本海军仍可以从马来亚、菲律宾等地回师，按照预定计划在"内南洋"展开"九段攻击"。

军令部给出的理由虽然颇为充分，但山本五十六仍不愿意放弃。在其个人的坚持之下，在9月11日到9月20日，在日本海军军令部与陆军参谋本部于海军大学联合举行的图上兵棋推演之中（简称"海大图演"），山本五十六首次加入了"偷袭珍珠港"行动的推演环节。而推演的结果是，"偷袭珍珠港"虽然有望取得击沉美国海军5艘战列舰和2

艘航空母舰的战果，但参与行动的日本海军4艘航母之中，也将有3艘被击沉、1艘遭重创。

"海大图演"的结果看似对山本五十六不利，但在军令部长永野修身等内行看来，这个结果并非不能接受，毕竟美国海军太平洋舰队在珍珠港集结的主力舰总计也不过8艘战列舰和4艘航空母舰，如果真的能以4艘航母的代价换取上述战果，也基本实现了重创美国海军的目标，为"南进"作战创造了有利条件。

10月4日到6日，于日本海军联合舰队在鹿儿岛的鹿屋航空队，10月9日到13日，又于停泊在山口县室积海面的联合舰队旗舰"长门"之上，山本五十六又实施了两次新的图上兵棋推演，简称"鹿屋图演"和"长门图演"。作为"海大图演"的修正，"鹿屋图演"和"长门图演"不仅调整了一些"偷袭珍珠港"的细节，更进一步暴露了日本海军联合舰队第一波攻击兵力不足的缺陷。根据上述推演的结果，永野修身接受山本五十六的请求，于1941年10月19日将9月25日刚刚加入日本海军的"翔鹤""瑞鹤"2艘航母也纳入了偷袭珍珠港的攻击序列。至此山本五十六手中可用的航母增至6艘。

1941年11月5日，永野修身以军令部长的名义发布《大本营海军部第一号命令》，兹命令山本联合舰队司令长官：1.为帝国之自存自卫，恐不得不对美、英、荷开战；有鉴于此，务于12月上旬完成各项作战准备。2.所需之作战准备，由联合舰队司令长官实施。3.有关具体事项，由军令部总长下达指示。根据上述命令，联合舰队司令山本五十六立即命令所辖全舰队进行作战准备，并向南云忠一中将率领的空袭珍珠港的机动部队下达了下述命令，略称："机动部队务必极为隐蔽地于11月22日前在单冠湾集结，并加油完毕。"至此山本五十六"偷袭珍珠港"的计划算是正式获得了批准。

同一天，永野修身将作战计划上奏天皇裕仁，就"偷袭珍珠港"作战陈述如下：开战劈头，对菲律宾及马来亚先发制人的空袭尽量在同一时间进行，以第1航空舰队司令指挥的6艘航空母舰为基干的机动部队空袭停泊于夏威夷之敌主力舰队。计划上述机动部队在千岛群岛进行补给后，于开战十数日以前从内地出发，由北方逼近夏威夷。日出前一两个小时在瓦胡岛以北约200海里处，命全部舰载机约400架起飞，以停

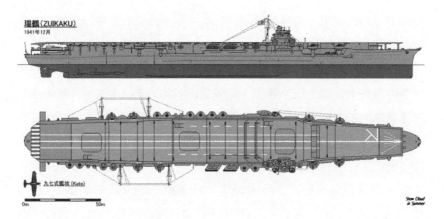

瑞鹤 (ZUIKAKU)
1941年12月

九七式舰攻 (Kate)

0m   50m

Snow Cloud in Summer

1941 年刚刚入列时的航母"瑞鹤"

泊港内的敌航空母舰、战舰及机场飞机为目标，加以偷袭攻击。

最后永野修身又一次卖弄自己的"军学"功底，向天皇裕仁表示：本次偷袭作战可以与"桶狭间合战"相比，乃极为大胆之作战。其成败虽决于战运，但只要偷袭当日敌舰队停泊港内，当有可能击沉其战舰及航空母舰各两三艘。永野修身口中的"桶狭间合战"，指的是 1560 年日本尾张国领主织田信长，在暴雨中突袭来犯的骏河、远江、三河领主今川义元的本阵，一举击溃对手。"桶狭间合战"虽说是偷袭作战，但今川义元和织田信长毕竟已经处于交兵状态。显然在永野修身等人眼中，早已忘记了其尚未对美国宣战便已秘密出兵的现实。

第五章　开战日

（二十一）衔枚疾进——大视野下的"珍珠港事件"（上）

（二十二）政略突袭——大视野下的"珍珠港事件"（中）

（二十三）瓦胡岛 24 小时——大视野下的"珍珠港事件"（下）

（二十四）收割孤岛——日本陆、海军接管英、美在华利益

　　　　　及香港战役

（二十五）南海支队——日本陆军攻占关岛、拉包尔及两次

　　　　　威克岛攻防战

（二十一）衔枚疾进——大视野下的"珍珠港事件"（上）

11月10日，在九州各航空基地从事训练的舰载机各飞行队全部返回各自航空母舰后，第1航空舰队所属"赤城""加贺""苍龙""飞龙""翔鹤"和"瑞鹤"共6艘航空母舰，出发到土佐湾外，以当时停在佐伯湾、由山本海军大将直接统率的战列舰部队为假定目标，连续进行了三次空袭珍珠港的演习。这是出师准备训练工作的大总结。至此，要求密切配合的集体演习结束了。此次演习做到了上下之间同心同德，也加强了各飞行队之间的互相信任。之后，他们又飞回九州的所在基地；编入机动部队的舰艇，返回所在军港，进行出发准备工作。

11月15日前后，第1航空舰队所属各飞行队撤出航空基地，返回了航空母舰。基地空了，于是由九州方面的第12联合航空队属下各教练航空队的教练部队进驻，以代替第1航空舰队的飞行队。拥有400架战机的庞大飞行部队原来在这里不分昼夜进行了飞行训练，如果突然消失，不论怎样注意保密，都会立即成为街谈巷议的话题，更不可能躲

日本海军的"零式"舰载战斗机

太平洋战争全史

过敌方谍报机关。于是，为了掩人耳目，日本海军对九州各航空基地如此重大的变化，进行了巧妙的伪装，原来战斗机所在的基地调来另一批战斗机，原来俯冲轰炸机所在的基地也进驻了另一批俯冲轰炸机；鹿儿岛、出水、笠野原、富高和佐伯等基地，仍然有大批飞机不停地在飞行；在通信方面，主力部队和这里的教练部队之间接连不断互发电报，保持了原来的通信量。

与此同时，参与"偷袭珍珠港"的日本海军所有舰艇，也以不同的航线，各自从所在地点悄悄出发，化整为零以一艘、两艘的规模驶往单冠湾。为了防备美国潜艇可能在本土附近进行监视，舰艇出发时，特别注意采取了防潜警戒措施。因为在日本海军看来这些舰艇的行踪一旦被美、英方面发现或跟踪，那么整个计划就会落空。

按照预先的用兵计划，投入"偷袭珍珠港"行动的日本海军各部队统一编入由南云忠一任司令、草鹿龙之介为参谋长的第 1 航空舰队之中，其中由航母"赤城""加贺"组成的第 1 航空战队由南云忠一直属领导，由航母"苍龙""飞龙"组成的第 2 航空战队由山口多闻指挥，由航母"翔鹤""瑞鹤"及驱逐舰"秋云"组成的第 5 航空战队由身材高大而在日本海军中被称为"金刚"（キングコング，就是美国电影中爬上帝国大厦打飞机的那只大猩猩）的原忠一指挥。上述 3 个航空战队的 6 艘航母，总计搭载有舰载机 399 架，其中"零式"舰载战斗机 120 架、"九九式"舰载轰炸机 135 架、"九七式"舰载攻击机 144 架。

航母编队的护航任务，由三川军一统一指挥的日本海军第 3 战队、第 8 战队，大森仙太郎指挥的第 1 水雷战队，佐藤勉指挥的第 1 潜水战队，共同担负，共计编组有 2 艘快速战列舰："比睿""雾岛"；2 艘重型巡洋舰："利根""筑摩"；1 艘轻型巡洋舰："阿武隈"；8 艘驱逐舰："谷风""浦风""浜风""矶风""阳炎""不知火""霞""霰"和 3 艘潜艇："伊 19""伊 21""伊 23"。

此外为应对远距离的长途奔袭，日本海军还为第 1 航空舰队配备了由大藤正直大佐统一指挥的第 1 补给队和第 2 补给队的总计 7 艘油轮，分别为第 1 补给队的"远东丸""健洋丸""国洋丸"和"神国丸"，第 2 补给队的"东邦丸""东荣丸"和"日本丸"。

日本海军战列舰"比睿"

　　上述总计由 30 艘各型舰艇组成的庞大舰队要在千岛群岛之中国后道北段的单冠湾集中，自然要注意航路选择问题，为了使航线远离商船航道，有的舰只绕道太平洋，有的取道日本海前往单冠湾。各舰船以及舰载机的收发报机一律加了铅封，实施了严格的无线电封闭。

　　11 月 17 日，南云忠一登上自己由两艘驱逐舰护航的旗舰"赤城"，准备从佐伯湾出发，绕道小笠原群岛，迂回太平洋，然后一路北上，抵达单冠湾。山本五十六从联合舰队旗舰"长门"来到"赤城"送行，并接见了第 1 航空舰队的指挥机关、舰长和飞行队长，做出了如下的训示："我们这次行动，目的在于当万一不得不对美国开战的时候，就劈头攻击停在珍珠港方面的美国太平洋舰队的主力。所以，这次作战的成败，将决定我们今后整个作战的命运……我们固然排除了一切困难，制订了着眼于出敌不意的作战计划，但是，美国太平洋舰队司令金梅尔海军上将，就其经历来看，是一位有远见卓识的海军将领，他极为仔细、慎重。因此，不难想象，为了对付可能发生的一切事态，他们采取了周密的警戒措施。诸位要充分预计到有可能实施强攻，绝不能粗心大意。"

　　入夜之后，第 1 航空舰队旗舰"赤城"正式起锚。在严格的灯火管制之下，借助夜幕的掩护悄悄地由丰后水道南下。在整个航程之中，南云忠一还在福岛县盐屋崎附近，命令全部舰载机从航母上起飞，进行了最后一次空袭训练。11 月 21 日，在驱逐舰引导下，"赤城"抵达了单冠湾。正是在这一天，大本营海军部向联合舰队下达了如下命令："联合舰队司令长官须令实施作战所需部队随时驶向待机海面。联合舰队司令长官在作战准备行动如受到美国、英国或荷兰军队的挑战时，为了自卫可行使武力。"算是正式下达了出击命令。但由于此时"加贺"为了等待改进型的"九一式"航空鱼雷，以及用"长门"级战列舰 410 毫米主炮穿甲弹改装的重型炸弹而于 11 月 22 日才抵达集结地域，因此出击的时间被迫延后。

如此大规模的舰队在单冠湾集结，自然会引起当地居民的注意，因此舰队一进港，日本海军就切断了择捉岛同岛外的一切联系。当地的大凑警备府出动警戒舰艇在择捉岛周围进行警戒，严禁任何其他船只进出。而由于择捉岛是个不能自给自足的小岛，它要靠班船从根室运来粮食。现在这船不能来了，为了保障这期间的岛民生活，海军专门派了补给船，给岛民运来粮食和其他生活必需品。日本海军第 1 航空舰队从这里出发后，这些补给船和警戒舰艇继续留在单冠湾，与岛民一样不能向外通信。这些措施，直到 12 月 8 日日本当局对美宣战时才正式解除。

"加贺"进港后的第二天，即 11 月 23 日，在旗舰"赤城"上召开了两个会议。其一是第 1 航空舰队各舰主管人员作战联席会议，其二是第 1 航空舰队全体飞行军官作战联席会议。主管人员联席会议就舰队行动，从各个方面进行了全面磋商。这是一件非常吃力的工作。在到达目的地以前，无论如何不能让美国方面知道。太平洋虽然辽阔，但要使这支拥有 30 艘舰船的庞大舰队在航程中保持绝对秘密，是非常困难的。一不当心进入了敌人的巡逻圈，这次作战就会全盘垮台。况且，美国方面也已经感到日美关系濒于破产，所以必定戒备森严。会议从早晨开到深夜，进行了缜密的研究。

由日本本土出发攻击夏威夷，通常有三条航路可供选择。其一，由阿留申群岛南下的北方航路；其二，商船航道的中央航路；其三，经过马绍尔群岛，从西南方向接近的南方航路。三条航路各有利弊。北方航线远离美国岸基飞机的巡逻圈，同商船相遇的可能性也很小，便于保守己方秘密意图，但估计浪大雾多，海上加油和大舰队航行将非常困难。

中央航路和南方航路与此完全相反：海面平稳，海上加油和航行也比较容易。特别是如果从马绍尔群岛出击，除了续航力较小的驱逐舰外，其余军舰无须在海上加油。但是，这条航路靠近威克岛、中途岛、帕尔米拉岛和约翰斯顿岛各海域，等于穿过美军巡逻圈，所以，不被美国巡逻机发现是不大可能的。

取北方航路还是取南方航路，取决于把重点放在海上加油还是放在偷袭。加油和偷袭是这次作战的两大关键，缺一不可，否则难以完成这次作战。但加油的困难，通过第1航空舰队本身的努力，总是可以克服的。然而偷袭问题，一旦被对方察觉，就将告吹，而不取决于单方面的努力。因此，最后决定取偷袭成功把握较大的北方航路。下一个问题就是海上加油了。

在出击之前，日本海军对大型军舰海上拖拽加油法进行了研究和训练，同时，各舰在提高续航力方面也想了一些办法并进行了准备。走北方航路时，除了"加贺""瑞鹤""翔鹤"三艘航空母舰，"比睿""雾岛"两艘战列舰，及"利根""筑摩"两艘重巡洋舰外，机动部队的其余舰只都需要在海上加油。于是，对油船的拖拽加油装置进行了紧急改装，并抓紧利用风浪天气进行了海上加油训练。

另一方面，为了提高续航力，舰内所有空地包括通道都堆满了装满柴油的油桶。柴油桶在舰内堆积如山。为了节省每一滴柴油，规定了严格的用油制度，照明灯数减少了，淡水不得浪费，舰员不得洗澡。这样，万一风浪很大，不能在海上加油时，各舰可以在进行空袭之后保持返航一半航程的续航力（航至东经160°一线）。另外还考虑到如果遇到异常恶劣的风浪天气，为了安全不得不把油桶扔到海里的时候，至少可以保证部队脱离敌机的作战范围。

第1航空舰队各舰以14节（约26公里每小时）速度航行时的续航距离

舰名	燃油舱载满燃油时	除燃油舱外舰内另载燃油时
"赤城"航空母舰	9200 海里	11500 海里
"加贺"航空母舰	13400 海里	
"苍龙"航空母舰	8600 海里	10600 海里

太平洋战争全史

舰名	燃油舱载满燃油时	除燃油舱外舰内另载燃油时
"飞龙"航空母舰	8600 海里	10600 海里
"瑞鹤"航空母舰	15400 海里	
"翔鹤"航空母舰	15400 海里	
"比睿"战列舰	13000 海里	
"雾岛"战列舰	13000 海里	
"利根"重型巡洋舰	12000 海里	14500 海里
"筑摩"重型巡洋舰	12000 海里	14500 海里
"阿武隈"轻巡洋舰	5700 海里	
驱逐舰	5700 海里	

万一风浪天气连续不断，确实无法在海上加油时，准备让担任警戒任务的轻型巡洋舰"阿武隈"和驱逐舰中途返航，由航母、战列舰和重型巡洋舰组成的战斗群继续前进。毕竟航母只要到达飞机起飞地点就行了，以后的事就看飞行队的了。而战列舰和重型巡洋舰有能力同敌人进行炮战或鱼雷战，这一点不必担心。设法把飞机平安无事地运到起飞地点，就是第 1 航空舰队压倒一切的任务。

而"赤城"上召集的飞行军官联席会议，则主要是介绍空袭珍珠港的计划并磋商有关问题。除了飞行队长外，一般飞行员是第一次知道这个计划的。不过各飞行队长领导训练工作时就已领会过这个计划了，因此当大多数人听到计划的具体内容时，并没有太过惊讶，仅仅感到"原来如此"而已。

虽说舰载机从航空母舰起飞的地点离珍珠港越近越好，但离珍珠港越近便越容易被发现，但离太远的话，飞行时间长，从而增加飞行员的疲劳，影响鱼雷攻击和轰炸的命中率，而且在完成攻击后返航也比较辛苦。缺乏海上飞行经验的战斗机要单独返航就更加困难。另外，如果需要对珍珠港进行反复攻击，还必须考虑缩短路途上的飞行时间。从各种角度权衡考虑，最后决定起飞地点在瓦胡岛以北 200 海里。当时飞行队的航速是 120 节（时速 230 公里），从部队在上空集合到飞抵目标，大抵需要两小时。

从空袭珍珠港的作战目的来说，主要攻击目标自然是美国太平洋舰队的主力，即航空母舰和战列舰。当时美国海军在夏威夷方面部署有"列克星敦"号、"约克城"号、"大黄蜂"号和"企业"号4艘航空母舰。另有一艘"萨拉托加"号正在美国西海岸圣地亚哥军港修理，估计一个月后竣工。至于战列舰，据悉，在夏威夷方面有8艘，即"西弗吉尼亚"号、"马里兰"号、"加利福尼亚"号、"田纳西"号、"亚利桑那"号、"宾夕法尼亚"号、"内华达"号和"俄克拉荷马"号。因此日本海军设定以上述4艘航空母舰和8艘战列舰为首要攻击目标。

如果是海上作战，可以一举把敌舰击沉，使它埋葬于海底藻丛之中。现在的问题是，敌人的舰队停在修理设施完备的军港里。如果泊位水深只有10米，如果敌舰吃水7米，只要下沉3米就接触海底了。美国海军主力舰"沉没"后，如果倾斜不厉害的话，舱面甲板也许还沾不到海水，不用费很长时间就可以打捞上来。这样的话，就太没有意思了。所以，必须把敌舰彻底炸毁才行。因此日本海军方面在攻击效果的评估上，也可谓是煞费苦心。

第1航空舰队的舰载鱼雷攻击机队一共是40架战机，使用的鱼雷800公斤，其中炸药量约200公斤。要使战列舰或航空母舰这样的大型军舰受到致命打击，至少需要命中3枚鱼雷，以便破坏它的水下部分，使它倾覆。40架舰载鱼雷攻击机对在泊敌舰实施超浅海鱼雷攻击，鉴于可能遭到敌防空火力的拦截，充其量最多能达到60%的命中率，即命中24枚鱼雷。以1艘舰需要命中3枚鱼雷计算，只要目标分配得当，可以击沉8艘。因此舰载鱼雷攻击机队的40架飞机共分为八个中队，其中，4个六机编队的中队，4个四机编队的中队。每个中队选定一个攻击目标。如此一来日本海军认为第1航空舰队的舰载鱼雷攻击机队可以一次性对4艘航空母舰和4艘战列舰展开打击。

水平轰炸机队共计50架战机，以五机编队编成10个中队。投弹高度是3000米中等高度。使用800公斤穿甲炸弹，所以，一旦命中，效果很佳。这种炸弹装有延迟时间为零点二秒的延期引信，能够穿透战列舰的装甲，使炸弹在舰内爆炸。因此，即使炸药量不太大，但一旦在弹药舱附近爆炸，就会引起大爆炸，可以迅速将敌舰击沉。要使一艘战

挂载鱼雷的日本海军"九七式"舰载攻击机

列舰受到致命打击，大体只需要命中两枚800公斤炸弹。就是说，水平轰炸机队可以搞掉4艘战列舰。美国太平洋舰队很可能有2艘战列舰并排停泊在福特岛东岸右侧，而鱼雷机队是无法对停在内侧的战列舰实施鱼雷攻击的，所以，正好可以留给水平轰炸机队去轰炸。

如果一切顺利，分别由40架和50架"九七式"舰载攻击机组成鱼雷攻击机队和水平轰炸机队，基本上可以给予美国太平洋舰队的主力——12艘大型军舰以致命打击。不过，在实际战斗中，目标的分配和转移往往不会都能像事前安排的那样实现，因此还需要舰载俯冲轰炸机进行"补刀"。

由于要实施俯冲攻击，所以日本海军的"九九式"俯冲轰炸机不能携带重磅炸弹，每架只能携带1枚250公斤普通炸弹。空袭珍珠港时，俯冲轰炸机从4000米高度开始俯冲，为了获得较高的命中率，当高度表的指针指到450米时（由于俯冲，仪表示数要比实际高度大50米左右），开始投弹，并且在顺风条件下可加大俯冲角度，这样就可以把命中率提得更高，可望超过80%。但同样考虑到敌防空火力的干扰，预计仅有50%左右的炸弹可以击中目标。

第1航空舰队计划出动"九九式"舰载俯冲轰炸机队共81架飞机，

取其半数，为 40 枚左右的炸弹可以命中目标。不过 250 公斤炸弹不能穿透战列舰的装甲，即使命中，也无非擦伤而已。但航空母舰结构单薄，俯冲轰炸可以给予致命打击。航空母舰是主要之敌，因此俯冲轰炸机将全力以赴，攻击所有航空母舰。如果兵力有余，还将按巡洋舰、战列舰次序选择目标。

战列舰以及航空母舰一旦遭到鱼雷攻击后倾覆，没有装甲的水下部分将露出水面。这时再用俯冲轰炸就能把敌舰彻底炸毁，使它无法修复。对这样的目标由第二攻击波中的俯冲轰炸机队予以攻击，就是考虑了这一点。综上所述，第一攻击波为 40 架悬挂鱼雷和 50 架悬挂重型炸弹的"九七式"舰载攻击机，第二攻击波出动 81 架"九九式"舰载俯冲轰炸机，总共为 171 架。

而在集中火力攻击美国海军主力战舰的同时，为了防止敌战斗机的协同，确保战斗空域的制空权，第一攻击波中还将派出"九九式"舰载俯冲轰炸机和"零式"舰载战斗机队攻击瓦胡岛上的美国陆、海军机场。其中俯冲轰炸机队将趁敌战斗机还未起飞之际，对地面进行轰炸；战斗机则将扫荡并击落起飞的敌战斗机。

在瓦胡岛，美国陆、海军共有 6 个机场，分别为海军的福特岛机场、卡内欧黑机场和巴尔伯兹角机场；陆军的惠列尔机场、希凯姆机场和佩洛斯机场。因此日本海军第一攻击波的 54 架"九九式"舰载俯冲轰炸机分为三队，将同时攻击驻有战斗机的惠列尔机场及福特岛机场和驻有重轰炸机的希凯姆机场，并迅即予以火力压制，以防止敌机进行反击。火力制压敌重轰炸机，就可消除美国方面对日本海军第 1 航空舰队实施反击的可能。参加这次攻击的俯冲轰炸机使用的炸弹，是装有瞬时引信的 250 公斤对地攻击炸弹。

为了进一步扩大战果，第二波的水平轰炸机队的 54 架"九七式"舰载攻击机也分为三队，还要对希凯姆机场、福特岛机场和卡内欧黑机场进行轰炸，以防止敌机对日本海军舰队进行反击。为此，第二波的水平轰炸机队将搭配并尽量携带 250 公斤和 60 公斤炸弹。考虑到美国陆、海军航空兵的战斗机也会伺机起飞，第一攻击波和第二攻击波制空战斗机队各 54 架和 36 架"零式"舰载战斗机，将首先歼灭起飞的敌机，确保制空权，然后对各机场进行扫射。而为了保卫第 1 航空舰

日本海军的"九九式"舰载俯冲轰炸机

队本身的安全，每艘航空母舰将留下三分之一的战斗机在上空巡逻，进行掩护。

以 11 月 23 日作战联席会议为契机，第 1 航空舰队向全体舰员传达了"偷袭珍珠港"的相关计划。各舰主管人员更向部下反复列举了日本跟美国的新仇旧恨，竭力使其同仇敌忾，以提高士气。11 月 25 日，日本海军联合舰队司令山本五十六，从广岛湾的联合舰队旗舰"长门"向"偷袭珍珠港"的第 1 航空舰队发出了绝密作战命令："机动部队务于 11 月 26 日自单冠湾出发，竭力保持行动隐蔽，12 月 3 日傍晚进入待机海域并加油完毕。"而文中的"待机海域"为夏威夷群岛以北北纬 42°、西经 170° 的附近海面。

11 月 26 日上午 6 点，在密云低垂、朔风怒吼之中，日本海军第 1 航空舰队的 30 艘战舰陆续起锚，由 3 艘潜艇为先导，悄悄地消失在波涛汹涌的北太平洋上。由于是秘密出击，没有人送行。只有在单冠湾外面监视敌潜艇并实施反潜巡逻的一艘警戒舰发来了信号："祝一帆风顺。"不过这艘警戒舰并不知道第 1 航空舰队此行的真正目的地，因此其发来的信号，只是单纯表示礼节而已。

考虑到可能遭遇美国海军的潜艇，因此第 1 航空舰队自单冠湾出发之后，随即实施昼夜 24 小时的对潜警戒。同时估计美军巡逻机的巡逻圈为 600 海里，为了避开巡逻机，第 1 航空舰队选择在阿留申群岛和中途岛之间的海域航行。而在进击途中，日本海军还要避免与第三国商船相遇，因此派出 3 艘潜艇先行。一旦在航渡中发现船舶，日本海军的潜艇将立即向第 1 航空舰队主力通报情况，并马上潜航。第 1 航空舰队也将立即大角度改变航向，设法隐蔽，以免被发现。

幸运的是，出发之后，第 1 航空舰队的行进海域连日浓云密布，仿佛一个天然的帷幕将其遮蔽起来，令其不易被巡逻机发现。在预定加油的那几天，海面比较平稳，11 月 30 日，日本海军第 1 航空舰队实施了第一次海上加油作业。12 月 6 日，第 2 补给队的 3 艘油轮在给第 2 航空战队的航空母舰"苍龙"和"飞龙"、警戒部队的轻型巡洋舰"阿武隈"号和九艘驱逐舰加油后，转向驶离了编队。

12 月 7 日，第 1 补给队的 5 艘油船在给警戒部队最后加满油后，也逐一离开。剩下的作战舰艇随即以 24 节高速向珍珠港逼近。舰载机一架挨着一架摆满了 6 艘航空母舰的飞行甲板，由地勤人员做最后一次检查。与此同时，第 1 航空舰队的旗舰"赤城"收到联合舰队司令山本五十六发来的一封电报，山本五十六模仿昔日对马海战中东乡平八郎的名言斥道："皇国兴废，在此一战，我军将士务须全力奋战。"南云忠一自然不甘人后，随即在"赤城"之上升起了代表决战的"Z 字旗"，因为 36 年前在波涛汹涌的对马海峡，在东乡平八郎的旗舰"三笠"上也飘扬过"Z 字旗"。

（二十二）政略突袭——大视野下的"珍珠港事件"（中）

自登上战舰、北上单冠湾之后便始终处于无线电静默状态的日本海军第 1 航空舰队上下，此时显然并不知道在他们长途奔袭于北太平洋波涛之中的同时，日、美之间的外交斡旋又经历了两个回合的拉锯，日本政府才最终做出了向美、英宣战的决定，而就在战争爆发的前夜，一起意外事故又险些令所有的准备工作功亏一篑。

11 月 2 日下午 5 点，承受了陆、海军执意开战的巨大压力，首相东条英机与参谋总长杉山元、军令部长永野修身一起入宫觐见，将最近一段时间以来内阁与大本营联席会议上的相关结论，向天皇裕仁进行汇报和说明。据说在现场东条英机是声泪俱下地表示："如果选择退让，那么目前这种不安定局面持续下去，势将使国民士气消沉。长久的卧薪尝胆根本不可能；三年之后，和、战的主动权将掌握在美国手里，那就只好不战而降，别无他途。而即便对美宣战，第三年以后，也将遇到不得不与美国优势的海军主力进行决战的危机。因此上述两案，在物资方面，三年之后会发生危机。只是后者还有在长期战中克敌制胜并无把握的危险，而前者会落得不战而屈服的可耻下场。"

对于东条英机的这番苦楚，天皇裕仁表示理解，并于 11 月 4 日，破天荒地带上了宫中大部分的军事参议官，以及皇室之中的陆、海军大佬——闲院宫载仁亲王、伏见宫博恭王，以及皇室之中的后起之秀——朝香宫鸠彦王、东久迩宫稔彦王，以陆、海军联合军事参议官会议的名义，亲自与一干军中宿将讨论日本未来的国防态势。

从日本的政治惯例上来说，军事参议院本来只是一个安置日本陆、海军闲散军官的荣誉机构，并不是处理与国策直接有关问题的决策机构，天皇裕仁以其为班底召开陆、海军联合会议，不仅是日本历史上前所未有的现象，更代表着天皇裕仁本身倾向于开战的政治态度。当然事后，日本史学界不愿意承认是天皇裕仁推动开战的，因此宣称是首相东条英机鉴于局势的严重性，促成了这次会议的召开。

次日（11 月 5 日），天皇裕仁再度通过东条英机召开了"御前会议"。会议从上午 10 时半开始，一直开到下午 3 时 15 分，中间仅休息了一个小时。会议一开始，首相东条英机便对眼下的局势进行了说明："帝国为确保独立和生存，决心不惜对美（英、荷）一战，以 10 月下旬为期限完成战争准备。同时，对美英尽一切外交手段，努力实现帝国的各项要求。如果依靠外交谈判至 10 月上旬仍无实现我方要求的希望，则决心立即对美、英、荷宣战。这一方针已承天皇批准。此间，帝国一忍再忍，为使谈判达成妥协做出了努力，但仍未使美方有所醒悟。内阁竟在日美谈判中更迭了。目前坚定作战的决心，发动武力的时机定为 12 月初，据此一心一意做好战争准备，同时仍须通过外交手段，寻求打开难局的对策。"

此后外务大臣东乡茂德对外交态势进行说明，歪曲事实称："'中国事变'爆发以来，英美两国政府曲解了帝国向大陆发展的意图，一面起来援蒋，一面采取牵制帝国的现地行动或加重经济压迫等措施。在东亚向来获得最多权益的英国，从一开始就采取了一切干扰破坏的手段，这已无须赘述。与此相呼应，美国废除了日美间的通商条约，禁止或限制进出口贸易等，日益加剧对我方的压迫。特别是帝国缔结了日德意三国条约以来，美国亲自引诱英荷，联合蒋政权，采取搞对日包围圈等手段。德苏开战以后，不顾帝国政府警告，通过远东向苏联提供石油及其他必要军需物资，对帝国采取不友好行动。帝国为了自卫和防御，为了结束'中国事变'的需要，经友好协商，与法国政府缔结条约，派兵进驻法属印度支那之后，美国的行动越来越露骨，在冻结资金的名义下，不仅事实上采取了包括中南美在内的对日经济绝交手段，还联合英、中、荷等国威胁帝国的生存，拼命阻止帝国实施国策。因此，帝国作为东亚的安定势力，便不得不以毅然决然的态度和决心起来打开局面。"

在企划院总裁铃木贞一发表了"在继续进行对华作战的同时，还进行具有长期战性质的对英美作战，长期维持和增强战争所必需的物力、财力，这是极不容易的。很显然，万一发生天灾等不测事件，则困难越发加大。不过，由于对作战的第一个阶段有稳操胜算的把握，如能有效利用这一胜利成果，并在各生产部门、消费部门以及其他国民生活各个方面都能充分发扬誓死共赴国难的国民精神，则本人确信，这在保持和增强国力上，比坐待对方压迫有利"的"国力说明"之后，按照"御前会议"的惯例，又到了枢密院议长原嘉道的质询环节了。

原嘉道以"国民希望尽快解决'中国事变'。这还没个头绪就要同大国美国作战，为政者必须慎重考虑。据今天的说明看来，美国的态度反而越来越强硬了，今后的谈判也很少有成功希望，甚感遗憾"开场。但随后便很不客气地质疑称："有人说，初期作战用不着担心，以后困难会增多，但总会有希望的，我相信这种说法。现在愿向政府进一言。日本同美英作战，'中国事变'当然是其原因之一，另一原因则是由于同德英战争的关系。我想仅仅由于'中国事变'是不会发展到今天这种地步的。这里应该考虑的是，从白种人对黄种人的种族观念来看，日本一旦参战，德英、德美的关系将如何演变？希特勒也把日本人说成是第二流人种，德国还没有直接向美国宣战。如果日本向美国宣战，揣度美国国民的心理，对日本的愤慨会更大于对希特勒的憎恶。"

对于原嘉道的说法，东条英机反击称："如果变成长期战则有许多困难和不安。然而以这种不安为由，就像现在这样听任美国为所欲为，结局将会如何呢？两年以后石油没有了，船不能开动，敌方在西南太平洋上的防务加强了，美国舰队增强了，而'中国事变'却仍然解决不了。国内的卧薪尝胆也不可能长年累月地忍受下去，这和日清战后的情况是不同的。担心坐以待毙，不过两三年就要沦为三等国。"

最终在 11 月 5 日的"御前会议"之上，日本政府做出了以 11 月 25 日为限"以新的热忱，全力以赴地为和平做了最后的努力"的决定。此时日本海军已经于 11 月 1 日将联合舰队主力集结于九州佐伯湾一线，而 11 月 6 日，日本陆军方面也发布了组建以寺内寿一为司令的"南方军"的相关命令。

根据日本陆军参谋本部下达的调拨命令，"南方军"由下辖第 16、第 48 师团，第 65 旅团，战车第 1、第 7 联队，野战重炮兵第 1、第 8 联队，独立臼炮第 15 大队，独立重炮兵第 9 大队，野战高射炮第 9、第 45、第 47、第 48 大队，独立工兵第 3、第 21 联队及其他军直属单位的第 14 军；下辖第 33、第 55 师团及其他军直属单位的第 15 军；下辖第 2 师团、混成第 56 旅团、战车第 8 联队、野战重炮兵第 17 联队、第 18 野战防空队司令部、野战高射炮第 44 大队、高射炮第 16 联队、独立工兵第 1 联队及其他军直属单位的第 16 军；下辖近卫师团，第 5、第 18 师团，第 3 战车旅团，独立山炮兵第 3 联队，野战重炮兵第 3、第 18 联队，野战重炮兵第 21 大队、独立臼炮第 14 大队、第 17 野战防空队，野战高射炮第 33 大队，独立工兵第 4、第 15、第 23 联队的第 25 军共同组成。

此外"南方军"还将以直辖第 21 师团、独立混成第 21 旅团、独立混成第 4 联队为军预备队，并由下辖第 3、第 7、第 12 飞行团，飞行第 81 战队、第 15 独立飞行队的日本陆军航空兵第 3 飞行集团，下辖第 4、第 10 飞行团，独立飞行第 76 中队的日本航空兵第 5 飞行集团提供空中掩护。而除了上述日本陆军航空兵单位之外，"南方军"还有第 10、第 21、第 88 独立飞行队可供临时抽调使用，第 7 输送飞行队负责空运伞兵和补给。

除了上述直属兵力之外，按照计划一旦对美、英开战，隶属于"中国派遣军"的第 23 军所部第 38 师团将配合"南方军"的行动，攻略英国控制之下的中国香港地区。此外分别集结于中国上海和小笠原群岛的第 4 师团以及由第 55 师团部队所属之第 55 步兵群司令部、步兵第 144 联队、山炮兵第 55 联队 1 个大队、工兵第 15 联队 1 个中队编组而成的"南海支队"，也将由大本营直辖的状态转为归属于"南方军"指挥。

　　尽管从兵力上来看，"南方军"的总体规模仅相当于"关特演"时关东军的二分之一，但其所拥有的陆军航空兵、炮兵、装甲兵、工兵等独立技术兵种比例却达到了日本陆军前所未有的一个峰值。从某种程度上，在"南方军"的编组模式及其具体战术运用方面，日本陆军一定程度上借鉴了盟友——德国陆军在欧洲战场的"闪电战"模式。

　　就在日本陆、海军一片厉兵秣马的备战状态之下，11 月 6 日，近卫文麿时期以"遣美全权大使"身份与美国展开外交斡旋的来栖三郎自东京动身，经香港赶赴美国华盛顿，协助驻美大使野村吉三郎展开最后的外交努力。由于来栖三郎是日本外务省著名的"亲美派"，因此由其出马与美国方面展开外交谈判，被普遍视为日本立场松动的表示，甚至在日本国内，出现了陆军之中"祈祷来栖三郎此行坠机"（来栖の飛行

训练中的日本陆军"南方军"装甲部队

機墜落を祈るもの）的闹剧。但事实上无论来栖三郎个人的政治立场如何，此时的他均已无力回天。而很大程度上，他的出使更多的是为日本即将发动突袭释放外交烟雾，而这种几近不宣而战的卑劣行径，在日本国内竟然被冠以"政略突袭"的美名。

　　面对来栖三郎的到来，日本驻美大使野村吉三郎倍感压力，于11月7日再度面见美国国务卿赫尔，提出以"因'中国事变'而派往中国的日本军队，在日华间实现和平后，在一定期间内驻扎在华北、蒙疆的一定地区和海南岛；其余军队将在实现和平的同时，按照日华间的另外协定，开始撤兵，并在两年内完成"和"日本国政府尊重法印的领土主权。目前派到法属印支的日本军队，当中国事变获得解决或确立起公正的远东和平时将立即撤出"为条件的所谓"甲案"，试图争取美国方面的让步。并申明"这是日本的最后让步"。

　　面对几乎心急如焚的野村吉三郎，美国国务卿赫尔却显得异常地从容，只是表示将收下方案进行研究。无奈之下，野村吉三郎不得不于11月10日面见总统罗斯福，表示日美谈判开始已经六个多月，在此期间，日本克服了重重困难，做了许多让步，而美方却死抱着原方案不肯让步，因此日本怀疑美方是否真有诚意。而罗斯福也只是回答了一些诸如"美国一直致力于防止战争的扩大，希望维护长久和平"的外交辞令。

　　美国方面之所以秉承这样的态度，后世众说纷纭。尽管根据美国方面战后披露的资料，美国政府当时已经破译了野村吉三郎与日本政府之间的加密通信，得知日本方面以11月25日为最后期限。但根据这一线索，美国史学界却有两种不同理解。一派观点认为罗斯福和赫尔认定日本不敢主动进攻美国，在最后期限日益逼近的情况下，日本政府可能会做出更大的让步。而另一派的观点则认为，由于得知了日本政府将最后期限设定得如此之近，美国政府由此认定日本方面毫无诚意，所有的外交举措均不过是为整军备战而服务，因此无心与日本方面真诚展开交流。

　　客观地说，上述两种说法都不无道理，但当时的美国同样处于一种颇为尴尬的战略态势之中，一方面美国国内的反战呼声令罗斯福政府无法对日本主动摆出强硬的姿态，而另一方面美国政府也不愿意接受向来缺乏诚信的日本方面给出的让步，而结束经济制裁的状态。因此罗斯福和赫尔只能对野村吉三郎采取拖延和敷衍的态度。

11月17日，来栖三郎正式面见罗斯福，并向其说明，鉴于形势紧迫，有必要使谈判迅速达成妥协，日美之间发生冲突对谁都没有好处；并且进一步强调了日本方面的和平意图，阐明了日本在中国以及法属印度支那地区驻兵问题上的立场。但罗斯福依旧顾左右而言他，并未给出正面的回应。

眼见在政治问题上无法达成共识，11月20日日本政府指示野村吉三郎和来栖三郎向美国方面提交以经济为主的所谓"乙案"。即以"日美两国互相保证，不对法属印度支那以外的东南亚及南太平洋地区实行武力扩张"为前提，要求"美国保证，每年供应日本航空用汽油一百万吨"，同时"日美两国政府相互合作，保证在荷属印度尼西亚获得各自需要的物资"。制定这一方案的东乡茂德曾宣称其设想是"仅仅因袭旧套，成功希望不大。因此我想把问题缩小，只解决南方问题，中国问题则由日本自己来解决"。

客观地说，日本方面所提出的"乙案"并没有比"甲案"有更多的让步，反而更进一步暴露了日本对荷属印度尼西亚的野心，以及对石油的渴望，因此美国方面更不会给予回应。一直等到11月22日，美国政

抵达美国的来栖三郎（中戴礼帽者）

太平洋战争全史

府考虑到日本方面的最后期限将近，才在与英、澳、荷和中国重庆国民政府代表反复进行协商之后，由国务卿赫尔答复日本称："如果日本明示执行和平政策，数日内即可恢复通商关系，目前准备逐步实行恢复；如果日本仅从法属印度支那南部撤兵，各国认为这还不足以缓和南太平洋方面的紧张局势。"言下之意，无非是表明双方还有判断的余地，日本方面希望恢复贸易正常化，就要释放更多的"和平诚意"。

赫尔显然高估了日本方面的忍耐程度，低估了东条英机内阁的战争决心。事实上11月5日的御前会议刚一开过，首相东条英机就下令全面草拟对美、英、荷宣战的草案。这份名为《关于促进结束对美、英、荷、蒋战争的草案》，在11月15日的联席会议上获得通过。其中明确指出："帝国应实行闪击战，摧毁美、英、荷在东亚及西南太平洋地区的根据地，确立战略上的优势，同时确保重要资源地区和主要交通线，造成长期自给自足的态势，设法用尽一切手段，引诱美海军主力，适时加以歼灭。"同一天，陆、海军统帅部在皇宫之内进行了"御前军棋推演"，向天皇裕仁详细说明了"南进"作战计划。

11月17日，东条英机内阁召开临时国会，会上政界宿将岛田俊雄以凄怆的声线向议员们进行国策说明："圣战已经四年有半。前后算来大规模战争业已持续了五年之久，而行将崩溃的蒋介石政权，至今所以仍在苟延残喘顽强抵抗，不外是因为有以美国为中心的敌对国家集团的阴险而顽强支援的缘故……他们不仅利用蒋介石当傀儡来妨碍我完成圣战，而且干涉泰国内政，对缅甸施加高压，使其变成抗日的桥头堡。他们还促使荷属印度尼西亚拒绝供应帝国的必要物资。他们无理地加强新加坡、关岛、菲律宾、夏威夷等太平洋周围所有各地的防御，进行无谓的威胁，使本来平稳宁静的太平洋波涛汹涌起来，造成一触即发的危险局面，正在把佩里来访以来长达一个世纪的日美邦交一朝引向毁灭。"

在进行了一番颠倒黑白、煽动反美情绪的演讲之后，岛田俊雄更力主对美宣战："为国为民，政府还顾忌什么？害怕什么？要知道，我们所顾忌和担心的也正是对方所顾忌和担心的。一旦战争打起来，伤亡人命和消耗物资绝不是我们一方的事。我们必须趁此机会，使敌对国家的政界财界的诽谤者们受到深刻的实际教训，使他们懂得战争必然会给双方带来人员和物资的巨大牺牲和损失，与此同时，使这些国家的国民大众彻底知道，是他们妄自尊大的领导人的领导和教唆，使他们卷进了战争的旋涡，而成为同他们的独立、生存都毫无直接关系的战争牺牲品的，却不是他们的领导人，而是他们这些被领导的国民大众本身。如其不然，我认为，太平洋的和平和安宁是不能指望的。据说，近卫首相在那封致罗斯福的关于日美谈判的文电中用了'太平洋之癌'这个词。如果说"癌"这个东西果真存在于太平洋，那就必须懂得，实际上这个"癌"并不是长在太平洋上，而是长在美国人那里，尤其是长在美国当前领导人的心里。对这个"癌"，有必要做一次大手术，这是我们的责任，是继开国之往昔而承永远之将来的、肩负着大日本帝国的现在的我们日本国民的最重大的责任。政府到底何时才让我们操起刀来动这个大手术？"正是在这种煽动性的言辞之下，日本国会以"对这届东条将军的新内阁寄予了极大的期望"的名义，全力支持其"施政方略"。

11月20日，大本营和东条英机内阁在联席会议上确立了对东南亚约300万平方公里之内约1.2亿人口的占领及行政管理办法。提出对占领地区，暂且实行军事管制，以资恢复治安，迅速获得重要国防资源及确保作战部队的给养。当然在所谓"帝国对占领地区施行的政策取得进展后"，日本方面也将考虑军事管制机构将逐渐由政府设置的新机构予以合并、调整或接管，并"拟使大量有能力的文官和民间人士充任行政官员参与管理工作"云云。但整体来说，这一所谓的《南方占领地区行政实施要领》还是确定了日本军队将在东南亚占领区内通过"强取豪夺"来"以战养战"的基调。

就在日本的战车加速推进之际，11月26日，美国国务卿赫尔会见了野村吉三郎和来栖三郎两位大使。赫尔虽然表示美国对日本11月20日的提案已经做了慎重研究，遗憾的是难以同意。但还是随即给出了一份美国方面的新提案，也就是日本方面俗称"赫尔照会"的《合众国及日本国间协定的基本概略》。

"赫尔照会"总计"关于政策的共同声明案"和"合众国政府及日本政府所应采取的措施"两项，其中第一项中的五条不过是此前的"赫尔四原则"加上"自由贸易"等为美国方面按照自身政治立场所强调的双边原则，日本方面似乎也没有反对的必要。但是在第二项具体措施中，美国方面却要求日本"从中国和法属印度支那全面撤退日本陆海空军及警察，""放弃日华间彼此毗邻的特殊紧密关系"，"使德、日、意三国同盟条约变成一纸空文"以及"否认重庆政权以外的中国其他一切政权"，却令日本政府根本无法接受。因此"赫尔照会"在日本方面看来，等于已经宣布了日、美关系的完全破裂。

在收到"赫尔照会"的当天，天皇裕仁向东条英机提出："如果开战，就必须始终举国一致，重臣们同意吗？让重臣出席御前会议怎么样？"但东条英机却深知裕仁口中的重臣不过是近卫文麿等前任首相和失意政客，这些人对自己的开战决定必然会发表反对意见，因此回答称"让不负有责任的重臣出席御前会议是不适宜的"。无奈之下，天皇裕仁只能改为在宫中召开"重臣恳谈会"。

政府和重臣的恳谈于11月29日上午9时30分至下午4时在宫中举行。出席的重臣有若槻礼次郎、平沼骐一郎、广田弘毅、近卫文麿、林铣十郎、阿部信行、冈田启介、米内光政和原枢密院议长等9人。午前，政府方面做了说明，并进行质疑和答辩。全员陪同天皇用餐后，重臣在御书房上奏各自的见解，其后，政府与重臣之间又进行了质疑和答辩。

果然不出东条英机所料，多数重臣认为，可以不必开战而维持现状。这是因为他们对维持长期战的国力和民心的动向感到不安。冈田启介海军大将尤其强调这一点。若槻礼次郎则强调，这场战争如果是为了日本的独立和生存，即使豁出吃败仗也不得不开战。但若不是为了这种目的而诉诸武力，那是非常危险的。广田弘毅、林铣十郎和阿部信行三位重臣认为，既然开战的决心是政府经过慎重准备才做出的，那就只好信赖政府，表示同意开战。东条英机对现状维持论一一加以反驳，最后全体重臣只好对政府的开战决心表示谅解而散了会。

12月1日午后2时，在宫中东一厅召开了奏请天皇裁决开战的最后一次御前会议。政府方面全体阁僚特别出席了这次会议。面对高唱"我国现在的战争能力反比中国事变前有所充实，陆海官兵的士气越来越旺盛，国内团结愈加巩固。举国一致，誓死奉公，足以克服国难，这是我坚信不移的"的首相东条英机，宣称"陆海军作战部队全体官兵，士气极其旺盛，都有誓死报国的决心，一旦接到皇上命令，立即奋勇前进，共赴大任，关于这一点，请陛下放心"的永野修身等军阀，连一向爱唱反调的枢密院议长原嘉道都表示"鉴于目前形势，开战实在是迫不得已，我坚决信赖我们无比忠诚的将士们"，天皇裕仁也只能默许同意开战。大本营陆海军部立即请求天皇批准发布开始进攻的命令。开战的时间被定为 12 月 8 日。

与此同时，陆、海军统帅部都主张，既然已经决定开战，今后的外交就应该重点做些有助于作战的工作。对此 11 月 27 日驻美大使野村吉三郎便曾表示："从一个大国的信义上考虑，在军事行动开始之前，应该做出停止谈判的表示。"但当时海军统帅部由于对关系到作战全局命运的偷袭夏威夷的作战期在必胜，极力隐蔽开战企图。在 12 月 4 日的联席会议上，东乡茂德再次提议，应向美国提出最后备忘录，以表示在开始进攻之前通知停止外交谈判。

对上述外务省的提议，日本陆、海军方面均感到十分为难。但最终还是决定在进攻开始之前，由野村吉三郎通知美国政府负责人停止谈判，而备忘录则交由外务大臣东乡茂德草拟。不过备忘录的发出和面交时间要由外相同陆、海军统帅部长协商决定。经过反复磋商，备忘录的发出时间最终拟定在 12 月 6 日下午 8 时 30 分至 7 日下午 4 时这段时间，备忘录是分段逐次发出的，最后在 7 日下午 5 时 30 分向大使发出电令，要他在华盛顿时间 12 月 7 日下午 1 时面交备忘录。

但在华盛顿，野村吉三郎约定在 12 月 7 日上午 11 时左右会见赫尔国务卿，因电报的译解和誊清耽搁了时间，因此野村吉三郎和来栖三郎两位大使离开使馆时已是下午 1 时 50 分了。两位大使在国务院大约等了 20 分钟，到了下午 2 时 20 分时，才把对美备忘录交到美国国务卿赫尔的手中，比预定时间拖延了 1 小时 20 分钟。而就在一个小时之前，日本海军第 1 航空舰队已经开始进攻夏威夷了。

日本方面在战后反复强调，他们其实是在开战之前便已经做出与美国方面中止谈判的决定了，只是因为各种技术上的原因而有所延误而已。而美国方面则一口咬定日本方面是蓄意不宣而战，"偷袭珍珠港"的行径卑鄙无耻。但平心而论，此时的日、美都已经了解对方事实上不可能做出任何外交上的妥协，战争的爆发早已是一种必然。

获悉珍珠港遭到袭击后，各大媒体驻白宫记者蜂拥抢占电话亭以发布消息

（二十三）瓦胡岛 24 小时——大视野下的"珍珠港事件"（下）

瓦胡岛当地时间 0 点 42 分

在一轮圆月之下，于 11 月 18 日从吴港附近冲仓桥岛的龟之首出发的五艘日本海军"巡潜丙型"潜艇："伊 16""伊 18""伊 20""伊 22""伊 24"，分别抵达距离瓦胡岛 5.3 海里到 12.6 海里的攻击阵位，并在夜色的掩护之下将被日本海军称为"甲标的"特种袖珍潜艇放入波涛滚滚的大海之中。随后两人一组的驾驶人员，分别挤进这些袖珍潜艇窄小的指挥驾驶塔，迎着远处瓦胡岛灯塔的光芒，缓缓潜入水中。

一个小时以后，它们中的 4 艘成功地到达把守着太平洋舰队锚地的一英里宽入口处的栅栏网，正式进入珍珠港水域。而由潜艇"伊 24"上出击的酒卷和男少尉却由于所驾驶的"甲标的"特种袖珍潜艇上的罗盘出现故障，而陷入了迷航的状态。

日本海军的"巡潜丙型"潜艇

瓦胡岛当地时间1点15分（东京时间12月7日，晚8点45分）

美国驻日本大使格鲁收到总统罗斯福致天皇裕仁的紧急电报之后，火速动身前往日本外务省。当时外界普遍认为罗斯福此时发出这封电报，是为了争取最后的和平机会。但事实上罗斯福来电无非是重新强调日本陆军在法属印度支那地区的武装存在将有碍于美、日外交，希望日本从法属印度支那撤军，以保障南太平洋地区的和平，恳切希望天皇妥善处理云云。对此外务大臣东乡茂德立即与首相东条英机进行磋商。东条英机则表示为时已晚，而且来电的内容也不值得特别予以处理。

瓦胡岛当地时间2点（美国东部时间12月7日，上午7点30分）

驻守美国华盛顿特区的海军情报处OP20G组的值班人员用"紫色"密码机破译出了一个小时前收到的东京电报的最后部分。电文说："日本政府对不能通过进一步谈判达成协议表示遗憾。"克雷默海军中校将"魔术"破译的这份电报装进皮包，立即前往白宫。一般认为在日本外务省的电信密码已被美国政府解译的情况之下，美国政府早已获悉日本的战争意图，但是由于军事上可操作性太低，而疏忽了日本海军对珍珠港展开战略偷袭的可能性。

瓦胡岛当地时间3点

日本海军第1航空舰队抵达位于瓦胡岛以北约370公里的攻击阵位，随即展开为防空队形。在"利根""筑摩"两艘重型巡洋舰的引导下，6艘航空母舰迅速完成攻击前的最后准备工作，所有战机加满燃料，挂载好炸弹和鱼雷蓄势待发，飞行员则被一一叫醒。系好被称为"千人针"的头带之后，按惯例给家属留下里面附有头发与指甲的遗书，饱餐了一顿米饭加鲷鱼的早餐。

在喝下了一小杯米酒以壮行之后，所有飞行员听取了最后的简况介绍。担任空中指挥官的渊田美津雄同南云忠一告别之后来到灯光昏暗的简况介绍室时，他发现房间里已经容不下所有的飞行员，一部分人不得不站在过道上。在黑板上写的是到12月7日上午6时为止珍珠港舰船的位置。

瓦胡岛当地时间3点50分

正在港口的栏栅网附近巡逻的两艘扫雷艇之一"秃鹰"号（USS Condor AMC-14），在港口入口处发现附近有一处潜望镜，随即通知了正在附近的驱逐舰"沃德"号（USS Ward, DD-139），但"沃德"

准备攻击珍珠港的日本海军航空兵飞行员，他们头上戴的带有旭日标志的头带，便是"千人针"

珍珠港地区最早发现日本海军活动迹象的美国海军扫雷艇"秃鹰"号

号抵达目标海域，展开了 2 个多小时的搜索之后，最终一无所获，因此并未向位于福特岛的指挥中心进行汇报。

瓦胡岛当地时间 4 点（美国东部时间 12 月 7 日，上午 9 点 30 分）

华盛顿特区的美国海军情报处负责人雷默海军中校根据所截获的日本外务省的密电，认为日本海军可能在黎明时对珍珠港发动偷袭，因此急忙赶到海军部部长斯塔克的办公室。但斯塔克认为太平洋舰队已经处于全面戒备状态，因此决定不再发出警报。与此同时陆军 SIS "魔术"情报处处长布拉顿上校断定这一定意味着"太平洋上的某个美国设施将遭到袭击"，因此第一时间前往美国陆军参谋长马歇尔的办公室，可惜得知后者已经外出，在罗克里克公园做每个星期日上午例行的骑马活动。

瓦胡岛当地时间 5 点 30 分（美国东部时间 12 月 7 日，上午 11 点）

马歇尔终于回到了办公室，在和布拉顿上校进行了一番沟通之后，他随即起草了一份急电，立即发送给美国陆军驻巴拿马、旧金山、菲律宾和夏威夷的各指挥机构表示："我们不知道确定最后期限的意义，但必须因此进入警戒状态。"与此同时海军部部长斯塔克也表示将急电"通知海军"，但马歇尔拒绝了通过海军无线电台发出警报的建议。他不知道陆军通往瓦胡岛的电线出了故障。值班人员不得不通过商业性的西联公司将它发出去——没有急电的标记，它要六个多小时才能到达谢夫特堡的肖特将军的手里。

同一时间，日本海军第 1 航空舰队担任前导的重型巡洋舰"利根"和"筑摩"，各自弹射一架"零式"水上侦察机对珍珠港和拉哈纳锚地做攻击前最后一次敌前侦察行动。拉哈纳锚地是美国太平洋舰队经常使用的停泊场地。它是个开阔锚地，水很深。如果太平洋舰队在这里停泊，那是求之不得的绝好机会。飞行队为此拟好了一套拉哈纳锚地攻击计划，届时出动全部鱼雷机进行攻击，把在泊的巡洋舰以上的大型军舰统统击沉海底，片甲不留。但是根据 12 月 6 日下午 5 点 25 分从潜艇"伊 72"发来的侦察报告，美国海军太平洋舰队主力并未出现在拉哈纳锚地，因此攻击计划仍以珍珠港为主。

瓦胡岛当地时间 6 点整

在航空母舰"赤城"略有颠簸的甲板之上，马达轰鸣，绿色信号灯在黑暗中闪烁着。垫木拿走了，第一架飞机呼啸着向前滑动，伴随着一声声欢呼。15 分钟之内 6 艘航空母舰上的第一攻击波的 183 架战机悉数起飞。在指挥官渊田美津雄所驾驶的战机引导下，第一攻击波的编队群在机动部队上空盘旋一周，然后通过旗舰"赤城"上空，朝瓦胡岛的方向飞去。

此时天空浓云密布，云高 2000 米。为了便于隐蔽，编队逐渐升高，在云上飞行，不久，东边的天空开始破晓，脚下黑洞洞的云海也随即逐渐变白了。天空逐渐变成了蔚蓝色。不一会儿，一轮红日从东方升起，白花花的云海边缘呈现一片金黄。渊田美津雄估计借着顺风，90 分钟后他们就可以飞到珍珠港上空。

瓦胡岛当地时间 6 点 15 分

美国海军"企业"号航母正在瓦胡岛的西面航行，其目的地是美国在西太平洋的前哨——威克岛。为了便于实施海上训练，自1941年5月以来，美国太平洋舰队共编成3个特混舰队。根据行动时间表，在这3个特混舰队中，至少保持一个在海上行动，而更常见的是两个特混舰队同时在海上。进行演习时，往往3个特混舰队一起出动。就是说，在预定的停泊期间内，通常有一个特混舰队轮流留在港内，但有时连一艘也不留。太平洋舰队所属舰艇全在珍珠港的情况，在1941年从来没有过。

　　1941年12月7日，由航空母舰"列克星敦"号和重型巡洋舰编队组成的第1特混舰队正在前往中途岛运送飞机。哈尔西海军中将指挥的第2特混舰队则奉命向威克岛运送飞机，但属于这个部队的三艘战列舰，由于航速慢，不能随同"企业"号前往而被留在珍珠港。因此12月7日当天珍珠港内停泊着美国海军的8艘战列舰。可能是冥冥之中有所感应，哈尔西决定出动一批战斗机升空巡逻，同时派出一队SBD"无畏"型俯冲轰炸机前往瓦胡岛。

瓦胡岛当地时间6点30分

　　携带深水炸弹的3架美国海军PBY水上飞机搜索了福特岛附近水域，执行黎明前在瓦胡岛南岸沿海进行安全巡逻的任务。6点37分，美国海军"沃德"号驱逐舰再度发现一艘不明国籍的小型潜艇。舰长威廉·奥特布里奇少校（William Woodward Outerbridge，1906—1986年）随即被叫醒，并在美国海军PBY水上飞机的配合下对目标展开攻击。根据事后推测，"沃德"号击沉的可能是从潜艇"伊18"出发的古野繁实驾驶的"甲标的"特种袖珍潜艇。

　　几分钟后，威廉·奥特布里奇少校向指挥中心报告"我们向在防区活动的潜艇开火并投深水炸弹"，但此时指挥中心只有一人值班，尽管接到两次报告，但还是没有从中得出港口遭到进攻的结论，因此对报告不太重视。45分钟后，另一艘在港口值勤的美国海军驱逐舰"莫纳汉"号（USS Helm, DD-388）才接到警报。刚过上午7时，一架执行反潜巡逻任务的PBY飞机用深水炸弹袭击了另一艘潜艇。飞行员用密码做了报告，花了半个多小时才将密码报告翻译出来发下去。此时珍珠港显然已遭到敌人潜艇的进攻。但是，太平洋舰队的官兵刚刚

美国海军驱逐舰"莫纳汉"号

醒来，懒洋洋地过着又一个星期天，要让 86 艘舰船处于戒备状态为时已晚。只有四分之二的官兵在舰上，而且，许多舰船水密舱的门已经打开了。

瓦胡岛当地时间 7 点 2 分

瓦胡岛最北端岬角顶上，假若送早餐的车按时开到，奥帕纳陆军机动雷达站的两名工作人员早就把机器关了。现在，标图员乔治·埃利奥特惊奇地发现"雷达屏出现某种完全异样的东西"。二等兵约瑟夫·洛克德检查机器发现没有出故障，因此他们开始标绘逐渐浮动的绿色尖头脉冲，证明一大队飞机正从北面飞来。他们向谢夫堡陆军总部挂了紧急电话，结果只得到值班飞行员直截了当的回答："别担心这件事。"飞行员十拿九稳地认为信号脉冲准是预定要从西海岸开来的 B-17 轰炸机队。

空中俯瞰下的珍珠港

瓦胡岛当地时间 7 点 35 分

由日本海军重型巡洋舰"筑摩"上弹射的"零式"水上侦察机抵达珍珠港的上空，并通过无线电报告说太平洋舰队主力仍在珍珠港内。与此同时渊田美津雄打开自己战机上的无线电，已经能收到夏威夷本地电台的天气预报，几分钟后他第一次瞥见了瓦胡岛的形状，他从地图和照片上已经对这个形状非常熟悉了。此后渊田美津雄回忆说："突然，云层断开了，露出了长长的海岸线。我们已经到了岛屿北端卡赫库角的上空，现在该是我们展开编队的时候了。"

瓦胡岛当地时间 7 点 49 分

随着渊田美津雄看到编队中"九七式"舰载攻击机扑向美国海军的战列舰，"九九式"舰载俯冲轰炸机冲向美国陆、海军机场，渊田美津雄随即命令发报员向第 1 航空舰队发出约定好"虎、虎、虎"的密码信号，以通报偷袭成功的消息。十几分钟之后，停泊于日本本土的联合舰队旗舰"长门"上，一名兴高采烈的文书将电报递给山本海军大将，山本五十六则无动于衷地继续和他的参谋长下棋。

瓦胡岛当地时间7点56分

袭击来得如此迅猛和突然，以致在最初几分钟内，太平洋舰队的军舰上几乎没有人能够意识到正在发生什么事情。时钟刚刚报过早餐钟点，军旗队聚集在舰尾，等候8点钟升起军舰旗的信号；教堂的悦耳钟声越过港湾，飘进千百个天窗，突然间淹没在"突突突"的机枪扫射声、炸弹的呼啸声和鱼雷的爆炸声中。

第一架"九七式"舰载攻击机，冲到战列舰列最后1艘战舰"内华达"号（USS Nevada, BB-36）上空，用机枪把舰旗撕成碎片。大惊失色的旗手又唰唰地升起几面星条旗，无不被打烂。第一条鱼雷钻进战列舰"亚利桑那"号（USS Arizona, BB-39）舰尾的水中，舰上的G·S·弗兰宁甘少尉和数以千计的其他水兵一样，不相信刚刚听到的

美国海军"亚利桑那"号战列舰

空袭警报："我当时正在船舱里，大家都以为星期天发生空袭简直是开玩笑。后来我却听到沉闷的爆炸声。"

瓦胡岛当地时间 7 点 56 分

福特岛上的控制塔终于发出了"珍珠港遭到空袭，这不是演习"的警报，几分钟以后，美国海军太平洋舰队司令金梅尔（Husband Edward Kimmel, 1882—1968 年）用无线电向港外的太平洋舰队各部队广播了这个令人震惊的消息。而在珍珠港上空，渊田美津雄看到"战舰周围升起水柱，接着是越来越多的水柱"，他的心跳得更快了。

美国海军战列舰前面的四艘大型战列舰是成对停泊的，最外边的一对"俄克拉荷马"号（USS Oklahoma, BB-37）和"西弗吉尼亚"号（USS West Virginia, BB-48）很快就被鱼雷炸裂。第一枚鱼雷在上午 8 时左右击中"西弗吉尼亚"号，在袭击的头几分钟里，另外 5 枚鱼雷击穿了这艘舰两侧的装甲。大量的海水涌入这艘舰只受伤的右舷，"西弗吉尼亚"号迅速倾斜。舰长默文·本尼昂命令组织排水。担架队和救火

坐沉的美国海军"西弗吉尼亚"号

太平洋战争全史

队从灌满了烟的倾斜得十分厉害的过道上跌跌撞撞地穿了过去，里基茨好不容易找到足够的人打开了右舷海底阀，使这艘战列舰免于倾覆。它慢慢沉到港口的污泥里，海水淹没了甲板。

里基茨的迅速行动使"西弗吉尼亚"号避免了"俄克拉荷马"号的下场，后者和"马里兰"号（USS Maryland, BB-46）一起停泊在 F5 号锚位。随着巨大的爆炸声，立即开始向左舷倾斜。这艘战列舰的整体水密性较差，下甲板的许多舱口都被震开了。海水开始从一间水密舱灌到另一间水密舱，当它开始倾覆的时候，舰上的美国水兵只能疯狂地夺路而逃。

随后日本海军挂载重型炸弹的"九七式"舰载攻击机开始轰炸，美国海军舰艇上惊魂初定的高射炮手投入了战斗。从渊田美津雄视角看去，整个珍珠港的天空"深灰色的炮火到处开花，近失弹满天爆炸，我们的飞机在颤抖……"但日本海军的重型炸弹还是准确命中了"亚利桑那"号。一系列火山似的爆炸摧毁了"亚利桑那"号和舰上的 1000 多名美国水手，"大约两分钟之后，二号炮塔的炮筒突然喷射出一团烈火，接着前部弹药库爆炸。前桅向前倾，军舰前半部完全湮没在烈火和浓烟之中，并在继续剧烈燃烧"。

日本海军航空兵随即开始轰炸"马里兰"号，但这艘舰一直被正在倾覆的"俄克拉荷马"号掩护着。日本海军虽然准确命中了两枚炸弹，但对"马里兰"号结实的装甲板没有造成多大损害。这艘舰遭到这场袭击后生存下来了——它是所有战列舰中受伤最轻的，而且是第一艘返回现役的。

"田纳西"号（USS Tennessee, BB-43）的损失也不太严重。只有两颗炸弹在舰上爆炸，上层建筑上的火多半是由"亚利桑那"号弹药库爆炸后雨点般落下的着火碎片引起的。"加利福尼亚"号（USS California, BB-44）停泊在这排军舰的最前面，却是最后受到攻击的战列舰，两枚鱼雷击中舰桥下面的舷侧。迅速排水使它免于倾覆，但它也慢慢地沉到污泥上，着火的汽油吞没了舰尾。排在舰列最后的"内华达"号上的炮手抢先投入战斗，击落了一架低空飞行的"九七式"舰载攻击机。但这架战机仍成功地将一枚鱼雷射进"内华达"号的舰首，炸开一道长 40 英尺、宽 30 英尺的裂口。不过"内华达"号的关

"珍珠港事件"中轻微受损的"马里兰"号

键部位没有受伤，轮机员拼命提供蒸汽使这艘舰开动起来。

　　日本海军航空兵的攻击持续了半个小时，后来的 20 分钟相对平静一些，虽然扫射和轰炸仍在继续，但速度慢下来了。在这段时间里，整个海港里唯一真正开动的战舰"赫尔姆斯"号驱逐舰，终于追捕到了另一艘袖珍潜艇——筋疲力尽的艇员让潜艇冲上岸滩，他们自己投降了。事后证明这艘"甲标的"正是从"伊 24"上出击的酒卷和男少尉所驾驶的那艘罗盘失灵的特种袖珍潜艇。幸免于难的酒卷和男少尉也成为了太平洋战争中第一个被俘的日本士兵。

瓦胡岛当地时间 8 点 10 分（美国东部时间 12 月 7 日，下午 1 点 40 分）

　　美国太平洋舰队司令金梅尔发出"珍珠港遭空袭。这不是演习"的消息传到华盛顿。美国海军部长斯塔克大吃一惊，不相信这是事实。"这不会是真的，这一定指的是菲律宾"。当他证实消息属实的时候，他用电话通知了白宫。总统罗斯福随即叫国务院把这个消息告诉了国务卿赫尔，要他接见已经等候在接待室的日本大使野村吉三郎和来栖三郎，

　　　　　　　　　　　　　　　　　　　　　　　太平洋战争全史

酒卷和男少尉所驾驶的袖珍潜艇被美国海军俘获

并让国务卿不要把袭击事件告诉他们，只要"礼貌地收下他们的答复，冷淡地把他们送走"。但赫尔还是愤怒地针对日本方面暂停谈判的文件说出了"我供职50年，从未见过这样一份满篇卑鄙的谎言和歪曲的文件"这句名言。

瓦胡岛当地时间8点40分

由86架"九九式"舰载俯冲轰炸机、54架"九七式"舰载攻击机和36架"零式"舰载战斗机组成的第二攻击波，从瓦胡岛东海岸绕过来参加袭击，在连续两波战机的火力压制之下，没有一名美国海军的飞行员能够在他们的飞机被摧毁之前起飞，但却有少数陆军战斗机设法成功地从惠勒机场起飞了。它们尽管在数量上处于绝对劣势，但仍然击落了11架日机。珍珠港上空点缀着燃烧的战舰升起的黑色烟柱和越来越猛烈的高射炮火的蘑菇状烟云。

另一艘袖珍潜艇成功地渗透到了港口的北端。"莫纳汉"号驱逐舰此时赶到现场，日本艇长正沉着地向"柯蒂斯"号供应舰发射第一枚鱼雷——它没有击中目标，然后向开着炮猛扑过来的这艘驱逐舰发射第二枚鱼雷。"莫纳汉"号尖尖的舰首以火车头碾锡罐的气势向袖珍潜艇猛

在船坞中遭到攻击的美国海军战列舰"宾夕法尼亚"号

切过去，深水炸弹极其准确地从舰尾投下。舰长和水手的胜利时刻好景不长，这艘驱逐舰由于全速后退，螺旋桨未能阻止它冲到一艘燃烧的驳船上。

第二波空袭以"内华达号"战列舰为集中攻击目标，这艘舰正在行进，当它的炮组对着日本俯冲轰炸机射击，而它从底下的水道钻过去的时候，翻了船的"俄克拉荷马"号上的水手向它发出欢呼。为防止它沉没并阻塞主航道而派出的拖船，成功地将它拖到韦波角，拖船上的水泵帮着扑灭有可能吞没这艘舰的大火，因为舰上的消防水管已被炸弹炸断。

"内华达"号避险而逃，吸引进行主攻的高空轰炸机离开它们原来的目标——停在干船坞检修的"宾夕法尼亚"号（USS Pennsylvania, BB-38）。一颗炸弹穿透了这艘舰队旗舰的放小艇甲板，与此同时，一次猛烈的爆炸削掉了停泊在附近浮动码头的"肖"号驱逐舰的舰首。为扑灭大火，舰长下令灌进海水，但着火的石油迅速蔓延，引起干船坞里两艘驱逐舰上的鱼雷和弹药库爆炸。

由于日本人看到所有的战列舰不是起火，就是沉没，便在第二次袭击的最后几分钟里集中轰炸港口的北部，炸掉了老靶舰"犹他"号和若干辅助舰。不过他们没能袭击巡洋舰，也没能炸掉海军造船厂的广阔的油罐场。

瓦胡岛当地时间8点50分

当第二批攻击波在袭击开始不到两个小时之后向北返回航空母舰的时候，渊田美津雄所驾驶的战机还在珍珠港上空盘旋，拍摄他的胜利成果和他的飞行员已经取得的"似乎不可能取得的战绩"。事后他回忆说："我算了一下，四艘战列舰肯定被打沉了，三艘受重创，其他类型的舰只也受重创。福特岛水上飞机基地一片火海，机场也是这样，尤其是惠勒机场。"

盘旋几千英尺上升到星期日晴朗的珍珠港上空的巨大黑色烟幕，象征着日本的战术胜利和美国的悲剧。死亡和毁坏并没有结束。许多人将在这一天同威胁着还漂浮着的战列舰的大火搏斗，小艇躲避一片片着火的石油，从水里抢救满身油污的幸存者。瓦胡岛军医院的医生在奋力抢救数百名被烧伤的和肢体残缺的水手。许多严重烧伤者由于感染和脱水而濒于死亡，只有用消毒针注射新的"奇妙药物"——磺胺抗生素，才能挽救他们的性命。潜水员和抢救队整整苦斗了两天，开辟一条路抢救听得见他们在翻了的"俄克拉荷马"号船体里拼命敲打的水手。400多名被困的水手中只有30人活着出来。

美国官兵死亡人数最后高达2403人，其中1000人死在"亚利桑那号"舰上。近2000人受伤，18艘军舰受创太重，不得不报废。只有43架飞机还可作战；188架被炸毁在机场上，另外195架严重受损。太平洋舰队的战列舰全被消灭，日本的代价只损失29架飞机及其机组人员，以及五艘袖珍潜艇和除一名艇员以外的全部艇员。这比山本预料的损失

遭遇空袭的福特岛美国海军机场

要小得多。当天早晨，当他收到第一批战报时，他命令他的战列舰队准备在黎明时出港，一旦发现美国航空母舰发起反击，就去接应日本海军第1航空舰队。

瓦胡岛当地时间9点30分（美国东部时间12月7日，下午3点）

美国陆、海军负责人及国务卿赫尔在白宫举行第一次国防会议的时候，珍珠港的空袭仍在进行。紧紧控制着局势的罗斯福，迅速下达一系列命令：保卫军事设施和工厂，所有私人飞机停止飞行，所有业余无线电爱好者停止发报，设立新闻检查制度，命令联邦调查局逮捕所有在美国的日本人。

在这次不时收到珍珠港的电话报告的会议上，美国政府一致认为罗斯福总统必须在第二天向国会宣读宣战书。比较受欢迎的一个打电话的人是温斯顿·丘吉尔。美国驻英大使约翰·怀南特在电话中讲完话后，接着传来了丘吉尔粗哑的声音，他和怀南特正在契克斯别墅进餐的时候，英国广播公司晚上9点的简明新闻报告了珍珠港遭空袭的消息。面对丘吉尔的关心，罗斯福坦然地表示："是确实的，他们袭击了珍珠港。我们现在风雨同舟了。"丘吉尔则答复称日本也正在马来亚发动进攻。他们商定第二天同时向日本宣战。

瓦胡岛当地时间9点45分

一边在珍珠港收拾残局的金梅尔，一边向哈尔西通报了日本方面的空袭情况，并认为"某种迹象"表明日本人在西北方向，哈尔西随即决定以航母"企业"号和3艘重型巡洋舰展开拦截。但是在空袭之后的混乱中，一连串似是而非的发现目标的报告和错误的无线电定位，使这支特遣舰队先向南追逐，然后在黄昏时向马绍尔群岛进发。这一南辕北辙的错误事实上却挽救了哈尔西和他的航空母舰。假如他同占巨大优势的日本舰队遭遇上了，后果自然不堪设想。然而，"公牛"哈尔西却没有感到宽慰，当他第二天下午回到珍珠港时，愤愤不平地表示："在我们消灭他们以前，只有在地狱里才有讲日本话的！"

瓦胡岛当地时间10点

第一架日本飞机返回母舰后，波涛汹涌的海面使这些飞机的降落比起飞更危险。损失了29架飞机，但当一小时后第二批飞机飞来时，甲板人员已经给第一批飞机重新装上了炸弹，加了油，飞行员准备进行另一次空袭。最后降落的是渊田美津雄。他强烈要求发动第三次袭击，轰炸迄今尚未受损失的油灌场和修船设施，使珍珠港在许多个月内不能当作基地使用。在这个决策时刻，南云忠一担心他的航空母舰可能遭到反攻，谨慎的本能胜过了要抓住重要得多的战利品的愿望。他最终命令第1航空舰队撤出战斗，这个决定令其日后饱受批评。但在当时的南云忠一看来，美国陆、海军在珍珠港还有大量的小型舰艇和地面防空炮火，继续进攻即便航母不会遭到损失，舰载机也将付出巨大的代价。

瓦胡岛当地时间11点30分（东京时间12月8日，上午7点）

日本国民是从东京电台首次得知他们已经进入了战争状态的，播音员宫野守男在早晨新闻简讯节目中首先播送了如下重要消息："帝国统帅部陆海军 12 月 8 日上午 6 时联合宣布，帝国陆海军今天黎明时在太平洋开始同美军和英军交战。"首相东条英机后来做了庄严的广播讲话，号召全体国民竭尽全力打败西方列强："为了消灭这个敌人，为了建立稳定的东亚新秩序，全国必须做好长期战争的准备……"当天上午晚些时候，喇叭里放过军乐后，开始播送帝国战争宣言："列祖列宗未竟之功必将继续完成，罪恶的根源必将迅速铲除，持久和平必将在东亚牢固建立起来，由此保持我帝国的光荣。"

瓦胡岛当地时间 12 月 8 日 0 点 31 分（中途岛时间下午 10 点 31 分）

日本海军驱逐舰"潮"和"涟"猛烈轰击中途岛的炮火，算是为日本海军"偷袭珍珠港"的行动画上了一个句号。不过由于美国海军部署在中途岛的岸防炮的阻击，这次偷袭效果不佳。得到消息的第 1 航空舰队方面则提出是否顺路对中途岛展开毁灭性的打击，却被南云忠一以"击败横纲的关取，是没有必要在回家路上再买个萝卜的"为由拒绝了。"横纲"和"关取"都是日本相扑运动员的级别，"横纲"代表顶级选手，而"关取"次之。南云忠一的这句话言下之意看似是志得意满、眼高于顶，但从日本海军的组织结构来看，第 1 航空舰队并非领受攻击中途岛的命令，其这一决策也不能说不对。更何况参谋长草鹿龙之介等人也认为这种对地攻击的任务并不符合第 1 航空舰队的训练模式。此时谁也不会想到这座名为中途岛的孤岛，在不久的将来便会成为日本海军第 1 航空舰队主力航母的坟场。

太平洋现在一片漆黑，它已成为世界上最大的战场。旧金山和洛杉矶已实行灯火管制，当天晚上，有人报告在近海发现日本航空母舰之后拉响的警报，使人们过敏的神经和防御系统经受了一次考验。在瓦胡岛上，营救困在"俄克拉荷马"号里的水手的工作仍在紧张地进行。在孤零零的威克岛上，海军陆战队警备队预料敌人将要进攻，正为炮兵连配备人员。在关岛，由于没有重炮可以保护他们，这一夜又是漫长的绝望的一夜。在马尼拉，麦克阿瑟将军和他手下的指挥官正在估量白天的军事惨败，考虑着如今在失去空军支援的情况下如何能够击退滩头堡上的入侵之敌。在香港，从商业团体抽调出来的志愿守卫队队员正在做战斗准备。

俯瞰下的中途岛

当天晚上，剩下的一线希望遭到最后的打击，这一线希望是，英国和澳大利亚或许能够阻挡日本征服远东的这股浪潮。英国皇家海军的"威尔士亲王"号战列舰和"反击"号战列巡洋舰乃是此刻在西太平洋的最后主力舰，但它们在驶离新加坡、进入南中国海的时候，收到章宜无线电台的紧急电报："不可能提供战斗机掩护。"菲利普斯的文书很快又送来一封电报，告诉他第二天唯一可能进行侦察的是一架 PBY "卡塔利娜式"水上飞机。一个经验更丰富的指挥官当时当场就能意识到他的使命是不可能完成的，但对于"拿破仑式"将官的菲利普斯来说，退却不是皇家海军的传统。"嗯，"他在回到自己的舱房之前无可奈何地说道，"我们必须继续前进。"

（二十四）收割孤岛——日本陆、海军接管英、美在华利益及香港战役

根据日本大本营 12 月 1 日的命令，日本陆军"中国派遣军"及海军中国方面舰队之所属单位，在 12 月 8 日东南亚战争开始后，即开始接收英、法等国在华的租界和财产，解除英、美等国在华部队之武装，捕获英、美等国的船只。华北方面日本陆军驻天津的第 27 师团和驻北平田中勤少将的独立混成第 15 旅团，于 12 月 8 日解除了驻在北平、天津、秦皇岛等地的美国海军陆战队 204 人、英军 8 人的武装，日军开进了天津的英、法租界并接收了开滦煤矿。

12 月 12 日和 21 日先后接收了荷兰、比利时在天津的权益单位。日本海军第 3 遣华舰队秦皇岛第 50 扫海队，捕获了在港口的巴拿马"哈莱号"轮船；驻青岛的日本海军捕获了在港口的巴拿马"尼脱乌脱号"轮船，接收了美国石油公司，逮捕了美国在青岛的谍报人员。驻烟台、大沽的第 3 遣华舰队所属之两个炮艇队，分别捕获了在港口的英、美等国船只。

华东方面，在上海外滩的黄浦江上，停有英军"派德列尔"号炮舰和美军"威克"号炮舰。日本海军中国方面舰队与陆军驻沪第 13 军认为，在接收上海公共租界以前，须解除这两艘军舰的武装或将其击沉。中国方面舰队司令部在得到其大本营关于日本海军第 1 航空舰队已对夏威夷进行了偷袭、陆军第 25 军已在马来亚登陆的通知后，于 8 日早 5 时即派舰队参谋大谷稻穗中佐至英舰、松本作次少佐至美舰进行劝降。

大谷稻穗、松本作次所乘的两艘汽船离开码头后，日本海军扬子江舰队的炮艇"莲""鸟羽"，以及中国方面舰队的旗舰"出云"立即将炮口对准了远处的英、美炮舰。岸边的日本海军陆战队等则密切注视着这两艘汽船的位置及灯光信号。松本作次首先登上了较近的美国炮舰，向舰长史密斯少校说明了美舰已被包围的情况和提出劝降后，美舰即挂出了白旗投降。

大谷稻穗登上英舰后，向舰长维列中校宣告，日、英已经开战，并

劝其投降。这位大英帝国海军中校立即断然拒绝,并令大谷急速离开。劝降不成,大谷稻穗深恐英军炮舰首先开火,乃拔出手枪,向空中发射红色信号弹,命令"莲""鸟羽"炮舰及陆战队向英舰开火,他急忙上了汽船,快速离开了英舰驶向黄浦江西岸,以避开火力区。紧接着,日本海军的炮舰、陆战队的炮兵随即向英国海军的"派德列尔"号炮舰开火,不久即将其击沉。

　　12月8日天亮时,黄浦江上的战斗已经结束,停在江上的第三国中型商船六艘、小型船只约二百艘全部被日军捕获。美、英海军在岸上的气象人员及船员37人也被俘虏。与此同时驻上海的长谷川正宪少将的独立混成第17旅团所属之独立步兵第87、88、89、90、91大队及海军牧田觉三郎中将的上海特别陆战队,按事先划分的区域,于8日晨7时30分做好了进入租界地的作战准备。上午8点,日本驻上海总领事堀内于城至工部局,代表日本政府通告当事各国官员,日本已对英、美、荷兰宣战和即将接收在上海的公共租界与法租界。从11时开始,日军分路进入租界区,至12时,即全部占领。在接收中,为防止发生骚动,日本陆军战机始终在上海租界的上空盘旋飞行,撒下了各种

日本陆、海军占领之前的上海租界

传单。

上海自 1845 年开始有租界以来，外国在该地开设有两千多个商社，掌握着上海的电力、各种公共事业、金融、贸易等重要部门。日军为防止由于突然接管而引起混乱，陆、海军和外交机关商定，共同成立了"租界对策委员会"，确定对租界的管理及有关政策等，除与军事有关的事项外，其他事务仍利用原机构进行管理，由日方掌握，对于英国、美国、荷兰的外交等官员，则集中看管，一般外国公民仍住于原处并发给通行证，允许自由就业。

12 月 26 日银行开始营业，允许每人每月领取存款 4000 元，以后降为 2000 元。为了接收在租界的各国财产，由日本陆、海军与"兴亚院"共同成立"敌性财产处理委员会"，制定了"敌产管理法"，从 12 月 25 日着手工作，至 1942 年 5 月，有 193 家企事业由日本军管。日本军队在接管租界银行时，有法币现金约 11.2 亿元以及价值法币 4.76 亿元的资产被其没收。而由于日本陆军在进驻租界以前，即对租界内的各抗日政治团体、机关进行了密查暗访。因此，一进入租界地之后，这些抗日组织即遭破获。重庆国民政府在当地长期潜伏的大批特工人员由此损失惨重。

除了在华北和华东地区之外，日本陆军还在九江、汉口、厦门、广州等地大肆接管英、美资产，在汉口地区，由一濑信一少将任司令官的海军汉口方面特别根据地队，于 8 日捕获了六艘 2500 吨以上的英、美船只，其他船只三十多艘；接收了太古、怡和洋行的资产和栈桥，没收了"亚细亚"和"标准"火油公司的各种油料及大型储油设备。英、美所属在市内的其他单位，则由第 11 军指定的部队接收。

在九江的日本海军，于 8 日接收了英国在九江的"亚细亚"火油公司，捕获了 1600 吨的"温州"号英国商船及其他小船。在岳阳东北城陵矶的"标准"石油公司，于 8 日亦被日本海军接收。在鄂城、蕲州、武穴、安庆等地的英、美所属单位，9 日被日本海军接收，11 日即转交驻地的陆军。

在厦门，岛山耕一郎少将的海军厦门方面特别根据地队，于 8 日晨 5 时 10 分开始进驻鼓浪屿。中午，全部接管了英、美等国所属的单位，捕获了七艘中、小型机动船只。在汕头，从厦门派出的日本海军炮舰

"笠岛"炮舰及工作船与驻汕头的陆军独立混成第19旅团,从8日晨8时开始接收英、美所属的单位,至10时30分全部接收完毕。其中"笠岛"于晨7时50分,割断了汕头通至香港的海底电线。在广州,第23军于8日晨即开始进入英租界沙面,至8时进驻完毕。总之,在12月8日,日本海空军偷袭夏威夷,陆军在马来亚、菲律宾登陆和进入泰国的同一天,英、美等国在华的日占领区内的各项权益即被日本陆、海军全面接收。

尽管全面接管英、美在中国的租界和各类派出机关令日本政府收获颇丰,但在日本陆、海军看来,美、英在远东的三大根据地是新加坡、马尼拉和香港。摧毁香港是南方进攻作战的一环。因此日本大本营决定开战伊始,与南方军渡海进攻新加坡、马尼拉的同时,由"中国派遣军"进行了香港进攻战,而且对形成结束"中国事变"的症结的敌对性租界进行了处置,并对与此相关联的美、英在华武力进行了"扫荡"。除此之外,为了防止重庆国民政府军队威胁在香港、法属印度支那和泰国等地作战的日本陆军侧背,"中国派遣军"方面还发动了长沙会战,试图将中国军队牵制在华中方面,以此策应南方作战。

在日本陆军"中国派遣军"看来,攻占香港是1940年夏以来的悬案。因为大本营早在1940年7月末就已经为攻占香港要塞做了准备,并向中国华南地区派驻了大量攻城重炮兵。这些重炮兵就是以重炮兵第1联队(装备240毫米榴弹炮),独立重炮兵第2、第3大队(装备150毫米加农炮),炮兵情报第5联队等为基干的第1炮兵队。

日本方面之所以如此视香港为要塞,是因为香港是东亚前往印度洋的海上重要交通港口,"九一八事变"后,英国开始逐渐加强香港地区的海上和陆上的防卫力量,先后在九龙半岛筑构了永久性、半永久性的地下工事和86处特火点;在香港岛构筑的特火点则多达145处,安装了240毫米的要塞炮20门。

为了一举攻占"香港要塞",日本陆军在战前进行了长时间的情报收集工作。最终查明香港陆地正面的主要防线是由城门水库以南的东西高地线上几条碉堡式阵地组成的,突破这道防线就可以居高临下俯瞰香港岛。香港全岛均为山地,最高峰维多利亚山标高550米,因而可以认为,它既是香港要塞面海正面的坚固要冲,也是构成香港要塞面陆正面

英国在香港构筑的重炮阵地

的最后二道防线阵地。它的四周配置有大小口径的火炮，海岸上构筑有防御设施。要塞内的九龙东侧有启德机场，维多利亚港是一个良好的舰船停泊地。不过香港要塞毕竟是在日军的绝对制空、制海权之下残存的孤垒而已，它的弱点在于人口过多（约达180万）和供水困难。即使岛上筑有大小蓄水池近十处，仍无法解决岛上用水问题，尤其是冬季降水量减少时，供水更趋紧张。平时半数用水依赖九龙半岛上的城门蓄水池由管道经海底送至香港。因此日本陆军计划为使英军无法长期固守，故把切断香港用水作为一项重要的军事手段。

大本营于11月6日向"中国派遣军"总司令官发出命令，令其准备以第23军司令官指挥的第38师团为基干的部队攻占香港，并指示应该遵循的作战要领，以及要在11月底以前完成作战准备。与此同时"中国派遣军"司令官畑俊六将第1飞行团之一部和飞行第45战队（轻轰炸机）等纳入第23军司令官指挥。由此担任香港进攻作战的兵力便决定以第38师团（师团长佐野忠义中将）、第51师团的步兵第66联队、第1炮兵队（司令官北岛骥子雄中将）和上述的航空部队等为基干，由驻中国方面海军的第2遣华舰队（司令长官新见政一中将）从海上予以协助。

第38师团为进攻香港，从秋季即开始紧张的临战训练。首先是各

太平洋战争全史

兵种的协同战术合练，将山炮联队的 3 个大队、工兵联队的 3 个中队，分属于 3 个步兵联队，于 10 月在各联队驻地附近，选择与各联队将来进攻香港时类似的地形（主要是山地）进行了 1 个月的紧张训练。而第 23 军司令官按上述计划，将作战兵力划分成佐野兵团（以第 38 师团为基干）、北岛部队（以第 1 炮兵队为基干）、军飞行队（以飞行第 45 战队为基干）、荒木支队（以步兵第 66 联队为基干）等，指挥作战。荒木支队位于淡水附近，是进攻部队背后的掩护兵力。另外，计划在香港作战期间，使第 23 军主力大致仍确保现在占据地区，并且内部指示，攻占香港之后，第 38 师团将转用于南方。

随着 12 月 2 日大本营陆军部发布了攻占香港的命令。第 23 军按预定计划开始行动，集结在佛山、三水附近的佐野兵团主力开始向香港地区前进，严禁在白天移动，只在夜间秘密移动。与马来亚或菲律宾方面的情形不同，日军几乎用不着担心会受到敌人先发制人的攻击。在此之前，佐野兵团的先遣部队（以第 38 步兵旅团长伊东武夫少将指挥的步兵第 229 联队、步兵第 230 联队、山炮兵第 38 联队为基干）随着开战时间的迫近，已秘密地在接近香港的地区展开，做好了随时可以前进的部署。不过，前进必须在马来亚方面的登陆或空袭得到证实之后。

12 月 8 日，大本营收到当地日军拍来的已经开始攻击马来亚的电报后，立即于上午 3 时 40 分向"中国派遣军"总司令官、第 23 军司令官和后续的担任处理敌对性租界等事宜的华北方面军司令官、在汉口的第 11 军司令官、在上海的第 13 军司令官发出"花开""花开"的紧急电报。这是通知在马来亚方面业已开始登陆的隐语电报。第 23 军司令官在收到上述电报的同时，于 12 月 8 日上午 4 时向进攻部队下达了开始进攻的作战命令。

驻于广州天河机场的第 23 军飞行队长土生秀治大佐接到出动的命令后，即按预定计划，令第 45 轻轰炸机战队（土生兼该队的战队长）每机携带 50 公斤类型炸弹 6 枚，使用瞬发和短延期信管，轰炸九龙以东启德机场和停于机场上的飞机，以及英军的舰艇；独立飞行战斗第 10 中队的任务是掩护轰炸部队。该飞行队由土生秀治率领于 7 时 20 分起飞，在云上飞过九龙半岛。香港岛附近少云，轻轰炸机战队以 4200 公尺高度进入启德机场准备轰炸时，发现机场上仅停有一架飞机，在飞机场以南的海上则有并列停放的军舰和若干小艇。土生秀治令一部轰炸机场，另一部轰炸舰艇。

由于英国在香港的空军没有起飞，担任掩护的日军独立第 10 飞行中队长高月光少佐，乃率其中队降低高度。经低空搜索，发现机场附近分散停放着 14 架飞机，即组成攻击航线，对地面目标进行了轮番射击，结果 12 架被击中起火，两架被击毁。日本陆军航空兵第一次出动，即全部击毁了香港地区的英国皇家空军战机，为其陆军进攻解除了空中的威胁。

日本陆军第 38 师团的第一线部队由其步兵团长伊东武夫少将指挥，除荒木胜利大佐的第 66 联队位于淡水，牵制该方向中国军队第 7 战区的部队策应香港方面的进攻之外，其余三个步兵联队由北岛炮兵部队掩护，在深圳以东田中良三郎的第 229 联队的两路，在 8 日 12 时 30 分首先破坏了边境的铁丝网，未遭任何抵抗，即占领英军已破坏了的桥梁、公路和警戒阵地，随之即向南追击。此时到达深圳附近的第 228、第 230 联队以及第 230 联队在半岛西岸南下的第 1 大队等均未遭到抵抗而越过了边境。在向南追击中，得知英、印军已退回九龙。伊东武夫少将指挥的三个步兵联队和北岛指挥的炮兵队，12 月 8 日并未进行大的战

日本陆军突破香港边界

斗，当晚追击至大雾山以北的锦田、竹坑、大埔头、南坑的东西一线，做进攻英军在大雾山以南阵地的准备。

英国陆军在九龙半岛的防守部队是香港步兵旅及加拿大旅一部，香港驻军参谋长伯华兹则在九龙市进行指挥。其所属部队不多，故其抵抗阵地选择在半岛大雾山以南的蜂腰部，即西起荃湾，中间经金山东至潮水湾这一狭窄地带，在城门蓄水池以南的主阵地是以钢筋混凝土建成的。

针对英军的布防情况，日本陆军第38师团中路主力土并定七大佐的第228联队，在12月9日夜间，其先头西山辽少佐的第3大队在小雨中从大雾山与草山之间通过，在城门蓄水池以东经由蓄水池大坝到达了英军坚固设防的255高地前，由工兵破坏了两处屋顶形的铁丝网，炸塌了英军的射击工事，激战约三个小时占领了该高地。俘虏英军27名，缴获轻、重机枪6挺，步枪58支，并将日本旗插在255高地。之后，西山辽的第3大队闯入英军的主阵地，遭到了有力抵抗而被阻止，发生了较大伤亡。

当步兵第228联队与英军在城门蓄水池进行激战时，第38师团为了迅速占领九龙半岛，急令步兵第230联队从大雾山以西攻向城门蓄水池的英军主阵地，与第228联队协同围歼英军；第230联队江头多少佐的第1大队在九龙半岛的西侧快速迂回南进，并攻占青衣岛；第229联队在九龙半岛的东侧渡过潮水湾，攻向九龙东南的鲤鱼门角和佛堂岬，做渡海进攻香港的准备。

防守城门蓄水池主阵地的英国陆军，以其阵地内的4门山炮及轻火器支援步兵连连进行反击，西海面舰炮及香港的远射程炮，亦对其进行火力支援，而日军则以兵力和火力的优势，使英军遭受到很大伤亡，特别是英国皇家苏格兰步兵团第2大队和印度旁遮普第14团第2大队损失严重。这时日本陆军已从东西两侧迂回九龙市，香港守军司令马尔德希根据以上情况，在报告了总督杨格之后，于12月11日12时30分下令将部队撤出九龙，至香港组织防守。

至12月13日，九龙半岛已被日军第38师团占领，并在做进攻香港的准备。不过由于从深圳以南不远的石湖墟至九龙的公路，有11座桥梁被英军彻底破坏，因此，日军的大部队行进和重装备的大型火炮、

在九龙地区展开防御的英国陆军

渡海机动船只、工程车辆、弹药等运输均遭堵塞，不能及时运到九龙，进攻香港的日期被迫推迟。

日本陆军第23军经过考虑，确定了各项作战准备的预定日期为：12月15日，第一线部队形成进攻的态势；16日，日军炮兵展开完毕；17日，完成弹药的集积；18日，登陆的摩托舟艇，全部前进至预定地点。此外，还规定在攻击前的17日，再次派出军使对港英当局进行投降劝告；18日夜间，利用海上满潮进行敌前登陆；在香港岛北岸的造船厂至以东的白沙湾角登陆之后，三个步兵联队并列向南进攻至香港岛中部的百家山和大潭蓄水池一带，进行右回旋向西攻击，在香港市街背后（南方）到达西海岸，攻占该岛的制高点及英军最坚固设防阵地；第2遣华舰队在香港岛的东、南及西海面伴动，以策应第38师团的行动。

在进行渡海作战准备时，第38师团还进行了如下一些活动。首先，12月12日将师团所属游泳能达4000公尺者，集中组织决死队，准备游过海峡夺取香港沿岸的据点。其次，该师团组织本地人、印度人，以大型扩音器，在九龙对香港进行宣传。宣传内容有：英国历来在远东的侵略；将英、美逐出东亚的意义。劝告英军停止抵抗，放下武器，以免香港民众遭受涂炭等。再次，断绝九龙至香港的自来水。将在九龙约200名印度人集合起来，向他们宣传，日本支援印度独立。占领了九龙的第

230 联队和宪兵队，搜查中国和英、美在九龙潜伏的谍报机关。

第 23 军此时对香港进行宣传和劝降的做法有：令飞行队除对香港沿岸及纵深军事目标进行轰炸外，同时从空中散发大量传单，内容为：帝国发动对中、美、英、荷等国的战争，是为了自存自卫，建立"大东亚共荣圈"，驱逐猿、猰（这是日本创造的两个新字，意为：英美是兽类）出东亚；建立东亚新秩序；宣扬皇军赫赫战果等。

12 月 13 日日军新闻报道参谋多田督知中佐率 3 名军官，携带攻城军司令官酒井隆致香港总督杨格的劝降信件到香港劝降。他们先以广播通知英方，然后于 9 时 5 分，和一名做向导的英国妇女，举着上书 Peace mission（和平特使）的白色大旗，乘小汽船抵香港。英军情报参谋鲍克萨少校接待了他们，多田督知要求亲见总督递交此信，鲍克萨以日、英已处于战争状态而予以拒绝，在相互僵持了一段时间之后，同去的英国妇女建议，该信件可由鲍克萨少校转送杨格总督，日本军使在此等待回复。

双方同意了这一意见，下午鲍克萨面告多田，杨格总督拒绝了日本的这一劝告。在交谈中鲍克萨表示在香港的英军，相信自己的力量，决心以战斗行动来表达对大英帝国及皇室的忠诚，但又流露出日军尚未在香港登陆和战斗英军就投降，这有损于大英帝国的形象的意思。多田督知回到九龙后，认为只要日军在香港登陆，并进行猛烈的进攻，英军即会投降。

九龙半岛的道路遭到破坏后，日军的步兵、工兵夜以继日地分段抢修，使重炮兵首先进入阵地。其态势为：150 毫米加农炮部队，火炮 24 门，位于九龙市以北、潮水湾以西的大围火车站附近阵地；240 毫米榴弹炮部队，火炮 8 门，位于九龙以北的城门蓄水池附近阵地；独立臼炮第 2 大队，火炮 12 门，位于九龙市附近阵地。第 1 炮兵队指挥所，位于九龙市以北的鹰巢山。

多田督知中佐于 13 日中午至香港对英军劝降无果之后，14 时，北岛骥子雄的重炮兵对香港除市街以外进行了猛烈射击。由于天气不好，飞行队没有出动。14 日，天气好转，飞行队全部于 15 时起飞轰炸了香港西端的戴维斯要塞炮台。日军在香港岛登陆之前，主要以航空兵、重炮兵对岛上的军事要地进行摧毁性的炮击和轰炸，致使英军炮兵的火力

轰击香港的日本陆军炮兵部队

逐渐减弱。

17日，第23军的多田参谋及1名海军中尉，再次至香港对杨格总督进行劝降。此时由珀西瓦尔中将指挥的英军在马来亚的北部已遭山下奉文第25军所属第5、第18师团及近卫师团的东西迂回进攻而南退；英海军的战舰"威尔士亲王"号、"反击"号12月10日午后也被日本海军航空兵击沉于关丹以东的海面；整个东南亚的军事形势对英、美极为不利。在香港的英军已被四面包围，但香港总督杨格对日军的再次劝降，毅然予以拒绝。

第38师团按照命令，于18日8时在沙田决定：全师团在当日21时开始从九龙湾的西海岸向东至鲤鱼门角进行渡海，22时到达对岸的铜锣湾造船厂、水牛湾一线地区登陆，随之按计划向南进攻。各步兵联队之航渡起点与登陆位置是：第230联队之第2、第3大队由九龙湾西海岸起航，至对岸的铜锣湾以东附近登陆；第228联队之第1、第2大队由启德机场附近的东南海岸起航，至对岸的造船厂附近登陆；第229联队之第2、第3大队由鲤鱼门角以西附近海岸起航，至对岸水牛湾及其以东的突出部登陆。炮兵部队在昼间继续对敌海岸阵地进行压制和破坏射击，当登陆部队接近岸边时，转换射向，改变射程，并随时击毁敌之沿岸照明设备。第229联队之第1大队为师团预备队。在做好一切渡海进攻的准备之后，第38师团向部队下达了当晚的口令和到达对岸的信号，口令为："尾张，名古屋"。登陆成功，连续发射三颗红色信号弹；到达占领地区，发射红色信号弹；要求炮兵停止射击，发射三颗白色信号弹。

此时英军在香港岛的防守，是将该岛划分为东、西两个防区，防区的分界线，北由铜锣湾，中经黄泥涌山峡，南至春坎湾（浅水湾）。东防区由瓦列斯准将指挥三个步兵大队、野战炮兵11门火炮及由义勇队两个中队担任的预备队，其指挥所位于大潭湾以北的大潭山区；西防区由罗申准将指挥三个步兵大队、野战炮兵后膛炮16门及由义勇军两个中队、步兵一个中队为预备队。马尔德希的司令部则以皇家苏格兰步兵团第2大队为总预备队，并指挥西防区的要塞炮兵、高炮部队、义勇军一部。东、西防区各以两个步兵大队对海岸及内地山区进行固守，各以一个步兵大队配有坦克、汽车进行机动防御。岛上的防御重点区域是香港市街以东的北岸。其防御步骤有：水际滩头的反击；歼灭登陆未稳之日军；在山地进行固守。

12月18日昼间，日本陆军第23军飞行队的轻轰炸机轰炸了香港的总督府及火药库，重轰炸机集中轰炸该岛西部的摩天岭炮台和东北部的鲤鱼门、赤柱炮台。北岛的炮兵队，炮击香港北岸的火力点、炮位、探照灯等防御设施。第2遣华舰队旗舰"五十铃"，则在香港岛以南约30海里一带的海域进行策应。

当日本炮兵于20时40分再次猛烈射击时，三个航渡点日军的船队离岸南渡。炮兵密集的火力击中了南岸的大型储油罐，火光将海面照得通明，而航渡的日军船只则利用油罐油料燃烧的黑烟做掩护，驶向南岸。21时40分炮兵开始延伸射击后，英军沿岸的警戒部队发现了航渡的日军船只，立刻打开了多处的探照灯，各隐蔽火力点的轻重火器，随着移动的探照灯光，进行猛烈的拦阻射击，不少日军的船只相继被击破或击沉，人员的伤亡不断增加，并随着被击破的船只纷纷落水，日军船队则快速开向岸边。21时45分第230联队、21时50分第228联队、21时58分第229联队的第一波终于登陆。占领了滩头的日军不顾英军的抵抗和猛烈射击而向前突进，破坏了铁丝网，越过了布雷区。这批日军除各留一部坚守滩头阵地之外，其他则按预定计划急速向以南的大潭蓄水池和黄泥涌方向进攻，但遭到阻止。当夜，英军在登陆场附近，以坦克为先导，组织了三次逆袭，与日军进行肉搏，拼手榴弹，并以民房作依托进行固守。

19日拂晓，英军开始从海上和滩头进行反击。首先以二艘鱼雷艇从西面快速冲向造船厂以东的海面，击沉了日军几艘航渡的船只；全岛的炮兵，则集中向日军铜锣湾至造船厂的登陆场射击。步兵则继续攻向登陆场。由于英军这一反击，日军被迫暂时停止航渡，改在当日的夜间进行。日军的航渡被阻止后，担任西区指挥的加拿大旅旅长罗申将军，率一个精锐的步兵中队于19日中午向第230联队反击。经激烈的战斗之后，罗申准将和这个中队的大部均阵亡，日军第230联队的损失更重，计伤亡约600人，其第3大队长野口捷三少佐被击成重伤。

日本陆军第38师团七个步兵大队虽然全部渡至香港岛，并由北岛的重炮兵部队、土生的飞行队、新见的海军第2遣华舰队配合猛烈进攻时，英军则利用永久性和半永久性的火力点抗击对手。经数日战斗，第38师团仍未能攻占香港岛，日军大本营对此相当不满。12月21日午后，陆军省人事局局长富永恭次中将，事先并未通知而突然到达九龙的第23军指挥所，见到该军参谋副长樋口敬七郎时，指责该军作战指挥不力，前方迟迟无进展。而军参谋副长及参谋们多数尚在指挥所（军参谋长栗林忠道，因酒井隆到九龙，而他回到了广州），这是对作战不认真负责的表现。随之，富永恭次从公文包中取出电报稿纸，书写发给东条英机的电报，提出撤换有关指挥官的建议。

经富永恭次这一"敦促"，第23军和第38师团的参谋人员不得不相继去第一线指导部队作战。虽然日本以轻、重轰炸机，重炮兵以及海军第2遣华舰队旗舰"五十铃"轻巡洋舰上的舰炮，从12月8日开始对香港进行了不断的轰炸和炮击，可是并未能给英军造成多大的伤害，因为英军是在山地已构筑好的地下工事内，轰炸和炮击仅对地表面的房屋、仓库（尤其是粮食仓库）、道路、桥梁、蓄水池、通信线路、电源线等造成破坏。

进攻香港的第38师团几乎都是通过攻坚以后才得以前进的。香港的义勇军，人数虽然不多，但给日军的威胁却很大，其成员及指挥者大多是英国参加过第一次世界大战的老兵，他们在作战中非常沉着而且极为勇敢，不少人战斗至最后而自杀，亦不肯放下武器。25日下午，日军攻进了香港的市街，战局开始骤变，杨格根据英、美在东南亚连连失利，与上海、天津等地已失去了联系，香港已成为无援的孤岛等情况，感到失败已成定局，因而决定停止抵抗，并派拉姆中校、史丘瓦特中校、拜涅德少校三人为军使，扬着白旗乘车找到了第38师团司令部，见到了该师团参谋长阿部芳光大佐，要求总督与守军司令于当日18时前来具体商谈。

18时20分，杨格与马尔德希到达了第38师团司令部，向阿部芳光表示了无条件投降。阿部将这一情况，以电话向军部做了报告，随之，第23军的报道参谋多田督知少佐率杨格、马尔德希渡过海峡，于19时到达了九龙南端的派尼休拉旅馆（Peninsula Hotel）三楼的军司令部。在蜡烛光下杨格签订了无条件投降书。12月20日21时45分，日军大本营发布了攻占香港的消息。

攻占香港后的12月27日，日军参谋总长杉山元、海军军令部总长永野修身，被召进皇宫，接受天皇裕仁对中国派遣军和中国方面舰队如下敕语：中国派遣军与中国方面舰队紧密协同，开战之初以适切之措施，处置敌国在华之权益，同时迅速果敢攻占香港，使英国之重要根据

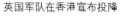

英国军队在香港宣布投降

日本陆军在香港举行的入城仪式

地覆灭，朕对此深为嘉尚。

对香港的管理问题，1942年1月24日，杉山元与中国派遣军总参谋长后宫淳在东京做了具体研究，确定成立香港占领地总督部，管辖原英国租借的中国九龙半岛和香港地区。辖区之政务听命于陆军大臣；辖区之军事听命于中国派遣军，并与第23军取得密切联系。成立香港占领地总督部之后，第23军即向其移交一切手续，包括香港俘虏管理所在内。

1月28日，日军大本营下令成立香港占领地总督部，任命被撤去关东军参谋长职务而编入预备役的矶谷廉介中将为香港总督。这个在中国战场的台儿庄（时任第10师团长）及诺门坎（时任关东军参谋长）均打了败仗的矶谷廉介，于2月1日从东京出发，6日在中国南京接受了任务，15日17时50分到香港，2月20日中午开始接替第23军对香港进行"管理"。

（二十五）南海支队——日本陆军攻占关岛、拉包尔及两次威克岛攻防战

在日本陆军"南方军"于马来亚、菲律宾、缅甸一线展开全线攻势

的同时，日本陆军以第 55 师团为基干编组的"南海支队"，也按照大本营下达的命令，于 1941 年 11 月底集结于小笠原群岛母岛，准备配合海军方面夺取美国位于太平洋中部的重要战略据点——关岛。

关岛位于马里亚纳群岛的最南端，于 1565 年起和马里亚纳群岛的其他岛屿一样为西班牙所占领，1898 年又在美国与西班牙之间的战争中为美国所夺取。不过当时的美国对太平洋中部诸岛的战略价值仍没有太清晰的认识，因此仅将关岛作为连接其从西班牙手中夺取的菲律宾群岛之间的战略中转站。而对马里亚纳群岛的其他岛屿则没有兴趣。这一战略失误，导致不久之后，西班牙政府将包括马里亚纳群岛在内的其他太平洋中部岛屿卖给了德意志第二帝国，成为德属太平洋殖民地的一部分。第一次世界大战中，日本趁火打劫吞并了德属太平洋群岛中的加罗林群岛、马绍尔群岛和马里亚纳群岛。美国政府所控制的关岛随即成为距离日本领土最近的战略据点。

远离美国本土，且缺乏其他战略纵深依托的尴尬，令美国政府长期以来在关岛问题上陷入进退两难的窘境之中。如果不在当地驻军，那么一旦开战这座关键性的岛屿可能会迅速被日本方面所占领。但即便在当地投入巨资，将其要塞化，也可能无法抵御日本陆、海军的全力猛扑。因此长期以来，美国在关岛地区仅派驻了约一个营（约 400 人）的海军陆战队，配合地方民兵驻守海岸和岛内几处炮台设施。

尽管如此，为了迅速拔除这个潜入日本"内南洋"殖民地的钉子，日本陆、海军在开战之初，还是决定摆出"狮子扑兔"的架势，派出由井上成美指挥、以第 4 舰队为基干编组的"南洋舰队"，在巡逻与防御"内南洋"地区，保护海上交通线的同时，迅速攻占关岛。

日本海军第 4 舰队以训练巡洋舰"鹿岛"为旗舰，下辖第 18 战队的 2 艘轻型巡洋舰"天龙""龙田"；第 19 战队的 4 艘布雷舰"冲岛""常磐""津轻""天洋丸"；第 6 水雷战队旗舰轻型巡洋舰"夕张"；第 29 驱逐队的 4 艘驱逐舰"追风""疾风""朝凪""夕凪"；第 30 驱逐舰队的"睦月""如月""弥生""望月"；第 7 潜水战队的潜艇母舰"迅鲸"；第 26 潜水队的"吕 60""吕 61""吕 62"；第 27 潜水队的"吕 65""吕 66""吕 67"；第 33 潜水队的"吕 63""吕 64""吕 65"，基本囊括了日本海军在"内南洋"地区的全部兵力。但这些舰艇均为此前"九段攻击"中逐次消耗美国海军主力舰队的轻型巡洋舰、驱逐舰和小型潜艇，不仅在海上决战中可谓"自守有余、攻敌不足"，即便用来掩护登陆作战也是有心无力、非其所长。

不过此时的日本海军并未意识到这一问题。在大本营陆军部于11月6日发布"南海支队"的战斗序列，并于11月8日将驻守四国岛的第55师团步兵联队长崛井富太郎召来传达有关准备攻占关岛的命令之后，于11月14日、15日两日，在大本营指导下，在岩国的海军航空部队举行了陆、海军现地协商会。在协商会议上，负责指挥"南海支队"的崛井富太郎与第4舰队司令井上成美就细节问题进行了协商。

最终陆海军中央协定的要点如下：一、陆海军协同，开战之初攻占关岛，相机攻占拉包尔，取得敌航空基地。二、对关岛的攻击在对美军进行第一次打击被证实之后开始。海军航空兵部队于开战之初自塞班岛方面攻击、摧毁关岛的敌舰艇和防御设施。三、海军护航运送陆军至关岛，并协助其登陆作战。陆军一旦在关岛登陆就以主力攻占阿普拉要地，并以一部占领阿加尼亚市，继而扫荡岛内残敌。四、陆军扫荡完关岛之后，由海军接替该岛的守备，在海军的护航下向特鲁克群岛转进，并准备对俾斯麦群岛方面的作战。五、海军首先对俾斯麦群岛方面进行航空侦察，必要时随时予以攻击。如果海军护航兵力情况允许，陆海军协同，相机攻占拉包尔，占领该地空军基地。再者，海军根据情况，占

日本海军第4舰队旗舰"鹿岛"

太平洋战争全史

领卡维恩空军基地。六、陆军占领拉包尔后，如情况允许，迅速由海军部队接替该地守备，在海军护航下在帛琉附近集结。

日本陆军"南海支队长"崛井富太郎

"南海支队"搭乘运输船九艘，秘密地从四国坂出港出发，11月28日在小笠原群岛母岛的海面港锚地集结完毕。12月2日，崛井富太郎在母岛接受大本营关于开始进攻作战的命令，决定以12月10日为期，在海军的配合下对关岛展开强袭登陆。

12月4日上午9时，"南海支队"从母岛启航，在第4舰队护航下经马里亚纳群岛东方航线驶向关岛。而日本海军方面编组了一支以布雷舰"津轻"为旗舰，拥有4艘驱逐舰："菊月""夕月""卯月""胧"；1艘水上飞机母舰："圣川丸"；3艘特设炮艇："腾泳丸""昭德丸""弘玉丸"；6艘特设驱潜艇："第8京丸""第10京丸""珠江丸""第5昭南丸""第6昭南丸""昭福丸"；2艘特设扫雷艇："第2文丸""第3关丸"，庞大的"关岛攻略部队"。还出动了4艘重型巡洋舰"青叶""衣笠""加古""古鹰"，组成了以五藤存知为司令的"关岛攻略支援部队"。

日本海军之所以兴师动众，不仅是因为夺取关岛是日本陆、海军对美宣战以来，首次联合夺岛作战，更关键的是日本海军对美国海军是否会驰援关岛地区心中没底。除了担心敌水面舰艇会在登陆过程中突然出现之外，也对美国海军的潜艇是否通过抵近攻击或布雷前来搅局心存疑虑，因此才在"关岛攻略部队"中编入了多艘特设驱潜艇、特设扫雷艇。

12月8日，日本海军率先出动了驻特鲁克岛的第4舰队所属海军航空部队及水上飞机母舰"圣川丸"所属的18架水上飞机，对关岛展开空袭，击沉了美国海军巡逻艇"企鹅"号，并破坏了岛上主要的军事设施。12月10日上午零时至1时之间，各船队先后进入锚地，大约在上午2时30分前后，各个方面都开始了登陆。登陆的部署要点是：计划以支队本部与以楠部正雄大佐指挥的步兵第144联队（缺第1大队）为基干编组的"楠部支队"在关岛南部东西两岸登陆，以塚本初雄少佐指挥的步兵第144联队第1大队为基干编组的"塚本支队"在关岛北部西岸登陆，海军陆战队一个大队的兵力继"塚本支队"之后在北部西岸登陆。

日本陆、海军投入了总计5000人以上的兵力，自然是认定会遭遇美国方面的顽强抵抗。不料登陆过程中除在"塚本支队"方面与约80名美国海军陆战队员发生交火之外，其余几个方面几乎都没有遭到像样的抵抗。12月10日上午日本陆、海军已经占领了岛上所有要地，美国在关岛派驻总督麦克·米林海军上校及以下约330名美军守备士兵投降。如此轻松的胜利，令日本方面不胜欣喜，宣称"至此盘踞在我委任统治的南洋群岛内多年的美国海军根据地，终于不堪一击地覆灭了"。但是就在"南海支队"攻占关岛的同时，日本海军第4舰队却在美国海军陆战队驻守的威克岛方面铩羽而归。

威克岛位于中太平洋，西距关岛500海里，东距夏威夷2000海里，距中途岛1025海里。它由三个小珊瑚礁岛组成：中间是威克岛，右为皮尔岛，左为威尔克斯岛，三岛总面积不过10平方公里，三岛之间形成一个小小的内海，水深达数十米，可以进出停泊数千吨级的舰船。由于三面环礁的屏护，挡住了来自太平洋上的狂风巨浪，使"内海"成为风平浪静的理想抛锚地，并天然形成一座易守难攻的海上要塞。

尽管威克岛面积很小，并且它除了拍打海岸的汹涌浪涛以及一些海鸟之外，再没有什么出名的东西，但由于它所处的独特的地理位置，使其战略地位十分重要。它位居关岛与夏威夷之间，为两者海上交通线的中间站，是美军太平洋舰队的前哨阵地。第二次世界大战爆发后，随着日美矛盾的尖锐化，战争的阴云愈益笼罩在太平洋的上空，美国海军开始着手将其建成为海空军基地。经过短时间努力，岛上的防卫已初具规模：在该岛的高地上，水上飞机严阵以待；在岛的中央，分别建有2000米和1600米跑道的飞机场以及海军营房；在月牙岛所拥抱的礁湖内，美国人将水下的珊瑚礁击碎，凿成了潜艇基地。

美国人希望威克岛能成为一艘不沉的航空母舰，扼守住通往西太平洋的咽喉。在太平洋战争爆发前，威克岛上共有 447 名海军陆战队员，指挥官是詹姆斯·德弗罗少校，加上 75 名通信兵以及海军人员。此外，还有 1400 名民工在从事军事工程建设。守岛总指挥官是温菲尔德·斯科特·坎宁安上校。威克岛的防空力量包括一个中队的 12 架海军陆战队战斗机，指挥官为保罗·普特南少校。海军陆战队飞行员驾驶的 F-4"野猫"式战斗机是 12 月 4 日即珍珠港事件爆发前 4 天，由美国海军中将哈尔西率"企业"号航空母舰送来的。此外守岛海军陆战队拥有 3 个炮群，每群有 2 门口径五英寸（127 毫米）的岸防炮，另外还有 12 门口径 3 英寸（76.2 毫米）的高射炮以及许多机关枪。

正是鉴于威克岛上美军的防御设施较为齐备，在"偷袭珍珠港"的同时，从夸贾林环礁上起飞的日本海军航空部"千岁航空队"的 36 架"九六式"和"一式"陆基攻击机即冒着雨雹分成几个梯次向威克岛扑去。尽管美国方面已得到日本偷袭珍珠港的消息，并紧急升空 4 架短程"野猫"式飞机进行警戒。但就在日机接近威克岛的瞬间，一阵暴风雨袭来，从而给了日军以最佳的掩护。他们在厚厚的暴风雨层的掩护下巧妙地逼近了目标。第 1 梯队 12 架战机从 2000 公尺的高空投弹，轰炸正在加油中的 8 架"野猫"式战斗机，结果 4 架遭轰炸，3 架中弹燃烧，1 架受损。和珍珠港一样，空袭来得太突然，在最初 10 分钟，守备部队连高射炮都来不及使用。接着第 2 梯次、第 3 梯次对准各军事设施、宿舍营房进行轰炸扫射，致使 25 人死亡，粮库被毁，淡水短缺，岛上浓烟滚滚，混乱不堪。

12 月 9 日，日本海军航空兵继续轰炸威克岛机场。10 日，27 架飞机开始轰炸岛上守军各炮台，企图破坏守军的防御炮火，为日本海军陆战队的登陆做好准备。另有 10 架战机轰炸威尔克斯岛，摧毁了岛上的弹药库，并引燃了附近炮兵阵地的弹药。

在连日反复空袭，破坏了军事设施，同时以潜艇部队监视该岛的情况下，日本海军"南洋部队"以第 4 舰队司令部特别陆战队、第 6 根据地队的派遣陆战队编成的登陆部队和第 6 水雷战队（缺"朝风""夕风"）、"金龙"号、"金刚"号、第 32 及第 33 巡逻艇等组成的海上部队，在支援部队第 18 战队和航空部队、潜水部队等的协助下进行作战。

威克岛上被空袭摧毁的美国海军航空兵战斗机

日本海军以为，以这样强大的兵力，必可一举攻陷威克岛。然而，这天凌晨，狂风大作，巨浪排空，偷渡到威克岛海面的日舰艇无法卸载，陆战队无法换乘。经百般磨难，天已放亮，日本海军不得已背水一战，决定实施白天强行登陆。但日本海军舰艇进入离岸4300米的距离时，却遭到了美国海军陆战队岸防炮的密集轰击。日本海军第6水雷战队的旗舰——轻型巡洋舰"夕张"号首先连中几炮落荒而逃。美炮兵连连长克拉伦斯·巴尼格中尉满意地记下了重创这艘日本旗舰的情景："两发炮弹刚好落在它的左舷吃水线以上的地方。浓烟和蒸汽立即从左舷喷了出来，舰艇的速度越来越慢。该舰在离岸7000码的时候，又中2发炮弹，差不多打在同一个地方。左舷完全笼罩在喷出的蒸汽之中。"

随后护送两艘运兵船驶向海滩的日本海军驱逐舰"疾风"被岸炮火力击中，引爆了"疾风"的弹药库，导致这艘驱逐舰当场被炸为两截。美国海军陆战队炮兵阵地上的炮手们禁不住欢呼雀跃。正在他们得意忘形的时候，一个名叫亨利·比德尔的中士厉声喝道："别太高兴了，你们这帮蠢货！快回到炮位上。你们当这是什么？是场球赛吗？"

不久，保罗·普特南少校率领威克岛上幸存下来的4架"野猫"式战斗机起飞，每架携带着多枚炸弹，去追击逃走的敌舰。它们向日舰

投掷了多枚 100 磅重的炸弹，取得了赫赫战果。不仅炸毁了日本轻巡洋舰 "天龙" 号的水雷炮台和轻巡洋舰 "龙田" 号的无线电室，使一艘运输舰中弹起火，埃尔罗德上尉的飞机还击中了 "如月" 号驱逐舰的后甲板，引爆了该舰的深水炸弹舱，该舰随即爆炸沉没，无人生还。

首次进攻的失利，令日本海军一度退避到马绍尔群岛重整阵容，直到 12 月 20 日怀着必胜的决心，再次前往进攻威克岛。在此之前，航空部队连日不分昼夜地轰炸威克岛，从 21 日起又得到了攻击夏威夷后正在返航的机动部队之一部即第 8 战队和第 2 航空战队航母 "苍龙" "飞龙" 的协助，从而消灭了岛上残存的美国海军航空兵。

随后日本海军的登陆进攻部队于 22 日夜半接近威克岛。风浪仍然很大，"金龙" 号的登陆舟艇与上次一样不能夜间摆渡。无奈之下日本海军陆战队只能命令第 32、第 33 号巡逻艇在威克本岛南岸坐礁，由乘坐这两艇的陆战队进行直接登陆。尽管日本海军陆战队各登陆部队都遭到了美军的猛烈抵抗，但兵力上的优势最终令其很快占据了上风。最终美国海军陆战队指挥官康宁卡姆海军中校宣布投降，日本海军陆战队于当天占领了威克岛。

威克岛作战告一段落后，鉴于各条战线作战都进展顺利，大本营决定按既定方针进行进攻拉包尔的作战，1月4日向"南海支队"发布了"须协同海军，大致于1月中旬以后尽速攻占俾斯麦群岛"的命令。而按既定计划，规定"南海支队"在攻占拉包尔后，如果情况允许，应迅速将该地守卫任务交给海军部队，然后在帛琉集结。可是大本营由于初期作战进展顺利，在整个兵力的运用上获得了机动的余地，便改变了计划，即在攻占拉包尔后，让"南海支队"仍然确保该地，以适应尔后该方面作战的要求。

1月8日，崛井富太郎在以原关岛总督府改建的支队司令部，下达了关于攻占拉包尔的支队命令："支队以主力攻占拉包尔市及拉包尔东机场，以有力之一部攻占拉包尔西机场，登陆日预定在1月23日。"1月4日以来，第4舰队以特鲁克为基地，对拉包尔开始空袭，20日以后，先前担任夏威夷作战的第1航空舰队也参加攻击，空袭了拉包尔、卡维恩、萨拉摩亚等地，压制了当地的英、美空中力量。

1月14日下午1时30分，"南海支队"从关岛阿普拉港起航，按计划，开始时笔直西航，入夜航线转向东南，直奔拉包尔。船队几乎没有受到任何干扰，19日通过赤道，22日下午初见岛影，已进入新爱尔兰岛与新不列颠岛之间。为了把时间拖延到预定的登陆时刻，船队在两岛之间减速航行，做"之"字运动，直至傍晚。

"南海支队"登陆部队的舟艇，从22日下午11时40分至23日上午1时5分陆续进发，以主力在拉包尔市东面海岸，以一部在拉包尔南面海岸开始登陆，23日上午几乎没有交战就占领了拉包尔市和东机场，向西机场推进的部队在密林中经过激战之后，下午占领了该机场。"南海支队"由此成为了日本陆军中第一支进入南半球的作战部队。当然此刻这支士气旺盛的部队之中，没有人会想到他们中的绝大多数人将永远留在这片异域的丛林之中。